■ 知行经管系列 ■

生产与运作管理

SHENG CHAN YU YUN ZUO GUAN LI

主　编　姜金德　卢荣花　朱雪春

副主编　李国彦　顾　静

东南大学出版社
SOUTHEAST UNIVERSITY PRESS
·南京·

本书得到以下项目资助：
江苏省高校哲学社会科学基金项目（项目编号：2016SJD630022）
江苏大学高等教育教改研究课题（项目编号：2017JGYB009）

图书在版编目（CIP）数据

生产与运作管理 / 姜金德，卢荣花，朱雪春主编.
—南京：东南大学出版社，2017.12
（知行经管系列 / 赵玉阁主编）
ISBN 978-7-5641-7490-3

Ⅰ.①生… Ⅱ.①姜… ②卢… ③朱…
Ⅲ.①企业管理—生产管理　Ⅳ.①F273

中国版本图书馆 CIP 数据核字（2017）第 289249 号

生产与运作管理

出版发行	东南大学出版社
出 版 人	江建中
社　　址	南京市四牌楼 2 号（邮编：210096）
网　　址	http://www.seupress.com
责任编辑	孙松茜（E-mail：ssq19972002@aliyun.com）
经　　销	全国各地新华书店
印　　刷	南京京新印刷有限公司
开　　本	700mm×1000mm　1/16
印　　张	21.25
字　　数	428 千字
版　　次	2017 年 12 月第 1 版
印　　次	2017 年 12 月第 1 次印刷
书　　号	ISBN 978-7-5641-7490-3
定　　价	49.80 元

（本社图书若有印装质量问题，请直接与营销部联系。电话：025-83791830）

知行经管系列编委会名单

(按姓氏拼音排序)

主　任：赵玉阁

副主任：季　兵　林　彬　刘宏波　张志军
　　　　赵　彤　朱长宏

委　员：陈少英　戴孝悌　高振杨　季　兵
　　　　林　彬　刘宏波　单以红　沈　毅
　　　　席佳蓓　许国银　张美文　张志军
　　　　赵　彤　赵玉阁　周　姣　朱长宏

总 序

胡锦涛总书记在庆祝清华大学建校100周年大会上的讲话中,明确指出了全面提高高等教育质量的战略思路。全面提高高等教育质量,要坚持以提升人才培养水平为核心。高等教育的根本任务是培养人才。要从教育规律、教学规律和人才成长的规律出发,更新教育理念,把促进人的全面发展和适应社会需要作为衡量人才培养水平的根本标准,形成体系开放、机制灵活、渠道互通、选择多样的人才培养体系。

面对新形势对高等教育人才培养提出的新要求,我们一直在思索,作为新办本科院校经济管理专业在课程设置、教材选择、教学方式等方面怎样才能使培养的学生适应社会经济发展的客观需要。

顾明远先生主编的《教育大词典》对教材的界定为:教材是教师和学生据以进行教学活动的材料,教学的主要媒体,通常按照课程标准(或教学大纲)的规定,分学科门类和年级顺序编辑,包括文字教材和视听教材。由此可见,教材是体现教学内容的知识载体,人才的培养离不开教材。高质量教材是高质量人才培养的基本保障。

鉴于教材质量在高等教育人才培养中的基础地位和重要作用,按照高等院校经济类和管理类学科本科专业应用型人才培养要求,我们深入分析了新办本科院校经济管理类专业本科学生的现状及存在的问题,探索经济管理类专业高素质应用型本科人才培养途径,在明确人才培养定位的基础上,组织了长期在教学第一线从事教学工作的教师进行教材编写。我们在策划和编写本系列教材过程中始终贯彻精品战略的指导思想,以科学性、先进性、系统性、实用性和创新性为目标,教材编写特色主要体现在强调"新思维、新理念、新能力"三个方面。

1. 新思维

关注经济全球化发展新进程和经济管理学科发展的大背景,贯彻教育部《普通高等学校本科专业目录(2012年)》对经济类和管理类学科本科专业设置及人才培养的新要求,编写内容更新,汇集了国内外相关领域的最新观点、方法及教学改革成果,力求简明易懂、内容系统和实用;编写体例新颖,注意广泛吸收国内外优秀教材的写作思路和写作方法,图文并茂;教材体系完整,涵盖经济类和管理类专业核心课程和专业课程,注重把握相关课程之间的关系,构建完整、严密的知识体系。

2. 新理念

秉承陶行知先生"教学做合一"的教育理念,突出创新能力和创新意识培养;贯彻以学生为本的教学理念,注重提高学生学习兴趣和学习动力,如在编写中注重增加相关内容以支持教师在课堂中使用启发式教学等先进的教学手段和多元化教学方法,以激发学生的学习兴趣和学习动力。

3. 新能力

高素质应用型本科人才培养目标核心是培养学生的综合能力,本系列教材力图在培养学生自我学习能力、创新思维能力、创造性解决问题能力和自我更新知识能力方面有所建树。教材具备大量案例研究分析内容,特别是列举了我国经济管理工作中的最新实际实例和操作性较强的案例,将理论知识与实际相结合,让学生在学习过程中理论联系实际,增强学生的实际操作能力。

感谢参加本系列教材编写和审稿的老师们付出的大量卓有成效的辛勤劳动。由于编写时间紧等原因,本系列教材肯定还存在一定的不足和错漏,但本系列教材是开放式的,我们将根据社会经济发展和人才培养的需要、学科发展的需要、教学改革的需要、专业设置和课程改革的需要,对教材的内容进行不断的补充和完善。我们相信在各位老师的关心和帮助下,本系列教材一定能够不断改进和完善,在我国经管专业课程体系建设中起到应有的促进作用。

赵玉阁

2013 年 2 月 1 日

目 录

第一章 绪论 ... 1
第一节 生产与运作管理的基本概念 ... 1
第二节 制造性生产运作模式 ... 11
第三节 服务性运作模式 ... 15
第四节 生产与运作管理的发展 ... 27
思考与练习题 ... 32

第二章 生产与运作战略 ... 34
第一节 生产与运作战略的基本概念 ... 34
第二节 产品战略决策 ... 38
第三节 产品与服务竞争策略 ... 43
第四节 生产与运作组织方式的选择 ... 47
思考与练习题 ... 53

第三章 设施选址与布置 ... 55
第一节 设施选址 ... 55
第二节 设施布置的基本类型 ... 64
第三节 工厂总平面布置 ... 69
第四节 车间平面布置 ... 73
第五节 非制造业的设施布置 ... 78
思考与练习题 ... 80

第四章 流水生产线规划 ... 89
第一节 流水生产线的特征、形式和组织条件 ... 89

第二节　单一品种流水生产线的组织设计 …………………………… 92
　　第三节　多品种可变流水生产线的规划 …………………………… 97
　　第四节　多品种混合流水生产线的规划 …………………………… 100
　　第五节　流水生产线的平衡 …………………………………………… 104
　　思考与练习题 …………………………………………………………… 111

第五章　单件生产与成批生产规划 …………………………………… 114
　　第一节　单件、小批生产规划 ………………………………………… 114
　　第二节　多品种批量生产规划 ………………………………………… 122
　　思考与练习题 …………………………………………………………… 138

第六章　综合生产计划 …………………………………………………… 140
　　第一节　生产能力与能力计划 ………………………………………… 140
　　第二节　综合生产计划 ………………………………………………… 155
　　第三节　主生产计划 …………………………………………………… 169
　　思考与练习题 …………………………………………………………… 173

第七章　生产作业计划 …………………………………………………… 178
　　第一节　期量标准 ……………………………………………………… 179
　　第二节　厂级生产作业计划的编制 …………………………………… 196
　　第三节　车间内部生产作业计划的编制 ……………………………… 201
　　思考与练习题 …………………………………………………………… 221

第八章　生产控制 ………………………………………………………… 226
　　第一节　生产控制的作用和内容 ……………………………………… 226
　　第二节　生产控制的功能 ……………………………………………… 228
　　第三节　生产控制的方法 ……………………………………………… 233
　　思考与练习题 …………………………………………………………… 239

第九章　物料需求计划 …………………………………………………… 240
　　第一节　物料需求计划的产生和发展 ………………………………… 240

第二节　MRP 的基本原理 ………………………………………… 251
第三节　MRP Ⅱ 的内涵 …………………………………………… 267
第四节　编制物料清单 …………………………………………… 270
第五节　能力需求计划 …………………………………………… 278
第六节　从 MRP Ⅱ 到 ERP 的发展 ……………………………… 283
思考与练习题 ……………………………………………………… 284

第十章　新型生产方式 ……………………………………………… 288

第一节　精益生产 ………………………………………………… 288
第二节　敏捷制造 ………………………………………………… 300
第三节　大规模定制 ……………………………………………… 308
第四节　约束理论 ………………………………………………… 315
思考与练习题 ……………………………………………………… 323

参考文献 ………………………………………………………………… 324

后记 ……………………………………………………………………… 326

第一章 绪 论

本章内容要点

- 生产与运作管理的基本概念
- 制造性生产的运作模式
- 服务性运作模式
- 生产与运作管理的发展

第一节 生产与运作管理的基本概念

生产与运作是人们创造产品或提供服务的有组织的活动,是人类社会赖以生存和发展的基础。无论制造业还是服务业,生产与运作管理都是企业的基本管理职能之一。我们平时吃穿住用行,哪一样都离不开生产活动。它包括了创造产品和提供服务。一般把生产有形产品的活动叫作制造,把提供无形产品即服务的活动称为运作。不管是制造还是运作,其活动本质是相同的,即把投入转换为产出。现已不再强调这二者的区别,而将这二者均称为生产运作。当然,这二者的统一也是有个过程的——历史演变过程。最初,人类以自然界为基本财富资源,以"自然"为对象进行生产,形成了第一产业范畴上的生产概念,主要用于农业、采掘业。之后,工业生产迅速发展,人类把"实物制造"列为创造财富的要素,强调有形的实物产品的生产。此时的生产指物质资料的生产,包括了第一和第二产业的范畴,但逐渐更为关注工厂意义上的生产和生产过程。当今社会,服务业在社会经济中扮演着越来越重要的角色,它的运作主要是提供劳务,与有形产品的生产有很大的区别。传统生产制造理论与方法加以扩展,将生产理解为一种创造和增加物品效用、增加顾客价值的活动,从而使生产的概念进一步扩大到了非制造的服务业领域,这种扩大了的生产概念,即"输入→转化→输出"的概念,在西方管理学界被统称为生产与运作或运作。

一、生产与运作活动

生产与运作过程是一切社会组织将对它的输入转化增值为输出的过程。社会组织要提供输出,则必须有输入。输入由输出决定,生产什么样的产品和提供什么样的服务,则决定需要什么样的原材料和其他投入。输入不同于输出,这就需要转化。转化是通过人的劳动实现的,转化的过程就是生产与运作;生产与运作过程不仅仅是一个物质的转换过程,同时也是一个价值增值的过程,它使输出的价值高于输入的价值;转化是在生产运作系统中实现的(如图1-1所示)。

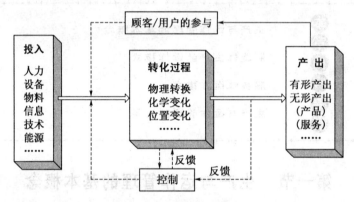

图 1-1 生产与运作活动

例如,汽车制造厂,投入的是钢板、动力部件等,通过中间的制造和装配,产出高质量的汽车;大学投入的主要是高中毕业生,通过四年的教与学,产出高级专门人才(如表1-1所示)。

表 1-1 几种典型社会组织的投入、产出和转换

系统类型	投(输)入	系统资源	转换功能	产(输)出
医院	病人	医生、护士、药品、医疗器械	健康治疗	治愈的病人
饭店	饥饿的顾客	食物、厨师、服务员、店堂	提供饭菜服务	满意的顾客
储运中心	入库的货物	仓库、保管员	货物储存与运输	运送的货物
汽车厂	钢板、发动机、零部件	工具、设备、工人	加工与装配汽车	成品车
大学	高中毕业生	教师、教学资料、教室	传授知识和技能	大学毕业生
百货商店	购买者	售货员、货柜、橱窗、商品	引导顾客、推销商品	购物离去的顾客

总结表1-1可以得出,系统资源具有不同形态,但不外乎是人员、设备、物料、资金等。而转换功能则是各种各样的,工厂具有物理的、化学的以及自然的转换过程,交通业具有实现地点的转移功能,零售业是交换功能,仓储业具有存储功能,医院具有治疗功能,通信业具有信息传送功能。

二、生产与运作系统

生产与运作系统,是由人和机器构成、能将一定输入转化为特定输出的有机整体,由输出的"质"和"量"决定。面粉厂的生产系统不同于机床厂的生产系统,银行的运作系统也不同于医院的运作系统,这即是"质"的差别;同是生产汽车,大批量生产和小批量生产所采用的设备以及设备的布置形式是不相同的,同是提供食物,快餐店和大饭店的运作组织方式也是不同的,这即是"量"的差别。生产与运作系统的概念又可以从狭义和广义理解。狭义上是指企业(制造业和服务业)内部的生产运作系统;广义上是指由供应商、制造商、分销商组成的系统。

下面以航空公司为例来说明生产与运作系统。该系统由飞机、机场设施、维修设施组成,有时还扩展到领空。管理部门和雇员所从事的大部分活动都属于生产运作管理的范围,这些活动有:

(1) 对诸如天气和着陆条件、座位需求及空中旅行的发展趋势等问题作出预测。

(2) 制定合理的飞行能力计划。这一计划是航空公司保持现金流量和获得合理利润所必需的(飞机的数量太少或太多,或飞机数量适中但未合理使用,都将减少公司的赢利)。

(3) 对飞行员和随从人员、日常维修人员、地勤人员、柜台人员和行李管理人员等的工作作出合理安排。

(4) 对诸如食品及饮料、急救设备、旅游读物、靠垫和地毯以及救生工具等物件进行管理。

(5) 质量保证主要体现在:飞行和维修方面要做到安全至上;在售票处、登记处和电话预订受理点,讲究工作效率,礼貌待客。

(6) 把对职员的激励和培训贯穿于运作的各个阶段。

(7) 进行机场设施选择。

再来考虑一家自行车厂。该厂可能主要从事装配运作,从供应商处购买零件,如车架、轮胎、车轮、齿轮及其他物件,然后装配成自行车。该厂也可能做一些制造工作,如制造车架、齿轮及链条。但无论哪一种情况,该厂都要做如下一些重要的管理工作:生产进度安排、决定哪些零件外购、订购零件和原料、决定生产的车型及数量、购买新设备更换掉旧的或报废设备、维修设备、激励员工以及确保达到质量标准。

显然,航空公司和自行车厂的运作方式相差很远。一个以提供无形服务为主,而另一个则是以生产有形产品为主。不过,这两类运作也有许多共同点:两者都涉及工作进度安排、激励员工、订购及管理存货、选择及维修设备、达到质量标准和让顾客满意,而其中最重要的都是让顾客满意。

三、生产与运作管理

生产与运作管理是对生产运作系统的设计、运行和维护过程的管理。它包括对整个生产运作活动进行决策、设计、规划、组织和控制。

(一) 生产与运作管理的两大对象

生产与运作管理的两大对象是:生产运作过程和生产运作系统。

生产运作过程如上所述,是一个投入→变换→产出的过程,是一个劳动过程或价值增值过程。生产运作管理的第一大对象,是考虑如何对这样的生产运作活动进行计划、组织与控制。

生产运作系统,是指使上述变换过程得以实现的手段。它的构成与变换过程中的物质化过程和管理过程相对应,也包括一个物质系统和一个管理系统。物质系统是一个实体系统,主要由各种设施、机械、运输工具、仓库、信息传递媒介等组成。例如,一个机械工厂,其实体系统包括一个车间,车间内有各种机床、天车等设备,车间与车间之间有在制品仓库等。而一个化工厂,它的实体系统可能主要是化学反应罐和形形色色的管道。又如,一个急救系统或一个经营连锁快餐店的企业,它的实体系统可能又大为不同,它们不可能集中在一个位置,而是分布在一个城市或一个地区内的不同地点。管理系统主要是指生产运作系统的计划和控制系统,以及物质系统的设计、配置等问题。其中的主要内容是信息的收集、传递、控制和反馈。生产运作管理的第二大对象,是考虑如何对生产运作系统进行设计、改造与升级。

(二) 生产与运作管理的目标

生产运作管理所追逐的目标可以用一句话来概括:高效、灵活、准时、清洁地生产合格产品和提供满意服务。

效率是投入和产出的比较,提高效率就是提高生产率。生产率是投入资源和产出(产品和服务)的比率,产品和服务是通过各种资源转化而来的,这种转化的效率越高,产出就越多,也就越能提供更多的产品或服务价值。提高生产率有两种途径:减少投入的同时保持产出不减少,或增加产出的同时保持投入不增加。投入包括劳动力、资本和管理。管理是整个系统的关键,即投入通过管理转化为产出。生产同样数量和质量的产品,人力、物力和财力的消耗最少才能实现低成本,低成本才有低价格,低价格才能争取用户。

生产率可以通过下式计算：
$$生产率 = 产出的量/投入的量$$
例如，如果产出的量＝10 000 单位，而花费的工时是 500 小时，则：
$$生产率 = 10\,000/500 = 20 \text{ 个单位的产出}/\text{小时}$$
上例只使用一种投入资源来衡量生产率，称为单因素生产率。如果通过所有投入的资源(如劳动力、物资、能源、资本)来衡量生产率，称为多因素生产率。多因素生产率可按下式计算：
$$多因素生产率 = 产出的量/(劳动力 + 物资 + 能源 + 资本 + 其他)$$
为了计算多因素生产率，需要将劳动力、物资、能源、资本和其他资源换算成统一单位，通常换算成货币金额。

灵活是指能很快地适应市场的变化，生产不同的品种和开发新品种或提供不同的服务和开发新的服务。要能够很快地适应市场变化，需要提高生产系统的柔性。生产系统的柔性是指应对环境变化的能力。提高机器设备的柔性有助于提高生产系统的柔性，但仅仅提高"物"的柔性是不够的，只有协调地提高机器、人员和组织的柔性，企业的整体柔性才能提高。

准时是在用户需要的时间，按用户需要的数量，提供用户需要的产品和服务。准时性是市场经济对生产过程提出的要求。从市场角度来审视连续性、平行性、比例性与均衡性，它们都有一定的局限性。不与市场需求挂钩，追求连续性、平行性与均衡性是毫无意义的。在市场多变的情况下，比例性也只是一种永远都达不到的理想状态，出现瓶颈永远是正常现象。

清洁是指在生产过程中，节约原材料和能源，淘汰有毒原材料，减降所有废弃物的数量和毒性，减少从原材料提炼到产品处理的全生产周期的不利影响。清洁生产是将整体预防的环境战略持续用于生产过程的生产方式。

合格产品和(或)满意服务，是指质量。对有形产品，通常以性能、可靠性、维修性、安全性、适应性、经济性等作为衡量质量的指标。对服务通常以功能性、经济性、安全性、时间性、舒适性和文明性等作为衡量质量的指标。

当前，激烈的市场竞争对企业的要求包括五方面：时间(Time，T)、质量(Quality，Q)、成本(Cost，C)、服务(Service，S)和环保(Environment，E)。T指满足顾客对产品和服务在时间方面的要求，即交货期要短而准；Q指满足顾客对产品和服务在质量方面的要求；C指满足顾客对产品和服务在价格和使用成本方面的要求，即不仅产品形成过程中的成本要低，而且用户使用过程中的成本也要低；S为提供产品之外为满足顾客需求而提供的相关服务，如产品售前及售后服务等；E为对环境的保护程度。

(三) 生产与运作管理的基本问题

生产与运作管理的基本问题主要围绕生产运作的投入→转换→产出过程，生产运作管理的基本问题包含以下3类：

1. 产出要素管理

生产与运作管理的第一大类基本问题是产出要素管理，其中包括：

质量（Quality）——如何保证和提高质量，包括产品的设计质量、制造质量和服务质量。

交货时间（Delivery Time）——适时适量生产。在现代化大生产中，生产所涉及的人员、物料、设备、资金等资源成千上万，如何将全部资源要素在它们需要的时候组织起来，筹措到位，是一项十分复杂的系统工程，这也是生产与运作管理所要解决的一个最主要的问题。

成本（Cost）——使产品价格既为顾客接受，又为企业带来一定利润。它涉及人、物料、设备、能源、土地等资源的合理配置和利用，涉及生产率提高的问题。

服务（Service）——提供附加和周边服务。对于产品制造企业来说，随着产品的技术含量、知识含量的提高，产品销售过程中和顾客使用过程中所需要的附加服务越来越多。当制造产品的硬技术基本一样时，企业通过提供独具特色的附加服务就有可能赢得独特的竞争优势。对于服务业企业来说，在基本服务之外提供附加服务也会赢得更多的顾客。

2. 资源要素管理

生产与运作管理的第二大类基本问题是投入要素管理，也就是资源要素管理，其中主要包括：

设施设备管理——现代化企业提供产品和服务的能力的一大特点是其取决于设施设备的能力，而不是人员工作的速度，因此，生产与运作管理中的设施设备管理的主要目的是保持足够、完好和灵活的生产运作能力。

物料管理——物料是指企业制造产品、提供服务所需的原材料、零部件和其他物品。当今企业生产运作所需的绝大部分物料需要外购，因此，物料管理的主要目标是以最经济的方法保证及时充足的物料供应。

人员管理——考虑在生产运作过程的各个环节如何有效、高效地配置和使用人力资源。

信息管理——企业的生产运作过程既涉及大量的物流，也需要考虑其中的信息流，用信息流来拉动物流。因此，信息管理的主要目的是及时准确地收集、传递和处理必要的信息。

3. 环境要素管理

环境要素管理是当今企业生产与运作管理中需要考虑的第三大类管理问题。传统的生产管理并没有把环境要素管理作为基本问题来看待。但在今天，如何保护环境和合理利用资源成为企业生产与运作管理中一个越来越重要的问题。环境要素管理可以从企业生产运作过程中的"投入"和"产出"两个方面来考虑：从"产出"的角度来说，企业在产出对社会有用产品的同时，有可能生产出一些"负产品"，即所排泄的废水、废气、废渣等，从而给环境造成污染；也有可能其产品在使用过程中会给环境造成污染，例如，汽车排放的有害气体。为此，企业有必要在产品设计和生产运作过程中考虑如何保护环境。从"投入"的角度来说，企业在获取和利用各种资源进行生产运作时，有必要考虑到人类的自然资源是有限的，需要考虑人类的可持续发展，为此在资源获取和利用上应尽量节约自然资源、合理使用自然资源，并考虑各种资源的再生利用问题。当今，环境保护已经成为人类所面临的一个重大问题，而企业在这个问题上负有最直接的责任。为此，国际标准化组织已经于1996年颁布了有关环境管理的ISO 14000系列标准，以推动和促进企业在环境管理和人类可持续发展方面负起责任。如今，企业是否取得了ISO 14000认证已经成为企业能否走向国际市场的又一个"绿色通行证"。

(1) 产出要素管理——质量、交货时间、成本、服务。

(2) 资源要素管理——设施设备管理、物料管理、人员管理、信息管理。

(3) 环境要素管理(输入阶段：需要耗费一定的资源，但资源是有限的，需要考虑人力的可持续发展；转化阶段：绿色制造；输出阶段：在输出理想产品时，避免"负产品"产生)。

(四) 生产与运作管理的基本内容

从决策角度来说，生产运作管理的基本内容包含以下3层内容：

(1) 战略决策，考虑企业经营方针上的问题，将决定向社会和顾客推出何种产品，如何组合各种不同的品种。是一个长期的决策，通常需要3~5年或更长时间。

(2) 战术决策，根据其战略决策的要求对如何合理地利用企业的生产要素作出决策。承上启下的作用。

(3) 作业决策，对企业的作业计划和控制作出的决策。

战略决策和战术决策包括：产品选择和设计、设备与生产方式的选择、运作流程设计、生产能力规划、设施选址和布局、岗位和工作设计等；作业决策包括：生产作业计划、进度控制、质量控制、库存控制、成本控制等。

四、生产与运作管理在企业管理中的地位

任何组织都要追求一定的目标，群体的协同努力比个人的单独工作更有利于目标的实现。企业从事产品生产或提供服务，它们可能是盈利性的、也可能是非盈利性的。它们的目标、产品和服务可能相似，也可能完全不同。然而，它们的职能及运作方式却大同小异。典型的企业组织有三个基本职能：财务、营销和生产

与运作,如图 1-2 所示。财务负责筹资、投资、结算、资金的分配使用,回收价值。营销负责刺激市场需求、满足客户与消费者的需求,实现价值。运作负责从外部获得必需的原材料、设备工具、燃料动力等资源,将这些资源投入运作,转化为产出,并形成价值增值。企业组织运行状况是否良好,不仅取决于财务、营销与运作等各种职能本身,而且还取决于它们之间协调配合的好坏。

图 1-2　生产运作系统的职能

（一）生产与运作职能

生产与运作职能由与生产产品或提供服务直接相关的所有活动组成。生产与运作职能不仅存在于有形产品导向的制造和装配运作方面,而且也存在于服务导向的领域,诸如医疗、运输、食品经营和零售业。对大多数企业来说,生产与运作职能是其核心;一个企业的产品或服务的提供正是通过运作职能完成的。由投入并通过一个或多个转换过程就可以获得产品或服务。为确保获得满意的产出,需在转换过程的各个阶段进行检测反馈,并与预先制定的标准进行比较,以决定是否需要采取纠正措施。

运作职能的实质是在转换过程中实现价值增值。增值是用来反映投入成本与产出价值或价格之间差异的一个概念。对非盈利组织而言,产出(例如,政府建设的高速公路、公安与消防服务)的价值即是它们对社会的价值;其增值部分大,说明其运作效率高。而对盈利性组织来说,产出的价值是由顾客愿意为该组织的产品或服务所支付的价格来衡量的。企业用增值带来的收入进行研究与开发,投资于新的设施和设备,从而在下一轮生产与运作过程中获取更丰厚的利润。若增值越大,则可用于这些方面开支的资金就越多。企业提高其生产率的一个有效办法是对员工所做的工作进行严格检查,看是否带来了价值增值。企业将未增值且无必要的工作视为浪费的行为,消除或改进这些工作可减少投入或降低加工成本,从而提高增值部分的量。例如,某企业可能发现它正在生产的一件产品距离向客户交付的日期还有一段时间,因此需将此产品在仓库内一直存放到交货日。实际上,存放该产品并不增加其价值,却带来额外费用。减少贮存时间则会降低转换成本,从而使增值部分加大。

（二）财务职能

财务职能包括为确保以有利的价格获取资源并将这些资源在组织内分配而进行的活动。财务人员与运作管理人员要密切合作，在如下活动中及时交流信息与专门知识：

1. 预算

要定期编制预算，对财务需求做出安排。有时要对预算进行调整，而且必须对预算的执行情况进行评估。

2. 投资方案经济分析

对投资于工厂和设备的备选方案的评估要由运作和财务人员共同参与。

3. 资金供应

给生产与运作部门及时提供必要的资金是重要的，而在资金紧张的时候，这项工作甚至会关系到组织的生存。细致的财务计划有助于避免现金流量出现问题。大多数盈利企业主要通过产品和服务的销售来获得资金。

（三）营销职能

营销是指销售或推销一个企业的产品或服务。营销部门一方面要进行广告宣传和定价决策以及实施随后的营销过程，该部门还要对顾客需求做出估计；另一方面也可以掌握顾客的消费偏好，并将这一信息传递给生产与运作部门和设计部门。运作部门需要顾客的有关中短期需求的信息，以便据此做出计划。比如，安排原料采购或是安排工作进度。设计部门需要这方面的信息，从而有利于对目前产品与服务做出改进和设计出新的产品。营销、设计和生产三部门必须密切配合才能顺利完成对设计的改进并生产出新产品。企业通过营销还可了解竞争对手正在做什么，从而对制定本企业的战略决策提供依据；运作部门可提供生产能力方面的信息，并就设计产品的生产可行性做出判断。当需要购买新设备或新技术用于创造新产品或服务时，运作部门可提前发出通知。这时财务部门应提供短期内可筹集到多少资金这一信息，并了解在中长期引入新产品或服务所需资金的规模。营销部门可从运作部门那里得到制造或服务提前期这一重要信息，从而给顾客提供可靠的供货时间。因此，营销、生产与运作和财务三部门必须在产品及工艺设计、市场需求与市场前景预测、确定可行的工作进度以及质量和数量决策方面协调一致，加强相互间沟通与协作，形成富有生命力的运行机制。

（四）其他职能

与生产与运作、财务和营销这三个基本职能相配合的还有许多辅助职能，比如会计和采购就属于辅助职能范围。依据组织的不同性质，辅助职能还可能包括人力资源管理、产品设计与开发、工业工程以及设备管理等。

1. 会计部门负责编制财务报表

包括损益表和资产负债表。它们也向管理部门提供有关劳动力、原料消耗及一般管理费用的信息，还可能报告诸如废品、停工期及库存情况。它们必须对应收款项、应付款项和保险费进行记录，并为企业编制税收报表。

2. 采购部门负责采购原料、供应物品及设备

采购部门必须与运作部门密切联系以确保按时按量采购。采购部门通常要对供应商就交货期、质量与可靠性、价格、服务及对需求变化的调整能力等方面进行评价。它们还要对购回的货物负责验收。

3. 人事部门

招聘及培训人员、协调劳资关系、磋商合同、管理工资和薪金、搞好人力资源规划以及确保员工的健康与安全。

4. 协调公共关系

有助于企业树立和保持良好的公共形象。这包括以新闻发布会的形式介绍新产品或服务，也包括向社会公益事业提供适当的赞助、捐赠等等。良好的公共关系能给组织带来很多潜在好处。一个明显的好处是在市场的开拓方面，其他潜在的好处还有：人们将向往在该组织内工作，成为其中的一员，社会也会认同该组织不断地扩大自己的规模，组织中的成员也会渐渐接受这种组织文化的熏陶，从而使这种文化能够延续和发展。

5. 工业工程

通常包括工作进度安排、执行标准、工作方法优化、质量控制和企业微观物流管理等。中型和大型制造企业尤其要具备这一职能。

6. 运输

包括将产品送至仓库、零售处或最终顾客手中。

7. 设备管理

包括对设备、建筑物及场地和冷暖装置进行全面的维护保养、修理、更新以及清除垃圾、保障安全和注意环保等。

生产与运作管理不但对一个组织来说十分重要，而且对整个社会也是十分重要的，因为产品和服务的消费是我们社会的组成部分。生产与运作管理直接关系到这些产品及服务的生产与创新，向社会和顾客提供所需的产品或服务是企业得以生存的立足点。因此，生产与运作是一个组织的核心职能，没有这个核心，就不存在对其他任何职能的需要，该企业也就失去了存在的意义。

（五）企业系统的整体性

企业系统的整体性是指企业的经营活动是为了实现它的战略目的而必须具

备的有机整体特征。早期的企业因为规模小,管理职能集中于少数几个人,甚至集中于一个人,这时企业的整体性很容易得到保证。随着企业规模的扩大,管理工作量日益增加,管理事务变得日益复杂,这时产生了分工,出现了专门的职能管理部门。如果各部门片面强调自己部门的工作,甚至偏重本部门的利益,系统效率就会变差,企业的整体性就会受到削弱,经营状况就会恶化。对于分工产生的这种负面作用,已经越来越引起人们的注意,在强调高层领导的协调作用时,也要强调各部门间自觉主动的协调。在考虑企业的经营问题时,不应该片面地强调某一方面的管理职能是如何的重要。企业的经营活动是一个周而复始的动态过程,在这一过程中,各种职能管理之间的发展可能是不平衡的,有些职能的管理水平由于种种原因而下降,以致影响全局,这时提出以某种职能管理为重点的观点也是有道理的,要将其放到企业具体的环境当中去理解。

第二节 制造性生产运作模式

从管理的角度可以把生产运作划分为制造性生产和服务性生产两大类。

制造性生产一般称 Production,主要提供电视、汽车、电脑、服装、食品等有形产品。

服务性生产一般称 Operation,主要提供无形产品,如邮局的快递服务、咨询公司的设计方案、学校提供的知识教育等。

一、制造性生产的概念

制造性生产是通过物理和/或化学作用将有形的输入转化为有形的输出的过程。通过制造性生产能够产出自然界原来没有的物品。具体讲,是将有形原材料转化为有形产品的过程,如冲压、切削、装配、焊接、浇铸、蒸馏、淬火、合成等物理或化学过程。

二、制造性生产的分类

(一)按工艺过程特点分类

连续性生产:物料均匀、连续地按照一定工艺顺序运动,在运动中不断改变形态和性能,最后形成产品的生产过程。连续性生产又称作流程式生产,如化工业:塑料、药品、肥皂、肥料、碱等;炼油业:汽油、柴油等;冶金业:各种矿厂;食品行业:牛奶、饮料、食油等。

离散性生产:物料离散地按照一定工艺顺序运动,在运动中不断改变形态和性能,最后形成产品的生产过程。由一种原材料生成多种产品:如钢铁厂将一种钢锭轧制成板材、管材、型材等。由多种零部件组装成一种产品,即加工装配式生产:由离散零部件装配而成,零部件可来自不同地区或国家,如汽车、机床、电视机、空调、电脑、服装等。

两者的生产运作管理特点不同(如表1-2所示)。对于连续性生产来说,生产设施地理位置集中,生产过程自动化高,只要设备体系运行正常、工艺参数得到控制,即能生产出合格的产品,生产过程中的协作与协调任务比较少,但对生产系统的可靠性和安全性的要求很高。相反,离散性生产的生产设施地理位置分散,由于零件种类繁多,加工工艺多样化,又涉及多样的加工单位、工人和设备,导致生产中的协作关系十分复杂,计划、组织、协调任务相当繁重,生产管理复杂化。

表1-2 连续性生产与离散性生产的比较

特 征	连续性(流程式)生产	离散性生产
用户类型	较少	较多
产品品种	较少	较多
产品差别	有较多标准产品	有较多客户化产品
营销特点	取决于价格和可获得性	取决于产品特点
资本/劳动/材料密集	资本密集	劳动和材料密集
自动化程度	高	较低
设备布局	流水线形式	批量或流水线
设备柔性	低	较高
生产能力	稳定	可变/模糊
生产能力扩充周期	长	较短
对设备可靠性要求	高	较低
原材料品种	少	较多
能源消耗	大	较少
副产品	较多	较少
在制品库存	低	较高

(二) 按物流的特征分类

V型企业:原料种类少,加工过程基本相同,转换成的产品种类多,如图1-3所示。

A型企业:多种原料和零部件转换成少数几种产品。如飞机、汽车、手机等,如图1-4所示。

T型企业:最终产品由相似零部件以不同方式组装成不同的产品,加工零部件大体是平行进行的,装配时不同产品会用到很多相同或相似的零部件。如装饰用的灯具,如图 1-5 所示。

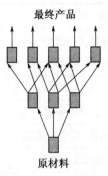

图 1-3　V 型企业

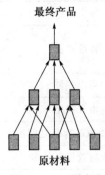

图 1-4　A 型企业

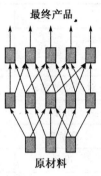

图 1-5　T 型企业

V、A 与 T 型企业的比较:

V 型:多是资本密集型,机械化、自动化、专业化程度较高,专用性强,生产系统缺乏柔性;A 型:通用性较强,生产系统有一定柔性,加工过程复杂多样,生产管理比较复杂;T 型:一般分加工和装配两部分,加工路线和装配时间都较短,库存高,交货状况参差不齐。

实际上,多数企业不仅仅是简单的 A 型、V 型或 T 型,而是混合型。

(三) 按产品需求(或企业组织生产)特性分类

按照生产组织的特点,可以把制造性生产分为备货型生产和订货型生产两种。连续性生产一般为备货型生产,而离散性生产既有备货型又有订货型。

备货型生产(MTS):零部件和最终产品都根据需求预测进行生产,如家电产品。

生产的直接目的是补充库存,通过维持一定数量的成品库存及时满足用户的需求。备货型生产对于通用性强、标准化程度高的生产有着广泛的应用。比如轴承、小型电动机、螺钉和螺帽紧固件等。备货型生产计划安排通常采用推动式。

订货型生产(MTO):零部件和最终产品都根据订货进行生产。用户可能对产品提出各种要求,协商一致后再组织设计和制造。例如锅炉、船舶等产品的生产,都属于订货型生产。这类产品专用性强,大都是非标准的产品。但随着顾客需求以及竞争环境变化,原本属于备货型生产的产品也有向订货型生产发展的趋势,一些企业在提供标准化产品的同时,也为顾客提供了个性化产品选择的可能,如丰田汽车、海尔冰箱等。订货型生产计划安排通常采用拉动式。

表 1-3 是两者的比较。

表 1-3 MTS 与 MTO 的比较

项目	备货型生产(MTS)	订货型生产(MTO)
产品	标准产品	按顾客要求/无特定标准，大量的产品变型
对产品的需求	可以预测	难以预测
价格	事先确定	订货时确定
交货期	不重要，由成品库存之间出库	很重要，订货时确定
设备	专业高效设备较多	通用设备较多
人员	专业化人员	需要多种技能

以上区别决定了两种模式的生产计划与控制方法不可能完全相同。

介于 MTS 和 MTO 之间还有一种为按订单装配式生产(Assemble-To-Order,ATO)：零部件根据预测进行生产，最终产品根据订货进行装配，很多电子产品的生产属于按订单装配式生产，如戴尔的计算机。

特点：ATO 可以缩短交货期，必须以零部件通用化、标准化为前提。

注意订货型生产与订合同是有区别的。无论 MTO 还是 MTS，订货方与供货方都要签订合同；但签订合同后如果直接从成品库存供货，就并不是 MTO，而是 MTS。

(四) 按生产稳定性和重复性特点分类

生产类型是用来表明工作地专业化程度的标志。工作地专业化程度是按照工作地担负工序数目的多少来判断的。工作地担负的工序数目越少，工作地专业化程度就越高；相反，工作地担负的工序数目越多，工作地专业化程度就越低。据此，工作地的生产类型一般可划分成三类：大量生产、成批生产、单件生产。

可用工作地负荷系数来划分这三种类型。$K=t/R$，其中 K 为工作地负荷系数，t 为某产品单件工时，R 为该产品的平均出产节拍，$R=F_e/Q$，即年度有效工作时间与年度产品生产数量之比。$K>0.5$，大量生产；$0.05<K<0.5$，成批生产；$K<0.05$，单件小批生产。

从表 1-4 中可知，大量大批生产(Mass Production)：产品品种单一，生产重复程度高，产量大。如福特曾 19 年坚持大量生产 T 型车一个品种。汽车、轴承、紧固件、电视机、空调、电脑、灯泡、冰箱、手机等诸多产品一般都是大量大批生产。

表 1-4 大量、成批、单件小批生产的比较

项目	大量生产	成批生产	单件小批生产
品种	少	较多	很多
产量	大	中	小
设备	专用	部分通用	通用
工作地专业化程度	高	较低	低
劳动生产率	高	较高	低
生产计划安排	精确	比较细致	粗略
生产过程管理	简单	较复杂	复杂
生产周期	短	长短不一	长
成本	低	中	高
追求目标	连续性	均衡性	柔性

单件小批生产(Job Shop)：产品品种繁多，每一品种生产数量少，生产重复程度低。大型锅炉、模具、大型船舶、大桥、三峡工程、汽车加工用的冲模等诸多产品一般采用单件小批生产。

因大量和大批生产的特点相近，故合称为"大量大批生产"；小批生产和单件生产特点相近，故合称为"单件小批生产"；成批生产的特点介于大量大批生产与单件小批生产之间；很多企业产品品种繁多，批量大小差别很大，习惯上称"多品种中小批量生产"，比较符合实际情况。

从企业内部组织生产的角度，单一品种大量生产最有效，但难以适应市场变化。故单一大量生产的前提必须是市场上较长时间有大量需求；如标准件就比较适合大量生产。福特因只生产 T 型车而兴旺，但连续生产 19 年而最终衰败——不能光谈生产效率而忽略市场。目前，如何提高单件小批量生产的效率备受关注。

第三节 服务性运作模式

一、服务业兴起

经济学家将人类经济的发展划分为三个阶段：前工业社会(Pre-industrial)、工业社会(Industrial)、后工业社会(Post-industrial)。

在前工业社会，人们主要从事农业和采掘业，利用体力、畜力和简单的工具，以家庭为基本单位进行生产，劳动生产率低下，受自然条件的影响大。生活节奏

和自然界同步,主要是同自然界打交道。

在工业社会,人们主要从事制造业。制造的实质是通过物理的或(和)化学的方法,改变自然界的物质,生产人们所需要的人造物品——产品。产品是满足人的需要的人造物品,是过程的结果。分工是工业社会组织生产活动的基本原则。通过分工,提高了人的操作熟练程度,节约了不同工作之间的转换时间,并促进了机器的发明。人们利用机器和动力,以工厂为单位生产,使劳动生产率大幅度提高。在工业社会,人们的生活节奏加快,生活质量以拥有的产品数量来衡量,主要活动是同经过加工的物品打交道。由于在制造和使用产品的过程中产生了自然界原来没有的东西,打破了自然界原有的平衡,造成了环境污染和破坏。

今天,随着经济的发展、技术的进步以及社会工业化和信息化的进展,人们除了对各种有形产品的需求之外,对有形产品形成之后的相关服务的需求也不断提高。而且,随着社会构造越来越复杂,社会分工越来越细,原来附属于生产过程的一些业务、服务过程相继分离、独立出来,形成了专门的流通、零售、金融、房地产等服务行业,使社会第三产业的比重越来越大。各国经济逐渐过渡到后工业社会。

在后工业社会,人们从事服务业,其实质是提供各种各样的服务。人们利用知识、智慧和创造力,以信息技术为依托,通过不同的生活组织,为顾客提供服务。信息成为关键资源。生活质量由保健、教育和休闲来衡量,主要活动是人们之间的交往。

服务业是以提供服务为主的产业。它并不限于餐饮、旅店一类社会服务行业,一般包括五个方面的活动:

(1) 业务服务,包括咨询、财务、金融、银行、房地产等;
(2) 贸易服务,包括零售、维修等;
(3) 基础设施服务,包括交通运输、通讯等;
(4) 社会服务,包括餐馆、旅店、保健等;
(5) 公共服务,包括教育、公用事业、政府等。

可见,服务业的范围十分广泛。服务业的重要性已日益被人们所认识,它已经成为现代社会不可缺少的有机组成部分。如果没有服务业,就不会有现代社会。没有交通和通信这样的基础设施,工业生产就不能进行;没有政府提供的服务,各种社会组织就不能正常运行;没有各种生活服务,人们就不能正常生活。这些都是人们了解的常识。

服务业兴起是社会生产力发展的必然,是生产力发展水平的重要标志,发展水平越高的国家,服务业所占的比重越来越高。农、工业(尤其制造业)发展,使工农业劳动生产率不断提高,物产不断丰富,也使得剩余劳动力转移到服务业,服务业的蓬勃发展反过来又促进了工农业的发展。

我国改革开放后，工农业发展迅速，服务业日益受到重视，尤其运输和通讯发展迅速，服务业的贡献已占到国民生产总值的 20%。国家自然基金委管理学部关于工商管理学科 2011—2015 五年优先资助领域，服务运作管理排在运作管理相关研究领域的第三位。

二、服务业企业

服务业企业是向消费者提供服务，并以此获利的组织。

服务型企业主要业务是同顾客联系，十分多见，如银行、运输公司、超市、售后服务、酒店等。有些是企业服务部门提供的以产品为基础的服务，即产品生产过程附带的服务，如空调、冰箱等的售后服务部（独立的）；也有的是提供纯粹的服务，它们以服务为基础，如银行、铁路运输、学校等。

三、服务性运作

服务性运作又称为非制造（Non-manufacturing）生产，活动导向型，基本特征是提供劳务，而非制造有形产品。以前西方把和工厂联系的有形产品的制造活动称作 Production，将提供劳务的活动称作 Operations，有时都称作 Operations。后来，将有形产品和劳务都称作"财富"，把生产定义为创造财富的过程，从而把生产的概念扩大到非制造领域，为了区分 Production 和 Operations，分别译为"生产"和"运作"，但常称为"生产运作"或"运作"。

服务运作管理存在于两种形式：一种是以服务为获利手段的企业，在这些企业里，服务是整个生产过程的一部分，也为企业带来了利润和回报，盈利是其目标的一部分。另一种是组织内部部门与部门之间的服务，这种服务往往是为生产过程服务的，并不以盈利为目的，更重要的是提高整个生产过程的运作效率，从而使企业的利润最大化。

（一）按服务对象分类

1. 对外服务

服务业企业是指以通过为消费者提供服务，并通过服务使企业获利的组织，它们的主要业务是同顾客相联系，这样的服务型企业十分多见，比如银行、航空公司、超级市场等。在这样的企业中，有的服务是以产品为基础的，为产品的生产过程附带的服务，也有的是提供纯粹的服务，因此，前者被称为企业的服务部门，如电冰箱企业的售后服务部，而后者的公司就是建立在服务基础上的。当然，其中有一些非盈利的服务型企业，比如公安部门、福利医院等等。又可以分为基于一定设施的服务和上门或随时服务，前者消费者必须到指定的设施或者场所才能够接受服务，而对于后者，服务人员可以到消费者的家中或者附近提供服务。

2. 企业内部服务，又称为对内服务

这一类服务是企业内部主要活动所需要的相关服务，它们已经成为企业活动不可分割的一部分。这部分服务并不能够直接产生价值，这些服务包括零件和产品检验、数据处理、财务会计、后勤管理等，他们的服务对象是企业内部要求这些服务的有关职能部门。当然，企业的内部服务组织也经常向公司以外的部门提供服务而成为一个服务的经营个体，在这个意义上，它与对外服务是一致的。

随着服务的普及，各种类型的企业都已经不可能离开服务而存在，所以对内和对外服务的分类就体现在这一点，表明无论企业内部还是对于企业属于外部的市场都有服务的存在，对外部的顾客而言，服务使他们能够得到舒适的感受；对内部顾客而言，服务是为了完成整个企业的特定功能而提供服务的。

（二）按服务提供的内容分类

根据服务的具体内容不同，服务业提供的服务可分为四种类型：提供信息的服务、解决问题的服务、营销服务和售后服务。

1. 提供信息的服务

这种服务对于外部顾客而言是有偿的，内部或者外部顾客可以根据获得的信息对自己的工作和选择进行纠正和改进，实现个人利益的优化。比如，企业的信息部门提供的有关整个行业的发展情况、企业的生产控制中心提供的有关企业运作信息的报告等等。

2. 解决问题的服务

整个工厂的内部出现故障是属于正常的事情，对于外部顾客而言，有许多问题也要通过获得服务来解决，因此，解决问题的服务就成为一种服务需求了。比如，企业的检修人员对整个工厂生产系统的维护、保养、改造、更新均为解决问题的服务，咨询公司的提供解决问题的方案或解决顾客提出的具体问题等等。

3. 营销服务

对于制造业企业而言，生产的产品最终要投向市场才能够获得利润，而产品能够转化为商品的最有效途径就是通过市场营销，市场营销也应该属于服务的范畴，因为营销过程中提出的服务承诺是必须要通过完善的服务得以体现的，而且营销过程本身就是营销人员和顾客接触并且说服顾客的过程，它并不属于那种规范的生产过程。

4. 企业的售后服务

对于企业而言，出售产品并不意味着结束，实际上，任务在出售的同时就由生产部门转向了服务部门，顾客对产品使用过程中出现的问题都要找服务部门解决，对于服务性企业更是如此。

（三）按是否提供有形产品分类

（1）纯劳务运作：不提供任何有形产品，如咨询、法庭辩护、指导和授课。
（2）一般劳务运作：提供有形产品，如批发、零售、邮政、运输、图书馆书刊借阅。

（四）按顾客是否参与分类

（1）顾客参与：如理发、保健、旅游、客运、学校。
（2）顾客不参与：如批发、洗衣、邮政、货运等。

（五）按顾客的需求特性分类

（1）通用型服务：对一般、日常社会需求提供的服务，如零售批发、学校、运输公司、银行、饭店；过程较规范，服务系统有明确的前后台之分，顾客一般只在前台服务中介入。
（2）专用型服务：针对顾客特殊要求或一次性要求提供的服务，如医院、汽车修理、咨询、律师、会计业；过程有较多顾客介入，前后台很难区分，服务性更鲜明，难用统一的服务过程规范。

（六）按劳动密集程度和与顾客接触程度分类（如图1-6）

什么是劳动密集型？就是干活的人多，赚钱的人少，比如很多工厂，一下班厂门口涌出来的都是穿制服的年轻人，这些人原来叫工人阶级，现在叫打工仔，占绝对多数的打工仔赚口饭钱，少数老板赚大钱，这叫劳动密集型；干活的人多，赚钱的人也多，这叫技术密集型，比如软件公司，编程的也是一坐一屋子，但是，搞不好这些人都有一点股份，就是没股份，薪水也不低，老板赚钱，员工也赚钱，整不好一上市，百万富翁、千万富翁都从流水线上下来了；资本密集型就是干活的人少，赚钱的人也少，世界经济史告诉我们，人挣钱是难的，钱挣钱是容易的，拿钱砸钱这叫资本密集型。

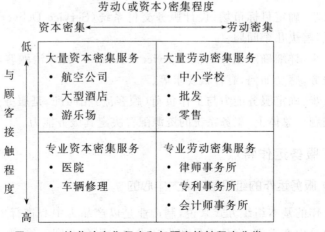

图1-6 按劳动密集程度和与顾客接触程度分类

（七）按是否营利分类

（1）营利服务：以获取利润为目的的服务，如咨询、饭店等。

（2）非营利服务：主要指公共服务，如大部分政府机关的各种服务（公安、消防）、学校、福利医院等。

（八）按服务地点分类

（1）基于一定设施的服务：消费者必须到指定设施或场所才能够接受服务，如浴室、饭店、打靶、高尔夫球等。

（2）上门（或随时）服务：服务人员可到消费者家中或附近提供服务，如家政服务、快递、家庭医生、家教等。

（九）按服务性运作的批量大小分类

类似制造性生产，服务性运作也可按服务专业化程度（或重复性）划分为单件小批量运作和大量大批运作模式。单件小批服务运作，如研究项目、计算机软件、咨询报告、包机服务、博士生培养、保健、理发、特快专递服务、出租车、零售等；大量大批服务运作如公共交通、快餐服务、普通邮件、批发、体检等。

四、服务企业运作战略

服务业兴起使更多劳动力和资源转移，服务运作管理日益得到重视，如何提高服务作业效率和质量，是当今生产运作管理研究的焦点之一。

类似制造业，服务业也需制定战略、寻求目标市场、设计特定服务、并在运作中以低成本、高质量和按期交付方式向顾客提供满意服务。

服务运作的最大特点就是顾客到达时间是随机的，使得服务业与制造业的作业计划存在不同。

第1步：确定目标市场，设计服务交付系统（Service Delivery System），确定运行方式，解决几个问题。

第2步：详细确定服务产品（Service Package），要弄清顾客经过服务台后得到什么服务，感受如何，有什么要求等。

第3步：确定服务能力与工作负荷（顾客流）相匹配，是服务作业计划要解决的主要问题。总体上，服务系统的资源配置决定其服务能力。

五、服务运作特点

（一）服务运作的组织是以人为中心的

从运作的基本组织方式来说，制造业是以产品为中心进行生产组织的，主要控制对象是生产进度、产品质量和生产成本。服务业则不同，服务运作过程往往是服务人员与顾客面对面进行的,服务运作的组织必须将服务的提供者——员工与服务的对象——顾客放在一个系统中同时考虑,必须以人为中心进行运作组织。对服务业来说,员工本身的技能、知识和表现对组织的运作效率、服务结果影响极大。因此,在服务业中,企业内部营销的重要性更显突出。没有愉快的员工,就没有愉快的顾客,员工对待工作、对待顾客的态度,是决定企业服务水平和服务效果的重要因素。服务业中的技术进步也更多地体现为员工技能的更新和管理水平的提高。因此,对人的管理就成为服务运作管理的关键,服务过程管理必须把重点放在提高员工的服务意识与服务技能上,注重对员工素质的培养。

(二)服务运作与服务营销的不可分性

在制造业,企业的运作职能和营销职能的划分明显,产品生产与产品销售是发生在不同时间段、不同地点的活动,很多产品需要经过一个复杂的流通渠道才能到达顾客手中,因此这两种职能划分明显,分别由不同人员、不同职能部门来担当。而在服务业,由于服务的提供与服务消费的同步性,这样的职能划分是模糊的。

(三)顾客参与服务运作过程

制造企业的生产系统是封闭式的,顾客在生产过程中不起作用;而服务企业的运作系统是开放式的,在整个服务提供过程中,往往离不开顾客的直接或间接参与。由于顾客参与其中,顾客可能会起到两种作用:积极或消极作用。在前一种情况下,企业有可能利用这种积极作用提高服务效率和服务设施的利用率;而在后一种情况下,必须采取一定的措施防止这种干扰。因此,服务运作管理的任务之一,就是尽量使顾客的参与能够对服务质量的提高、效率的提高等起到正面作用。

(四)服务产出的衡量与评价比较复杂

衡量服务业的产出比制造业复杂得多。数量标准对很多企业来说,并不能成为很重要的标准,因为质量与效果更为重要,而服务质量本身就比产品质量更难定义和描述,也更难以精确评价。而且,服务业以"人"为中心的运作性质使得服务过程所形成的结果隐性化、复杂化。另外,许多服务组织具有多元化的目标,着眼于长期利益和社会利益(如教育和医疗)。所有这些,都使得对服务运作的评价更加困难。

我们已经知道,不同的服务有着不同的特征,它们的顾客接触程度也各不相同。那么,针对顾客接触程度不同的服务,应该如何设计服务实现的方式呢?针对这样的问题,产生了服务设计矩阵的概念,所谓服务设计矩阵就是根据顾客接触程度不同而确定的不同服务方式、对服务运作的不同要求构成的矩阵。矩阵的行向量是固定的,即顾客的接触程度,而列向量根据不同的研究对象来进行。按服务复杂程度和顾客化程度可分为四组,如图1-7所示。服务复杂程度表示某种服务所需知识技能的复杂性,相对顾客而言的。顾客化程度是指满足顾客个性化要求的程度。

高←——服务的复杂程度——→低

	I	II
高↑顾客化程度↓低	☎ 外科医生 ☎ 牙科医生 ☎ 汽车修理 ☎ 代理人 ☎ 器具修理 ☎ 包租飞机	☎ 美容美发 ☎ 维护草坪 ☎ 房屋油漆 ☎ 出租车 ☎ 饭馆 ☎ 搬家公司
	III	IV
	☎ 无线电和电视 ☎ 电影 ☎ 动物园 ☎ 博物馆 ☎ 学校 ☎ 航空公司	☎ 快餐 ☎ 洗车 ☎ 租车 ☎ 干洗 ☎ 零售 ☎ 公共汽车

图1-7 服务设计矩阵

解读:左半部,服务需经训练或一定投资才能进行,一般顾客缺乏所需知识、技能、设备,难以从事;右半部,服务较简单,所需专门技能较少,企业能培训自己的员工,一般顾客花费一定时间和精力也能做;上半部,服务的顾客化程度较高,能满足顾客特定需求;下半部,服务的标准化程度较高,能满足顾客共同需求。

IV,服务复杂程度和顾客化程度都较低,工作程序可标准化,即使更换员工,服务质量也不受大的影响;II,服务员需要较广泛的技能,并能对顾客的要求做出灵活响应;I,服务员需要来自企业外的专门训练,需要好的悟性和诊断力;III,服务一般需要较大投资购买设备,员工需要专门训练。

六、服务性运作与制造性生产的差异

服务业与制造业相比,制造业生产推出的是有形产品,例如汽车、冰箱、洗衣机、电视机等等。这些都是我们能看得到或能摸到的东西。它们可能出现在工厂,也可能出现在其流通或使用的地方;而服务通常是无形产品,如旅游观光、餐饮、医生诊疗等等。两者之间的区别表现在以下几个方面:

（一）推出的产品相异

制造企业与服务企业的本质区别在于各自推出的产品相异，前者是产品导向型的，而后者则是活动导向型的；制造企业推出的是以有形产品为主导的产品，服务企业推出的是以无形产品为主导的产品。

（二）与顾客联系的密切程度不同

服务企业与顾客联系要多于制造企业，服务的生产与消费通常发生在同一地点。例如，旅宿需要旅客在旅馆内进行，做外科手术需要医生与病人都在场……而有形产品生产与消费可以分别进行，因此制造可在消费者不在场的情况下完成。这样就给制造商在选择工作方法、分配工作、安排工作进度和运作实施控制方面提供了相当大的主动权。服务组织由于涉及与顾客的联系而使主动权受到较大限制。再者，在企业提供服务时，顾客有时是系统的一部分，比如，顾客在超市购物就是这样一种情形。此时，对顾客严加控制是不可能的。还有，产品导向型的制造业企业可通过建立成品库存，以避免和减轻需求变化带来的一些冲击。而服务运作组织不可能建立起一定期间的库存从而对需求变化作出敏感反应。我们经常可以看到银行和超市要么是顾客排长队等待服务，要么是出纳员或收银员坐等顾客。

（三）投入的不确定性差别大

服务运作的投入比制造运作的投入具有更大的不确定性，每一个病人、每一家旅馆和每一辆待修的汽车都代表一个特定的问题，需经仔细检查后方可采取措施。制造组织经常通过严格控制投入变化以使产出变化尽可能地小。结果，通常对制造过程的要求比对服务过程的要求更高。

（四）技术含量与范畴不同

服务的就地消费和投入的变化程度高，服务业一般说来劳动含量较高，而制造业资本和技术密集程度较高。

（五）产出的一致性不同

机械化使得产品规格变动不大，所以制造企业的生产流程顺利，效率高；而服务企业产出过程与产出结果多变，效率低。

（六）生产效率的测定难度不同

制造业的大多数制品具有高度一致性，制造生产率的测量比较容易进行。在服务运作方面，需求强度和工作要求的多变性使得生产率测量相当困难。例如，比较两名医生的生产率，一名医生可能有很多常规病例，而另一名医生则面对的是一些非常规病例。要明确他们各自效率的高低是非常困难的。

（七）质量保证的时效性不同

由于服务的生产与消费同时进行，这就对质量保证工作提出了更高的要求。要保证质量管理工作得到有效开展，否则投入的多变性将导致产品质量更具不确定性。对服务组织而言，提供的产品质量更重要，因为它不像制造组织那样，出现的质量问题可在顾客收到产品前得到消除。

两者区别明显，但实际组织中往往是服务和制造兼而有之，对于特定组织不能简单一概而论。如餐厅要提供餐饮服务就必须制作和提供饭菜等，由于餐厅的主营业务属于服务，所以餐厅被划分为服务业企业。同样，汽车制造企业的主业是制造汽车，但也同时提供运输、使用技术的咨询等服务。

七、典型的服务性运作模式

经过研究和许多管理实践的检验，形成了一些已经被证明了行之有效而且可以保证系统稳定性、灵活性的服务运作模式，当然，这些模式各有特点，适用于不同的服务类型，企业的管理者可以根据自身企业的特点进行选择。

（一）生产线模式

这是美国的麦当劳首创的一种服务业流水作业运作模式。Theodore Levitt 曾经说过："应该把快餐的传送过程看成是一个制造的过程，而不是简单的服务过程。"麦当劳把提供服务的过程等同于制造业的生产线，将其经营的快餐店按照流水作业的方式组织运营，这种运营同普通的服务的区别在于：麦当劳为顾客营造一个清洁、秩序井然和令人愉快的环境，食品的提供过程按照非常规范的方式进行，用规范化的操作和设备技术代替了服务对服务人员过高的依赖性。

麦当劳之所以采用这种服务模式是由麦当劳的服务策略决定的，麦当劳在全球有上千家门店，为了在全球范围内推广麦当劳食品，必须要求实行整齐划一的服务，而整齐划一就不可避免地要求员工自主性的降低，要求员工提供的服务方式按照标准进行，于是产生了这种服务的提供模式。

在长期的服务过程中，麦当劳形成了具有自己特色的经营方式，同时有自己的经营特点，主要包括下面几个方面：

（1）麦当劳制作薯条是按照一定的数量制作的，这个数量根据经验确定，并且是固定的，既不会多，也不会少。

（2）服务生服务时，可以看到盛装薯条都使用统一的宽口铲，而且，每个服务生提供的薯条数量是一致的。

（3）为了保证整个环境的清洁，不仅仅在就餐区，即使在储藏间也有废料桶，清洁人员及时把废料清扫干净。

（4）麦当劳的汉堡包、奶昔、冰激凌都有统一的印有麦当劳标志的包装袋。

（5）麦当劳门店的整个生产系统的安排都是经过精心策划的，保证制作人员、服务人员之间可以自主地工作而且能够将生产和服务环节有效地衔接在一起。就餐区的整体设计也非常严谨，服务员的所有操作也是根据事先已经确定的系统设计来实现的。

麦当劳将制造业的生产线方式引入服务业，使汉堡包的生产就像工厂生产的零部件一样能够不间断地从生产线上生产出来。麦当劳的这种严格规范的服务使麦当劳走进了全球各地人们的生活，麦当劳已经成为一种现代生活方式的代名词。

（二）参与服务模式

在某些服务生产的过程中，允许有更多的顾客参与，把顾客看做服务过程中的一个组成部分，通过发挥顾客在提供服务过程中的作用来提高服务效率，从而使企业获利，使得整个服务过程得到改善。具体体现为各种自助方式的流行，使顾客能够最大程度的参与服务，如超市、自助售货机、自动取款机等等。在服务设计矩阵中，这种方式更类似于有一定设施的服务提供。这种依赖于技术装备的服务系统的优点在于减少了员工的劳务付出，使得整个服务过程更加方便、高效、省时、省力。

若要使该类企业的运作获得成功，可以归纳为以下几个方面：

（1）获得顾客的信任，取得顾客的理解和接受，愿意积极参与。

（2）降低成本、提高服务速度和便利性，在效率高、费用低、简便等方面下工夫。如果顾客感到既不方便、费用又高，他们就不会接受这种服务方式而宁愿到柜台上接受服务。

（3）所提供的服务设施必须运行可靠、操作方便。在运行过程中，有一定的适应性，以保证整个系统的稳定；而且，即使对于一个对系统毫无所知的顾客，也应该能够很快地了解整个系统的操作规则并且能迅速、正确地使用这种服务。

要使这种服务形式能得到顺利的推行，需要企业像培训自己的员工那样培训顾客，利用各种媒体（尤其是在本企业所提供的设备的旁边或内部）介绍使用所提供设备的使用方法，让消费者逐渐了解这种设备的性能，这样顾客使用起来就方便多了，而且还会减少机器的损坏率。目前我国有些服务企业也采取了顾客参与的经营方式，例如银行的自动取款系统、铁路运输的列车车次查询系统等。

可以认为：自助服务系统在客观上起到了替代了原有的员工的作用，所以，现在要把原来培训员工所需要做的事情改为培训自己的顾客。

实践证明，同时提供完全的服务和自助的服务能够获得最大的收益，采取提高完全服务的价格、改变完全服务的销售方式、降低自助服务的售价等措施，可以使服务照顾到不同需求的消费者，同时对于服务的提供者而言，能够获得最大的利润。

另有一类自助服务对特定的技术设备的依赖性不强,这种服务的方式也是常见的,比如饭店和宾馆的"自助餐""自助火锅"等,这种参与模式不需要或基本不需要昂贵的技术装备,只需要一定的场所,并且为顾客提供已经制成的产品,给顾客提供一个方便、舒适的环境。服务人员并不需要对顾客的每一项要求提供服务,但须注重的是总的供货服务。例如当服务员看到为自助餐所供菜肴和其他食物的品种及其量不多时,就应该及时地为顾客补充新的产品。这样的服务,可以保证每个使用自助餐的顾客都能够按照自己的意愿选取自己喜欢的菜肴。采用这种服务模式的企业,必须在花色品种和成本上狠下工夫,让顾客感到吃得舒心、花钱少,这样才能吸引大批消费者。类似的例子还有自选商场、健身房等。

(三) 面对面的直接接触模式

目前服务业采用最普遍的是服务员与顾客面对面的直接接触服务模式,我们作为消费者,接触最多的是面对面的服务,如商店里的售货员、储蓄所的储蓄代办员、饭店的服务员等等,这种服务方式存在于整个经济的方方面面,与普通老百姓的生活息息相关。

在这种服务的过程中,服务人员成为整个服务过程中最主要的要素,而不是如生产线模式和参与管理模式中的那种设备代替服务成为与顾客接触最多的部分。设备是一个固定的、规范的个体,它不受人的情绪影响,设备服务的介入导致服务人员与顾客的接触程度降低,顾客尽管能够得到一致的服务,但是所接受的服务中没有人性化的因素,因此,这些服务被称为"冰冷"的服务。

而面对面服务人员与顾客之间的服务最大的特点就在于能够有人与人之间的一种互动关系,通过服务人员的言行,顾客体会到的感受也是各不相同的,尽管消费的物品可能是一样的,但是由于服务人员态度和言谈举止的差异,给顾客留下了不同的印象,因此,下一次,顾客一定会到心理感受好的服务人员那里接受服务。所谓的"回头客"就恰如其分地说明了这一点。

正由于对这种互动作用的依赖,这种服务模式的最基本要求就是提高每一个服务人员的服务质量,让每个服务人员树立服务质量的意识,对待每一个顾客都要用自己真诚的微笑、热忱的服务、耐心的讲解来给顾客留下良好的印象。企业重视的是,如果服务不周,失去的可能不仅仅是一个消费者,而是使企业的形象和信誉遭到了严重的损害,不仅这个消费者不来了,可能会使企业失去某个社会消费的小群体,这种无形的损失是难以估价的。

总之,通过三种基本的服务运作模式的分析,我们可以看出,这三种基本的模式也是根据与顾客接触程度的高低设计的,根据接触程度高低,规定了某种模式的一些特点。但是,无论使用哪种服务模式,服务设计的目的还是和我们前面所述的基本要求是一致的。

第四节　生产与运作管理的发展

一、生产与运作管理的发展阶段

生产与运作管理的发展可以从两个角度来阐述。

（1）按照阶段特点的不同，可以将生产与运作管理划分为4个阶段，如表1-5所示。

（2）按时间顺序，可以将生产与运作管理从20世纪开始到现在的发展总结如表1-6所示。

表1-5　生产与运作管理经历的阶段

阶段	市场环境	主要问题	主要技术	出现时间
规模经济	供不应求	解决高效率生产的问题	科学管理 大量生产	20世纪70年代以前
范围经济	需求出现结构性饱和	追求多品种、低成本	自动化 电子化 柔性化	20世纪70年代初到80年代中期
速度经济	市场饱和，产品生命周期缩短	解决多元化生产以及及时满足需求的问题	信息技术 JIT（准时生产）	20世纪80年代中期到20世纪90年代中前期
合作经济	市场需求多样化，供大于求，环保意识增强	解决个性化生产以及信息共享的问题	知识化、网络化 敏捷生产 电子商务 虚拟企业	20世纪90年代后期

资料来源：任建标.生产与运作管理.北京：电子工业出版社，2006

表1-6　生产与运作管理的发展

年代	理论	技术	创始人
20世纪10～20年代	科学管理原理 工业心理学 大量生产原理 经济批量模型	时间研究与动作研究 动作研究 流水生产线 订货管理的经济订货点、订货的间隔期和订货量	泰勒 吉尔布雷斯夫妇 亨利·福特 F.W.哈里斯

续表 1-6

年代	理论	技术	创始人
20世纪30年代	质量管理 霍桑实验	抽样检查和统计表 工作活动的抽样分析	罗米格 梅奥
20世纪40年代	运筹学	线性规划的单纯形法	运筹学研究小组和Danzig
20世纪50~60年代	运筹学进一步发展 自动化	仿真排队理论 决策理论 PERT CPM	
20世纪70年代	计算机的广泛应用 服务数量和质量	库存控制、预测、车间计划、项目管理、MRP 服务部门的大规模生产	美国生产零库存协会 麦当劳
20世纪80年代	制造战略 JIT CIMS 约束理论	作为竞争武器的制造 看板管理 计算机集成制造 瓶颈分析和约束的优化技术	哈佛商学院的教师威廉·阿伯耐西、吉姆·克拉克等 大野耐一 美国的工程师组织 高德拉特
20世纪90年代	全面质量管理 企业流程再造 电子企业 供应链管理	ISO 9000、价值工程 基本变化图 因特网、局域网 开发出许多软件	首先在日本推行，之后是美国的质量协会及国际标准化组织 哈默和钱皮 美国政府及微软公司 SAP、Oracle
21世纪初	电子商务 整合 柔性（进一步发展）	因特网 柔性制造单元	亚马逊、e-bay、yahoo 奔驰和克莱斯勒 Hayes, Wheelwright, Collins, Schemener

资料来源：理查德·B.蔡斯，尼古拉斯·J.阿奎拉诺，F.罗伯特·雅各布斯.运营管理（原书第九版）.北京：机械工业出版社，2003

二、现代生产与运作管理的新特征

（一）市场全球化

市场（包括企业本身）正在日益全球化。北美自由贸易协定（NAFTA）成员美国、加拿大和墨西哥为促进其间贸易的开展开放了各自的边境。涉及面更广的是世界贸易组织，即 WTO。其成员国同意开放各自的经济领域，减少关税和补税，扩大知识产权保护等。此外，许多企业在国外建有制造工厂，亚洲市场，尤其是中国，正方兴未艾。其结果是在世界范围内竞争日益加剧。

（二）生产与运作战略受到重视

在 20 世纪 70 至 80 年代，很多公司忽视了运作战略。为此，一些公司付出了沉重代价。现在越来越多的公司开始认识到运作战略对其成功的重要性以及将运作战略与公司的整体经营联系起来的必要性。

（三）全面质量管理（TQC）

许多企业正在将全面质量管理方法应用到经营管理中去，按照这一方法，整个组织上至总裁下至一般员工都要参与到其中，以探求不断提高产品质量的方法。

（四）柔性

对产品需求量的变化，产品本身及交货时间变化的适应能力已经成为企业的主要竞争战略。在制造业方面，敏捷制造（Agile Manufacturing）一词就是针对柔性而提出的。

（五）缩短交货时间

许多公司正在致力于减少完成各项任务的时间以获得竞争优势：如果两个公司都能按同样的价格和质量提供相同的产品，但其中一公司交付货物比另一个公司早 4 周，那么赢得客户的必定是较快的那个公司。为缩短时间，公司可在工序加工、信息检索、产品设计和对顾客抱怨的处理方面下工夫。

（六）技术进步

技术进步促使大量新产品和新工艺出现。毫无疑问，计算机已经并将继续对企业产生较大的影响，它使企业运作方式发生了真正的革命。其应用涉及产品设计、产品特性、加工技术、信息处理和通信。在新材料、新方法和新设备方面的技术进步也极大地影响着工作：产品和工艺上的技术变化将直接影响到企业组织的产品质量及其竞争力。但是，如果技术与现有企业运作系统不能做到很好地结合，那么，新技术的应用反而会使得产品成本提高，柔性减少，甚至生产率下降，其结果是弊大于利。

（七）工人参与

越来越多的企业正在鼓励基层人员参与决策和解决管理问题。工人掌握有关生产过程的管理和技术知识可使工人为企业多做贡献。工人参与的具体形式是建立工作小组，做到在协商一致的基础上解决问题和进行决策。

（八）流程再造

一些公司正采取有效的措施提高其经营业绩。在重新设计企业流程方面坚持从头开始。按照《公司流程再造》(Reengineering the Corporation)合作者之一米歇尔·哈默(Michael Hammer)的解释，流程再造是指对现有流程进行分析，找出问题所在，从而设计出新的企业流程。流程再造的核心是使现有企业流程得到重大改善。例如对满足顾客要求或将某一新产品投向市场所需要的步骤进行再造。通过流程再造，柯达(Kodak)公司把新型照相机投向市场所需的时间减少了一半，而联合碳化物公司(Union Carbide)削减了4亿美元的固定费用。当然，流程再造并非对任一公司都适合，最适合的应是那些处于困境和如不采取措施即将陷入困境的企业。流程再造并不能立竿见影，也不能每次都奏效。它需要小组参与、良好的沟通、奉献精神以及对员工的关心。

（九）环境问题

污染控制和废物处理是管理者必须关心的重要问题。企业正日益注重减少废物、使用毒性较小的化学制品以及设计出使顾客更容易再处理和再利用的产品和部件。有关环保问题的法规和法令越来越多，内容越来越细。对污染和废物控制不力企业的处罚也很严厉——尽管这样做会给一些企业增加一些额外的费用，但从总体上看这将减少对环境的破坏，还人类一个美好的生存空间。不重视环境污染所带来的严重后果在前苏联及其他一些国家都可看到。由于忽视了环保问题，给环境造成了毁灭性的破坏，要使环境得以恢复需多年的时间和巨额的资金。这些国家现已颁布了废物处理方面的法规，专门从事废物管理和再处理的企业也有了用武之地。

（十）供应链管理

组织对从原料供应方一直到最终顾客使用产品这一供应链进行管理。

（十一）精益生产

这一新的生产方式产生于20世纪90年代。这种生产方式综合了上述列举的众多新发展，并强调质量、柔性、缩短时间和协同工作。这一方式导致组织结构扁平化，管理层次大为减少。

精益生产的得名是因为该系统可使用比大量生产系统较少的资源——较少的空间、库存和工人生产出同样多的产品。精益生产的系统利用技术高的工人和富于柔性的设备,事实上,精益生产集中了大量生产(高产量、低成本)和手工艺生产(品种多和柔性)的优点。精益生产的产品质量要优于大量生产的产品。

精益生产系统中有技术的工人比大量生产中的工人更多地参与对系统的维持和改进工作,他们被告知如果发现一个缺陷就停止生产,同其他工人一道找出并消除造成缺陷的根源,以使缺陷不再出现。这样做必将导致一定时间内质量水平的不断提高,避免了返工,减少了在最后一道工序检验产品的必要性。

由于精益生产在较低库存状态下运作,因此对出现问题的类型、出现问题的部位、出现问题的时间进行预测就显得格外重要。即使如此,问题仍时常出现。迅速解决出现的问题是精益生产的另一个核心。

(十二) 道德问题与企业社会责任

道德问题和企业社会责任(Corporate Social Responsibility,CSR)涉及方方面面。会计丑闻,天价医疗费,股票经纪人散布有关股票的误导信息,侵犯网络信息的隐私性和安全性,行业欺诈,在金融、电信和其他企业中散布顾客的个人信息,有意识或无意识地破坏环境,以及随意让员工加班加点等都属于道德和社会责任问题。这些问题已招致公众的强烈反对和各级管理人员的关注。

从企业角度,越来越多的企业认识到,更多地关注公众和社会的利益,虽然短时期内会牺牲企业的经营业绩,但从长期来看,会改善企业在公众心目中的形象,通过吸引大量人才、提高客户的忠诚度等方式弥补短期的损失。令人欣慰的是,越来越多的企业对企业社会责任问题作出了准确的定位:企业首先应该是遵纪守法的公民,然后才是营利的组织。

不仅如此,像惠普这样世界顶尖级的公司还把对全球公民责任的承诺与公司运营联系起来,实现了从义务到战略的转变。在全球范围内,惠普根据对业务、技术和社会的重要性确定了其社会责任的三个战略重点:环境可持续性、隐私和社会投资。每年,惠普都会评估客户需要和发展趋势,据此制定全球社会责任战略计划。创新、管理、社会责任、产品与服务构成了惠普这一品牌的四大支柱,社会责任已经转化为企业的竞争力。

思考与练习题

一、单项选择题

1. 生产与运作管理的研究对象是（　　）。
   A. 产品或服务的生产
   B. 顾客的需求
   C. 生产运作过程和生产与运作系统
   D. 生产与运作系统

2. 下列不属于制造业生产特征的有（　　）。
   A. 产品是有形的、耐久的
   B. 产出不可储存
   C. 顾客不与生产运营系统直接接触
   D. 质量标准易建立

3. 按生产的稳定性和重复性可将制造性生产划分为（　　）。
   A. 大量、成批和单件生产　　B. 备货型和订货型生产
   C. 通用产品和专用产品生产　　D. 连续性和离散性生产

4. 航空公司、大型酒店、游乐场属于（　　）。
   A. 大量资本密集服务　　B. 大量劳动密集服务
   C. 专业资本密集服务　　D. 专业劳动密集服务

5. 汽车、家电采用的生产方式是（　　）。
   A. 成批生产　　B. 大量生产
   C. 单件小批生产　　D. 流程生产

6. 按照生产要素密集程度和与顾客接触程度划分，医院是（　　）。
   A. 大量资本密集服务　　B. 大量劳动密集服务
   C. 专业资本密集服务　　D. 专业劳动密集服务

7. 单件小批生产的好处是（　　）。
   A. 生产周期短　　B. 效率高
   C. 成本低　　D. 可"以不变应万变"

8. 下列哪项不是服务运作的特点？（　　）
   A. 生产率难以确定　　B. 质量标准难以建立
   C. 服务过程可以与消费过程分离　　D. 纯服务不能通过库存调节

9. 生产运作过程是"投入→转换→产出"的过程，其实质是投入一定的（　　）在转换过程中发生增值。
   A. 原材料和零部件　　B. 信息、设备、资金
   C. 劳动力　　D. 资源

二、多项选择题

1. 生产与运作管理的两大对象是（　　）。
   A. 生产运作过程　　　　　　B. 生产运作系统
   C. 物质系统　　　　　　　　D. 管理系统
2. 在大多数的企业中存在的三个主要职能是（　　）。
   A. 生产运作　　B. 营销　　　C. 会计　　　D. 财务
   E. 人力资源
3. 服务的本质特点是（　　）。
   A. 无行性、不可触性　　　　B. 生产与消费不可分性
   C. 不可储存性　　　　　　　D. 顾客在服务过程中的参与
4. 按生产稳定性和重复性的特点，可将制造性生产分为（　　）。
   A. 备货型生产　B. 大量生产　C. 成批生产　D. 单件生产
   E. 订货型生产
5. 下列产品的生产类型既属于离散型又属于成批生产的是（　　）。
   A. 飞机　　　　B. 服装　　　C. 电脑　　　D. 炼油
   E. 电机

三、判断题

1. 有什么样的原材料就制造什么样的产品，是输入决定了输出。（　　）
2. 生产与运作是一切社会组织都要从事的活动。（　　）
3. 生产与运作管理的两大对象是：生产运作过程和生产运作主体。（　　）
4. 服务可以用库存来调节顾客的随机性需求。（　　）
5. 备货型生产的产品个性化程度高。（　　）
6. 订货型生产宜采用专用高效加工设备。（　　）
7. 专用型服务比通用型服务的顾客参与程度要低。（　　）
8. 重复性生产一般是按订单生产（make to order）。（　　）

四、简答与论述题

1. 举例说明订货生产、备货生产、订货装配的特点。
2. 请分析运输企业的投入、转换和产出。
3. 什么是 MTS 与 MTO？两者有何差异？
4. 服务运作的特点有哪些？
5. 典型的服务性运作模式有哪些？
6. 试述单件、小批生产类型的特征。
7. 描述以下组织主要的输入、输出和转化子系统：(1) 干洗店；(2) 计算机制造企业；(3) 诊所；(4) 消防队；(5) 公众就业办公室。
8. 假如你刚毕业进入一家工厂工作，你认为应该如何做才能使自己成为能干的生产与运作管理者？请你列出两年的计划。

第二章 生产与运作战略

本章内容要点
- 生产与运作战略的基本概念
- 产品战略决策
- 产品与服务竞争策略
- 生产与运作组织方式的选择

第一节 生产与运作战略的基本概念

为什么要制定战略？我国有这样一句谚语"人无远虑，必有近忧"，它充分说明了长远考虑与近期工作的关系。对于企业来说，他们认识到这样一句话的含义是在70年代西方企业环境急剧变化，为了生存和发展，他们开始制定发展战略，实行战略管理。未来学家托夫勒也指出："对没有战略的企业来说，就像是在险恶气候中飞行的飞机，始终在气流中颠簸，在暴风雨中沉浮，最后很可能迷失方向，即使飞机不坠毁，也不无耗尽燃料之虞。"美国通用电气公司董事长威尔逊说过："我整天没做几件事，但有一件做不完的工作，那就是规划未来。"为什么现代企业如此重视战略呢？最主要的原因是竞争日益剧烈。下面即分析一下企业竞争环境与要素的变化对战略的影响。

一、企业竞争环境与要素的变化

20世纪80年代中期以前企业所处工业化社会具备下述特点：当时的社会，市场对产品有充分的需求。产品的开发、生产、销售主要由最早生产这类产品的少数企业控制。产品数量增长快、产品品种较少、生命周期长是这一时期的特点。为了适应这些特点，制造企业通过采用专用设备和自动生产线来提高生产率，满足市场需求。企业管理是围绕着以一种独特方式，即制造大量相对简单而又标准化的产品，其关键是使生产的每一步骤规范化和简单化来生产产品；企业追求市场竞争优势是规模和成本;企业竞争的空间有限,在某一区域内进行;提高效率的方式一般情况下是标准化和自动化。

20世纪80年代中期以后企业所处工业化社会的特点发生了变化,世界市场对产品需求呈饱和趋势。企业为了赢得竞争必须按用户不同要求进行新产品开发和生产,从而使产品品质不断增加,形成了市场多变的特点。客户需求朝着多样化和快速性变化。企业产品生命周期明显缩短,如图2-1所示,以汽车为例,在70年代产品生命周期为12年,80年代为4年,到90年代仅为18个月。电子产品生命周期更短,如今,"电脑"几乎一进入市场就过时了。产品品种日益增多,以日用百货为例,据有关资料统计,从1975年到1991年,品种数已从2 000种左右增加到20 000种左右;据日本丰田汽车公司的统计资料,3个月中公司生产了364 000辆汽车,共4个基本车型,32 100种型号。平均一种型号的产量是11辆,最多的是17辆,最少的是6辆。现在,很多企业已经开始追求"一样一件生产(one of a kind production)"。成本结构也发生了变化,直接劳动成本在总成本中比重不断降低,而间接劳动(包括管理决策人员和非生产人员的劳动)成本和原材料、外购件的成本比重不断增加。竞争的空间和范围从原来的区域性到世界范围。竞争的重点从单个企业对单个企业的竞争到供应链对供应链的竞争。

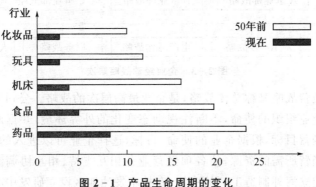

图2-1 产品生命周期的变化

所以,新环境下企业要赢得竞争,其主要因素应该为:成本(Cost)、质量与可靠性(Quality and Reliability)、速度(Delivery Speed)、交付的可靠性(Delivery Reliability)、处理需求变化的能力(Coping with Changes in Demand)、柔性能力(Flexibility)、新产品上市速度(New Product Introduction Speed)、特定产品标准化(Product-Specific Criteria)。这么多的影响因素,企业就需要权衡利弊,例如,如果想通过减少质量检验工作来降低成本,那么就有可能同时降低产品质量。若我们培训员工掌握多项技能,处理顾客服务中的各种问题,就会降低处理具有共性问题的效率。新环境下,企业必须有一个长期发展的指导计划,能预测未来,不致迷失方向,这就是运作战略问题。

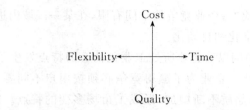

图 2-2 赢得竞争的要素之间的关系图

二、基本概念

战略,是指依据国际、国内形势和敌对双方政、经、军、科技、地理等因素而确定的对战争全局的策划和指导;现在泛指重大、全局性的或决定全局的谋划。

而企业经营战略,是指为求生存与发展制定的关于企业在较长时间范围内生产经营方向的全局性的战略。一般分三层:企业级经营战略、事业部级和职能级战略,如图 2-3 所示。

图 2-3 企业经营战略层次

公司级经营战略又称总体战略,是企业最高层次的战略。公司级经营战略的任务是决定企业组织的使命,不断注视动态变化的外界环境,并据此调整自己的长期计划和经营目标,根据企业的使命、目标,选择企业可以进入的经营领域,合理配置企业经营所需的资源,使各项经营业务相互支持、相互协调。如在劳动成本低的国家建立海外制造工厂的决策,在技术发达地区设立研发中心的决策等。

事业部级战略是企业某独立核算单位或具有独立经济利益的单位对自己的生存和发展做出的谋划,一般小规模企业不实行事业部制。生产运作战略属于职能级战略。职能战略又称为职能层次战略,主要涉及企业各职能部门如营销、财务和生产与运作等职能。即使在同一个总体战略下,不同事业部的战略不同,作为职能战略的生产与运作战略的内容就有可能不同。例如,一个电器公司,分别设电视机部、洗衣机部、小家电部等。电视机部的竞争策略可能是以高质量(如高清晰度、高可靠性等)取胜,而小家电部可能以物美价廉、操作方便、多样化取胜。那么相应的生产与运作战略的重点可能就不同,前者可能应该选择利用最新技术的产品投入生产,后者则可能应该将运作重点放在降低成本和提高运作柔性以及二者的协调统一上。

生产运作战略是指在企业经营战略（或所属事业部制战略）总体框架下，决定如何通过生产运作活动来达到企业整体经营目标。主要决定企业在产品、生产过程、生产方法、制造资源、生产周期、质量、成本、生产计划等的选择。它是在企业战略指导下制定的职能性战略，是企业战略成功实施的保障。

三、生产与运作战略

生产与运作战略制定的影响因素，分企业内部和外部两类因素。

1. 内部因素包括：现有技术、工艺条件、现有客户及客户关系、现有分配与交付系统、对特殊技能的掌握程度、对自然资源的获取能力、现有供应商网络与供应商关系、现有生产设施、设备和相关能力、现有产品和服务、质量管理、信息获取及处理能力、人力资源情况、知识创新能力、资金情况。

2. 外部因素包括：

（1）政治条件，包括现有的国际形势、国家政治的稳定性、法令、法规、关税、环境、国家经济法规等。例如 70 年代、80 年代和 90 年代发生的多次石油危机，都与国际形势有关。70 年代阿拉伯国家的石油禁运，1991 年伊拉克入侵科威特，影响了跨国公司的战略制定。政府的一项新规定，既给企业发展作出某些限制，同时又给企业带来新的发展机会。如转变经济增长方式，变外延扩大再生产为内涵式扩大再生产，就会压缩基本建设规模，从而导致对水泥、木材和钢材需求的减少，相关生产企业就要及时调整自己的产品品种和产量。与此同时，提出了提高产品技术含量的需求，使高新技术产品的生产得到发展，从而导致对科学技术以及教育发展的促进。

（2）经济条件，包括国民消费水平、收入水平、家庭数量和结构、经济周期、就业率、基尼系数。由于未来经济环境难以准确预料，企业在制定发展战略时，往往准备几套替代方案，以减少风险，但这样也不一定能保证成功。如壳牌石油公司曾制定了详细的方案以应付 1991 年海湾战争，但在一些难以预料的突发事件中，如炼油厂爆炸和石油泄漏，仍遭受了巨大的损失。

（3）技术条件，包括新技术、新工艺、新材料、新能源等的发展，对产品发展具有至关重要的作用。例如相机的发展，贝塔斯曼从开始的邮购图书到网上订购的转变，一些企业正是通过技术上的优势来保证其竞争优势的。英特尔公司的领导人曾在 286 微处理器风头正盛的时候，实行了在当时大多数人都绝对不可理解的名为"吃掉自己的孩子"的革新计划，即放弃仍然有利可图的 286 微处理器，开发 386 微处理器，以更新的技术和产品来保持并发展市场优势。事实证明，"吃掉自己的孩子"是一个极其英明的决策。抛弃虽然还是有利可图、但已经不稳固的竞争优势，继续走创新之路，是英特尔公司作为一个半导体产业的"泱泱大国"长盛不衰的关键因素。微软公司也是同样的方式：对 windows 操作系统的不断升级！

(4) 市场条件，包括客户需求和期望、供应、渠道、竞争对手、潜在竞争对手等。

(5) 社会条件，包括生活方式、风俗习惯、消费观念、年龄结构、人口结构、文化水平、宗教信仰、受教育程度等对企业提供的产品或服务具有重要影响。例如据某空调公司调查，农村人的普遍观点，夏天的时候前后门一开，很凉快，几乎用不着空调，所以对于2009年经济形势下的家电下乡活动，还是要开发符合农村条件的空调，如防老鼠进入、防灰尘的空调等。

(6) 自然环境，包括地理位置、气候条件、资源现状、特性及可持续发展情况等。

第二节 产品战略决策

一、产品战略决策的含义

产品战略决策决定企业新产品或新服务项目的引进、现有产品的改良或改组以及过时产品的淘汰。这是企业生产与运作管理中永远不会完结的一项经常性工作，特别是在当今市场需求日益多变、技术进步日新月异的环境下，这个问题变得更为重要。在今天，市场需求变得多样化，且变化非常迅速，几乎不可能十几年、几十年一贯制地生产同一种产品，事实上产品每隔几年，甚至不到一年就必须更新换代。与此同时，飞速发展的技术也使得新产品和新生产技术源源不断地产生，所以企业必须不断地、及时地选择能够满足市场新需求的产品。对于企业来说，这是经营成功的至关重要的一环，对于生产与运作管理来说，这正是生产运作活动的起点。

需要特别指出的一点是，不能将有形产品的制造和无形产品——即服务的提供完全分割开来考虑。无论企业开发或生产什么产品，最终都应视为所提供的一种服务。有一句有名的口号："卖的是烤牛排嗞嗞的声音而不是牛排"，形象地说明了这个问题。在诸如汽车、计算机等许多生产运作过程中，都不仅包含着有形产品的制造，同时也包含许多特别的服务。在考虑提供什么产品时，应该从这样的广义的"产出"去思考，它强调的是由顾客来决定需要什么服务，而不是企业自行其是。过去有许多企业没有意识到这一点，致使产出的不是市场所需要的，或者虽然产品本身很好，但由于缺乏相应的服务措施，使产品功效得不到充分发挥，企业也因而陷入困境。今天，许多企业的行为及口号表明企业已经意识到这个问题，开始力图重视什么是顾客真正想要的而非什么是厂商可以生产的。当今社会，跨国石油公司正在有计划、有步骤地从事有关太阳能以及其他形式能源的研究，它们并不仅仅把自己看作石油业，更愿意把自己纳入能源行业，这也是对其产出的内涵更进一步理解的结果。

科特大饭店是加州圣地亚哥城市的一座老饭店,由于原先设计配套的电梯过于狭小老旧,已经无法适应越来越多的客流。于是,饭店老板准备更换一个新式电梯。他请来全国一流的建筑师和工程师,请他们一起研究如何更换这部电梯。建筑师和工程师的经验都很丰富,他们足足讨论了半天,最后得出一致结论:饭店必须停业半年,这样才能在每个楼层打洞,并且在地下室里安装新式马达。"除此以外就没有其他办法了吗?"老板皱着眉头说,"你们可知道,这样做会造成多么大的损失吗?"但建筑师和工程师们坚持说这是最好且唯一的办法。这时,一个店里的清洁工刚好拖地拖到这儿,看着他们愁眉不展的样子说:"要是我,就在楼外新装一部电梯。"所有人都说不出话了。第二天,楼外电梯的安装开始了,在建筑史上这也是第一部室外电梯。

二、新产品选择

在新产品引进、现有产品改良以及过时产品淘汰等不同的产品战略决策中,首先需要考虑的是新产品引进。

何谓新产品?从不同的角度出发,可以对新产品的概念作出不同的描述。一般来说,新产品是指在产品性能、材料性能和技术性能等方面或某一方面具有先进性或独创性,或至少优于老产品的产品。所谓先进性,是指由新技术、新材料产生的先进性,或由已有技术、经验技术和改进技术综合产生的先进性。所谓独创性,一般是指产品由于采用新技术、新材料或引进技术所产生的全新产品或在某一市场范围内属于全新产品。新产品可分为全新产品、换代新产品、改进新产品、本企业新产品四种。

全新产品是具有新原理、新技术、新结构、新工艺、新材料等特征,与以往任何产品无任何共同之处的产品。技术或原理上属于新发明,生产上属于新应用。如IBM公司推出世界上第一台个人电脑,东芝公司推出世界上第一台笔记本电脑,摩托罗拉推出世界上第一部手机。

换代新产品是为适合新用途、满足新需求而在原产品基础上,部分采用新的技术、材料或元件而生产的产品。如从手动电熨斗到自动调温型的电熨斗,再到无绳型的电熨斗。

改进新品即对现有产品改进性能、提高质量、求得规格型号上的扩展或款式花色的变化而产生的新品种。

本企业新产品对市场来说并非新品,但对本企业是新产品。一般会在造型、外观、零部件等方面做一定改动或改进,并非完全模仿市场已有产品。

在当今的环境下,市场竞争日益激烈,顾客需求日益多样化,企业在选择新产品发展方向时必须有更多的考虑。关于新产品的最初构想或方案,其数量往往比企业最后真正能够投入生产的要多得多。统计资料表明,关于新产品项目的建议方案,每60个方案中只有大约8个可通过审定,而最后真正变成市场产品的只有一个。某化学公司有50个候选产品的方案,经过最初的评审,剩下了22种;经过进一步的经济分析,还剩下9种;开发、研制过程将这个数目降到了5;测试结果只剩下了3个;在最后的生产工艺设计、市场开发及近一年的商品化完成之后,只剩下了一种可能的产品。有时可能甚至什么也没有剩下。即使经过了这一系列过程,新产品投放市场后,其成功率也仅有2/3左右。出于这样的原因,企业在一开始进行新产品选择时,应该有尽可能多的可能性。那么,如何在众多的新产品方案中进行选择? 在某些特殊情况下,只要确定了组织目标,这些选择是比较直接的。例如,消防队的组织目标是:尽可能减少由于火灾带来的人员伤亡及财产损失。其服务功能很简单,就是灭火及其他防火行动。而一个餐馆则正好与之相反。餐馆的目标可能是:从营业中赚取15%的利润。这样一来,它可选择的服务功能范围就很广。对于众多的制造业企业来说,同样面临多种选择。进行这样的决策时,需要从市场条件、生产运作条件和财务条件三个方面考虑。其中市场条件主要是指该新产品对市场需求的响应程度、售后服务需要、企业的流通销售渠道、企业在市场上的竞争能力等;生产运作条件是指该新产品的技术可行性、与现有工艺的相似性、企业的人员设备能力、物料供应商情况等;财务条件是指该新产品开发、生产所需要的投资,风险程度,预计的销售额及利润,产品寿命周期的长短等。市场条件主要关系到未来的营业额,而生产运作条件将主要决定产品的成本,财务条件则综合二者。此外有时还应有其他一些考虑,例如环境与社会伦理。前者是指注意不要生产出人类和社会所不希望的诸如污染之类的副产品以及生产资源的合理使用;后者是指新产品选择必须考虑到不违背健康的社会伦理,如赌博业、黄色音像制品等,可能很赚钱,但不应是企业该去从事的。

显然,进行这样的决策需要考虑多种因素,还需要考虑与现有产品的有机组合,下面将讨论两种支持这种决策的方法。

三、产品组合策略

产品组合决策是按产品投产后其成本、盈利、市场占有率、竞争能力等的变化对企业的产品品种、产量的组合调整,包括新产品的引进、现有产品的改进及对不同品种产量的调整等。

如上所述,进行这样的决策时,需要从市场条件、生产运营条件、财务条件三个方面去考虑,每一方面又包括若干因素。企业在进行这样的决策时一开始也会提出多个候选方案。在众多因素中,如何理清相互关系、权衡轻重缓急呢? 如何在多个候选方案中迅速做出选择呢？可采用分级加权法、损益平衡分析法进行决策。分级加权法解决该引进何种产品的问题，而损益平衡分析法解决的是对此种产品要生产多少数量才能盈利的问题。

（一）分级加权法

使用分级加权法时，首先列举进行产品决策时应考虑的重要因素，按其重要程度分别给予权重，每一因素再分成几级分别打分，其分值和权重值相乘得出该因素的积分，最后将全部因素的积分总计则得出一个方案的总分。对候选的方案都采用同样的方法来打分，最后可通过每个方案得分的高低来评价其好坏。

表 2-1 分级加权法的具体案例

主要因素	A 权重	B 分级与得分					合计 A×B
		很好 40	好 30	尚可 20	不好 10	坏 0	
销售	0.2	△					8
竞争能力	0.05	△					2
专利保护	0.05	△					2
技术成功的机会	0.1		△				3
材料（有无、好坏等）	0.1		△				3
附加值	0.1		△				3
与主要业务的相似性	0.2		△				6
对现有产品的影响	0.2				△		2
总计	1						29

表 2-1 所列的主要考虑因素仅是一个示例，不同企业在不同情况下，对主要考虑因素可能有不同选择。同理，对于权重的考虑，根据企业实际情况的不同，或者经营战略的不同，取值也不同。例如，该表所示的例子把竞争能力看得较轻，但在另外一些情况下，可能应该给予更多的权重。分数等级的分类也可以有多种选择，例如，分成 3 级或 7 级等。

（二）损益平衡分析法

在新产品组合决策中，进行成本效益分析是必不可少的一步。尤其是在考虑引入新产品时。一个新产品方案确定之后，这种产品的价格定为多少市场可以接受？预计销售额可达到多少？为此开发和生产成本控制在什么范围内企业才能有利可图？而这样的成本范围企业有没有能力达到？都属于分析范围。损益平衡分析法是成本效益分析的一种，就可以解决类似的问题。其主要目的为确定某成本下，企业至少需要多少销售量才不亏损。成本效益分析是产品组合决策必不可少的步骤。采用损益平衡分析法时，首先进行损益平衡假定，生产某产品的成本分固定成本和变动成本。固定成本是指不随产量变化，如折旧、利息、保险费等设施设备成本，部分人工费、促销费等。变动成本指随产量变化，如原材料、人工及间接成本中的变动部分等。损益平衡点是一个全部生产成本等于全部销售收入的点，采用如下公式进行计算。

$$pQ = F + cQ \Rightarrow Q = \frac{F}{p-c}$$

其中，p——单位产品销售价格；c——单位产品变动成本；F——年固定成本；Q——年销售量。

分级加权法和损益平衡分析法都适用于制造业和服务业，但需注意新服务项目的选择和制造业新产品选择的不同：服务项目涉及因素较少（场地、人员、物料供应）；一般无需考虑复杂的技术、工艺可行性问题；服务项目选定后变动的困难和代价小得多。

四、生产进出策略

每种产品都有其市场寿命周期。生产进出策略是根据产品市场寿命周期（图2-4），确定在整个寿命周期的哪一阶段进入和退出该产品生产的规划。

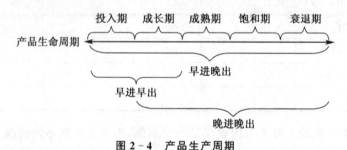

图2-4　产品生产周期

几种主要策略如下：

（一）早进晚出

从产品寿命周期开始直至退出市场一直生产，在此期间，可更换型号，也可投入该产品相关的其他新品，只要该产品还在市场上存在就不考虑停产或转产。适合的企业有：具有大批量、低成本生产系统的企业；进入和退出壁垒均比较高的行业，如汽车、手机等科技含量高、资本密集行业。

（二）早进早出

在产品的投入期和成长期进行生产；为使研发的新品在市场上立足、成长，企业会在初期生产，产品成熟时停止生产最终产品，适合开发能力较强、具有较灵活的生产系统、市场开拓能力较强的企业。如合成纤维。新合成纤维的发明企业在利用这种纤维制成的最终产品在市场上成长、成熟起来之前，为了推广自己的产品，使市场承认，可能会采用这种策略，自己生产最终产品，投放市场。待这种产品在市场上站稳脚跟后，就停止生产最终产品，只供应纤维材料，成为专营原材料的厂家。

（三）晚进晚出

产品已被开发、进入成长期、市场前景较明显后才开始生产；可避免新产品开发的风险，但这种跟进策略的竞争力不强。适合技术革新能力、研发能力较弱，制造、生产应变和销售能力较强的企业。

第三节　产品与服务竞争策略

一、竞争策略的意义

产品战略决策是要决定企业应该生产什么、提供什么服务。但是与决定生产什么具有同样重要意义的还有另一个问题：决定如何生产或生产运作。例如，当新建一个餐馆时，你不仅要决定在新餐馆提供什么菜，还必须决定该餐馆应具备什么特色？比如其地理位置的优越性、菜的独特风格等。只有这样，才能与众多的竞争对手有所区别，才有可能取胜。也就是说，生产与运作战略的另一个重要问题是，确定如何使企业拥有和保持其独特的竞争力。

何谓竞争力？竞争力是一个企业在自由和公平的市场条件下生产经得起市场考验的产品和服务，创造附加价值，从而维持和增加企业实际收入的能力程度。这是企业经营成功的根本所在。美国著名的管理咨询公司麦肯锡公司曾从 27 家杰出的成功企业中找出了一些共同点，其中最关键的两条是：(1) 抓住一个竞争优势。例如，对于某个企业来说，其优势可能在于产品开发；而对于另外一个企业来说，其优势在于产品质量；对于其他企业来说还可能是廉价、对顾客提供的周到服务等。(2) 坚持其强项。优势一旦确立，不为其他吸引轻易改变其方向。例如，在同行中拥有低价格，在交货期、技术或质量等方向有远超出其同行之处。一个企业如果能建立这样的优势，则是其宝贵财富，决不能轻易放弃。这实际上意味着，企业的竞争实力取决于企业独特的强项，企业经营管理中的一个重要问题便是找出或培育企业的强项，并保持之。常见的企业强项往往在生产运作领域，如表现为低价格、高质量、新技术等方面。因此，生产与运作战略的重要任务之一就是确定企业的竞争重点，培育并保持其竞争优势。

二、如何确立竞争重点

生产与运作的竞争优势要素是一个组织在生产与运作领域所拥有的,使其具有竞争优势的特性或能力。按生产与运作目标,分时间、质量、成本、柔性、服务等,包括约10个点(见表2-2)。企业应根据所处环境和提供的产品、生产与运作组织等自身条件特点,来确立独有的竞争重点。

表2-2 企业竞争重点

项目	内容
时间	1. 快速交货 2. 按时交货 3. 新产品开发要快
质量	4. 高设计、制造质量 5. 恒定的质量
成本	6. 低成本
柔性	7. 顾客化产品与服务 8. 产量柔性
服务	9. 基本服务 10. 增值服务

时间:一是快速交货,指从收到订单到交货的时间,越短越好。对于不同的企业,这一时间长度可能有相当不同的含义。一个制造大型机器的制造业企业,其生产周期可能需要半年;医院中的一个外科手术,从患者提出要求到实施手术,一般不超过几周;而一个城市的急救系统,必须在几分钟到十几分钟内做出响应。对于制造业企业来说,可以采用库存或留有富余的生产能力来缩短交货时间,但在一个医院、一个百货商店,则必须以完全不同的方式来快速应对顾客的要求。二是按时交货,只在顾客需要的时候交货,不能晚,但早了也不好。如送餐业。三是新产品开发要快,从新产品或服务方案产生至最终设计完成所需要的全部时间再加上生产或提供时间要短。如日本汽车工业,从20世纪80年代后半期开始,日本汽车风靡全球,其原因当然有质量好、价格便宜等方面,但很重要的一个方面是日本企业在时间竞争上的优势。以交货速度为例,在丰田公司,一份来自日本国内的订单四五天之后就能交货,一份来自国外的订单两周以后就能交货。再以产品开发速度来说,日本开发新车所需的时间只是美国的一半、欧洲的1/3,这是日本车竞争能力强的一个重要原因。

质量:高设计、制造质量,恒定的质量。高设计、制造质量:包括卓越的使用性能、操作性能、耐久性等,有时还包括良好的售后服务支持甚至财务性支持。如,IBM的个人计算机以其卓越的使用性能、操作性能著称,同时提供三年免费保修等良好的售后服务,还对其产品提供分期付款、信用付款、租赁等财务性服务。从质量角度来说,最好的服务就是没有服务,恒定的质量是指质量的稳定性和一致性。

成本:低成本,采用自动化设备,改变工作方式,消除浪费。

柔性:应对外界变化的能力,即应变能力。包括两个重点。一是顾客化产品与服务,即适应每一顾客的特殊要求,改变设计和生产与运作方式的能力。如高级时装公司,专门用于银行、邮政、航天等方面的特殊用途的大型计算机制造公司,咨询公司等,必须非常重视这方面的竞争能力。以此为竞争重点的企业所提供的产品或服务具体到每一个顾客的特殊要求,因此产品的寿命周期非常短,产量很小。最极端的情况下是一种产品只生产一件(one of a kind production)。这种竞争主要是基于企业提供难度较大的、非标准产品的能力。另一个重点是产量柔性,即能根据市场需求量的变动迅速增加或减少产量的能力。对于其产品或所提供的服务具有波动性的企业来说,这是竞争中的一个重要问题。但是,一个制造空调的企业和一个邮局,其需求的波动周期是有很大不同的,因此,必须根据具体情况制定具体的产量柔性策略。

服务:包括基本服务和增值服务。由于产品寿命周期的缩短,当今的企业更倾向于仿制而不是自主研发新产品,结果就造成产品的无差异性,这时价格就成为决定客户消费决策的首要因素。在这样的竞争环境下,企业为争取竞争优势,开始为客户提供"增值"服务。桑德拉·范德墨菲(Sandra Vandermerwe)所言:"市场力来源于服务,因为服务可以增加客户的价值。"

现在又出现了两种可能为企业提供竞争优势要素的新趋势:一是环保工艺和环保产品的运用。二是信息的运用。

三、竞争重点的转移和改变

即使企业目前非常成功地拥有竞争优势(事实上能生存下来的企业都有其竞争优势),也有可能遇上新问题并失去其优势。因为外界环境是在动态变化的,从而竞争中取胜的关键因素也在变化。例如,在产品生产的初始阶段,可能拥有新技术是制胜的关键;渐渐地,花色品种成为产品吸引人的地方;再往后,当该产品渐渐成熟变得普通时,价格又成为至关重要的因素。随着市场的不断变化,生产周期、质量可能会成为是否具有竞争能力的主要影响因素,另外企业本身也有可能改变其目标市场,如为了扩大其规模。总而言之,在下述三种情况下,企业的竞争优势有可能改变甚至丧失。

(一)竞争环境已经变化,但生产运作重点未变

在激烈的市场竞争中,或一个产品寿命周期的进程中,这种现象是极为常见的,环境要求重新变更生产方式及其重点,但生产管理者却常常没有意识到。例如,当某个产品进入高速成长期或开始进入成熟期后,市场会出现多个竞争者,而当一个市场趋于成熟时,价格争夺战便会硝烟弥漫。在这些不同的时期,生产管理人员必须审时度势,估量自己所处的地位,或者改变竞争重点,或者放弃某种竞争,退出该市场。

(二)新添附加目标

在生产与运作管理中,管理者常常会把降低成本、提高质量或改善产品安全

性作为生产与运作管理的新目标。这样做的动机可能有多种,如由于新法规或国家新政策的要求、合同的约束、营业范围的扩展等等。然而,无论是出于什么原因,这样做的结果往往都会使原有的竞争优势变得不再突出,甚至丧失。例如在食品业,一些较小的公司由于仅仅把一件事做得很出色,如快速服务、家常菜或其他特色,便可使该企业非常成功。在发展过程中,它们试图增加其吸引人之处,迫于竞争压力而力图成长壮大,于是开始添加菜单内容、使用冷冻食品等,但结果是反而削弱了其优势。

(三) 新产品/新性能

当企业试图生产新产品或给现有产品添加新性能时,往往需要采用不同的生产运作方式。这种情况如果出现,自然也会导致企业原有的竞争优势发生变化。例如,原有设备的生产任务主要是生产优质产品,而速度较慢,如果这时要添加另一类产品,且需生产速度较快以降低成本的话,生产任务就会大增;如果还需进一步添加第三种产品,且为了满足顾客需求常常要做改变,生产任务就会急剧增加。结果可能是设备变成一种庞大、复杂、万能的工具,却没有什么优势可言,原有的质量优势丧失殆尽。

四、服务竞争策略的特殊性

以上所讨论的竞争策略一般来说对于服务业也具备同样的意义,因为对于服务业来说,服务质量、时间、价格(成本)等同样是重要的价值要素。但是,对于服务价值来说,还需要考虑服务的一些特殊竞争要素。例如,服务的可得性和方便性。顾客要购买家电、汽车这样的产品时,不需要接触生产系统,其购买时间和地点与产品的生产时间和生产地点不同,因此,生产系统可以远离顾客。可以集中设置生产系统,以尽量利用规模效益。但是,对于很多服务业来说,顾客要接收某种服务,必须接触服务系统,例如,零售店、银行、理发店、餐厅等,因此服务必须考虑顾客如何得到这些服务,以及顾客到场接受服务的方便性。此外,在旅行、医疗等服务行业,安全性成了更重要的竞争要素。再者,服务业的声誉也是一个十分重要的竞争要素,因为很多服务无法进行有形展示,顾客购买某项服务之前,难以像购买产品那样打开来看一看、通电试着操作一下等,如果顾客接受了很差的服务,也无法像购买了很差的产品那样调换和退回,因此,服务业的声誉往往成为顾客是否购买某项服务的重要考虑因素之一。所以,对于服务业企业来说,在制定竞争策略时,首先需要充分认识和理解自己所从事的服务的特点,了解顾客的真正需求,考虑满足顾客需求的手段与制造业企业有何不同。

第四节　生产与运作组织方式的选择

当生产与运作战略决定了产出什么、并确定了其竞争策略之后,下一步还必须决定选择生产与运作组织方式。

一、生产组织方式

生产组织方式是企业组织生产与运作资源、设计生产与运作系统及其如何运作的基本形式;主要包括生产与运作系统的结构及其运作方式。按组织所需资源形式分为工艺对象专业化和产品对象专业化。这两种方式的选择主要取决于产量、加工特点、产品特点、产品标准化程度、生产批量、运作技术等因素。

(一) 工艺对象专业化

以工艺为中心组织设备、人员等资源,为每一个工序提供一个工作场地即为工艺对象专业化,如图 2-5 所示。

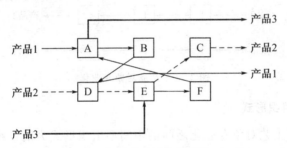

图 2-5　工艺对象专业化

工艺阶段,是指按照使用的生产手段的不同和加工性质的差别而划分的局部生产过程。如机械制造类企业的基本生产过程可以分为毛坯制造、金属切削加工和装配三个工艺阶段,纺织企业的基本生产过程可分为纺纱、织布和印染三个工艺阶段等。每个工艺阶段又由若干工序组成。工序,指一个人或一组人在一台机床上或在同一工作地上对同一劳动对象进行连续加工的生产环节。分为基本工序和辅助工序。凡直接使劳动对象发生形状或性能变化的工序称作基本工序,也可称为工艺工序,如锻造、铸造、焊接、热处理、车、铣、刨、磨等基本工序;凡为基本工序的生产活动创造条件的工序都称作辅助工序,如产品检验、清洗、运输工序等。例如,以机械制造业为例,在这种形式下所建立的生产单位是铸造、锻造、机加工、热处理、装配等不同单位,同是机加工工厂(车间)内部,还可再分为车工组、铣工组、钳工组等不同单位。对于非制造企业来说,可以是一个窗口、一个柜台或一间办公室。

工艺对象专业化的优点为加工顺序有一定弹性,可较好地适应产品品种的变换;有利于充分利用设备和工人的工作时间;便于工艺管理、同类技术交流、支援和提高。缺点为在某一工序,不同产品可能同时争夺有限资源;生产连续性差,交叉、迂回运输多,加工线路长;WIP(work-in-process)库存量大,停放时间长→生产周期长,资金占用大;不同生产单位联系复杂→管理工作复杂。医院的运作组织就是以工艺对象专业化的典型代表。

（二）产品对象专业化

以产品/顾客为中心组织资源,按不同对象分别建立工作地,即为产品对象专业化,如图 2-6 所示。在机械制造业中,产品对象专业化的生产单位不再是铸造、锻造、机加工、装配等,而是诸如箱体车间、齿轮车间、A 产品分厂、B 产品分厂等。其特点为不同产品各自占用其所需资源,避免争夺资源;产品加工过程中流向较简单直接,但某些工序重复设置。优缺点与工艺对象专业化形式正好相反。洗车是对象专业化的组织形式。

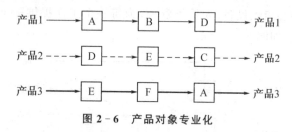

图 2-6 产品对象专业化

（三）混合组织形式

介于产品与工艺对象专业化之间的中间型组织形式为混合组织形式。大多数企业的生产运作组织方式实际上都属于混合组织方式。到底采用什么组织方式实际是由产品产量和加工路线特性决定的。图 2-7 表示了这三者之间的关系。符合右上角或左下角特点的企业几乎没有。

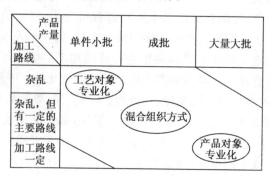

图 2-7 三种生产与运作组织方式的关系

最典型的大量生产方式生产出来的产品汽车、家电等,通常都采用产品对象专业化的组织形式,如生产线。但并非单一品种大量生产才可用产品对象专业化形式,多种产品都具有类似生产过程时,可用生产线,如一条罐装线可装多种饮料,一条汽车线可装多种车型。多数成批生产企业采用混合组织,即可生产标准产品,也可按顾客需求生产。企业某部分可适度为某类产品或零件集中资源,如服装、重型机械、食品、汽车修理等。多品种小批量机械零件的中小企业,采用工艺专业化。

二、服务性运作组织方式

按制造性生产与服务性运作的特点,可知以上生产组织方式也适应于一定的服务运作,但必须考虑与顾客的接触。与顾客面对面接触多,服务复杂性高而顾客知识不够,导致顾客化、小批量,适宜工艺对象专业化,如医院、咨询、律师所。与顾客直接接触少,可采用标准化大批量服务,适宜产品对象化,如电厂、洗车、洗衣等。面对面服务和后台工作各占一定比例,适宜混合组织形式,如银行柜台接触顾客多,后台则可批量处理。

三、生产运作过程组织的基本要求

合理组织生产过程,使生产过程始终处于最佳状态,是保证企业获得良好经济效果的重要前提之一。合理组织生产过程是指把生产过程从空间上和时间上很好地结合起来,使产品以最短的路线、最快的速度通过生产过程的各个阶段,并且使企业的人力、物力和财力得到充分的利用,达到高效、低耗、质优、安全与环保。合理组织生产过程需要做到以下几点:

(一)生产过程的连续性

生产过程的连续性是指产品和零部件在生产过程各个环节上的运动自始至终处于连续状态,不发生或少发生不必要的中断、停顿和等待等现象。这就是要求加工对象或处于加工之中、或处于检验和运输之中,而尽可能避免处于存储或等待之中。

要保持生产过程的连续性,必须做到以下几点:

(1)必须使制品的工艺流程是合理的。

(2)企业各车间之间、仓库和车间之间以及各工序之间或工序与工作地之间的布置要符合生产过程的顺序要求,使劳动对象在生产过程中的运输路线最短。

(3)生产过程是经过优化的:大批、大量生产时,各工序(含工位)或各工作地所需的劳动时间应趋于相等;成批、小批、单件生产时用优化的计划以确保生产过程各环节具有良好的衔接。

(4) 尽可能采用先进的工艺技术与装备,提高专业化、自动化程度。

(5) 要求做好生产前的一系列准备工作。

保持生产过程的连续性,可以充分地利用机器设备和劳动力,可以缩短生产周期,加速资金周转,减少生产过程中的浪费和损失。

(二) 生产过程的平行性

生产过程的平行性是指生产过程的各个阶段、各个工序尽可能实行平行作业。要做到这一点,必须做好零、部件间的逻辑关系分析,将可平行加工的零部件尽可能安排成平行加工,同时必须具备足够的生产面积和相应的生产设施,以确保具有平行生产的能力。

保持生产过程的平行性,可较大程度地缩短产品的生产周期,加速资金的周转,从而提高企业的经济效益。

(三) 生产过程的比例性

生产过程的比例性是指生产过程的各个阶段、各道工序之间,在生产能力上要保持必要的比例关系。它要求各生产环节之间,在劳动力、生产效率、设备等方面,相互协调发展,避免脱节现象。保证生产过程的比例性,既可以有效地提高劳动生产率和设备利用率,又进一步保证了生产过程的连续性。

为了保持生产过程的比例性,在设计和建设企业时,就应根据产品性能、结构以及生产规模、协作关系等统筹规划;同时,还应在日常生产组织和管理工作中,搞好综合平衡和计划控制。

生产过程的比例性也指投入与产出的比例关系以及生产过程各环节资源分配的比例关系。

(四) 生产过程的节奏性

生产过程的节奏性是指产品在生产过程的各个阶段,从原材料、元器件的投入到产品完工入库,都能保持有节奏地均衡地进行。要求在相同的时间间隔内各工序或工位生产出相同数量的制品,尽可能避免产生瓶颈工序的现象。

生产过程的节奏性应当体现在投入、生产和产出三个方面。其中产出的节奏性是投入和生产节奏性的最终结果。只有投入和生产都保证了节奏性的要求,实现产出节奏性才有可能。同时,生产的节奏性又要求投入的节奏性。因此,实现生产过程的节奏性必须把三个方面统一安排。此外,对任何一个车间、工段和工作地也都存在着生产节奏性的要求。因此,保持各个生产环节的投入、生产和产出的节奏性,对实现整个企业的生产过程的节奏性是十分重要的。

实现生产过程的节奏性,有利于生产计划的制订与生产状况的理性控制;有利于劳动资源的合理利用,减少工时的浪费和损失;有利于设备的正常运转和维护保养,避免因超负荷使用而产生难以修复的损坏;有利于产量质量的提高和防止废品大量的产生;有利于减少在制品的大量积压;有利于安全生产,避免人身事故的发生。

(五) 生产过程的适应性

生产过程的适应性是指生产过程的组织形式要灵活,能及时满足变化了的市场需要。随着科学技术的进步和人民生活水平的普遍提高以及相应地用户对产品的需要越来越多样化,这就推动了市场的发展。这一现状给企业的生产过程组织带来了新的挑战,即企业应如何朝着多品种、小批量的生产方式迈进,能够朝着灵活转向、应急应变性强的方向发展。

为了提高生产过程组织的适应性,企业可采用柔性生产等先进的生产设施与生产组织方法,现代生产系统追求具有较大程度的柔性,以满足日趋明显的、强烈的个性化消费需求。

(六) 生产过程的安全性

生产过程的安全性是指生产系统中人员避免不可受到危险的伤害。

安全生产管理的目标是,减少和控制危害,减少和控制事故,尽量避免生产过程中由于事故所造成的人身伤害、财产损失、环境污染以及其他损失。

1. 设备、设施或技术工艺含有内在的能够从根本上防止发生事故的功能

安全功能应该是设备、设施和技术工艺本身固有的,即在它们的规划设计阶段就被纳入其中,而不是事后补偿的。包括两种安全功能:

失误——安全功能:操作者即使操作失误,也不会发生事故或伤害。

故障——安全功能:设备、设施或技术工艺发生故障或损坏时,还能暂时维持正常工作或自动转变为安全状态。

2. 安全生产管理

针对人们生产过程的安全问题,运用有效的资源,发挥人们的智慧,通过人们的努力,进行有关决策、计划、组织和控制等活动,实现生产过程中人与机器设备、物料、环境的和谐,达到安全生产的目标。

安全生产源于安全教育。企业要常态化安全教育培训工作,做到防患于未然,只有抓好安全教育培训,才能确保安全生产形式的稳定,实现安全生产的"可控,在控"。

(七) 生产过程的环保性

生产过程的环保性主要是指对生产过程中三废(废气、废液、固体废料)的处理和对粉尘、噪音、辐射的控制。在生产过程中,有一部分资源和能源没有得到充分利用而以各种形式又排入环境造成污染。所以要解决工业污染,主要应该从生

产过程中产生的污染源入手,这样可以从根本上来解决对环境的污染问题。

生产过程中的环境管理要从多方面来进行,主要有操作制度、设备管理、物资管理、工艺改革和技术装备等。

加强生产过程中的环保管理对防止污染是非常重要的,因为这是企业可持续发展的必要保证。

(八) 生产过程的节能性

生产过程的节能性包括设备购置费用、使用中的维持费用(一方面要求经常保持设备良好的技术状态,另一方面又要求节约设备维修与管理的经费支出)、产出的经济性(在满足产出要求的前提下,资源投入尽可能少)等方面。

生产过程的节能性需进行综合管理方能达到。

1. 技术管理与经济管理相结合

技术管理是基础,经济管理主要是优化。二者必须紧密结合,以求生产过程费用最低,综合效能最高。

2. 设备管理与生产管理相结合

现代化的加工企业,设备是生产的物质技术基础,是完成生产任务的手段。设备管理水平和设备状况的好坏与生产任务的顺利完成密切相关。设备管理就是使设备经常处于最佳状态,使之在任何时候都能满足生产的需求。

生产管理是根据生产实际情况调度和使用设备,以发挥出设备系统的最佳效率,从而以尽可能少的投入而确保企业生产任务的完成。

3. 设计、制造与使用相结合

设备的设计、制造过程由设计、制造部门管理;设备的使用过程由使用单位管理。两者应该密切结合,互通信息。

设计、制造部门须确保设备的可靠性、耐久性、维修性、环保性、安全性及节能性等;使用部门要熟知设备的功能和使用方法,合理熟悉使用单位的工艺要求和使用条件,要考虑到设备运行阶段的管理和维修费用,在使用中的设备应按要求维护、保养、修理设备,发现问题向设计、制造部门进行信息反馈,以便改进设备的设计。

4. 设备维修与技术改造相结合

只有把设备的更新与改造工作做好,才能克服现有企业耗费高、能耗大、质量差等弊端。另外设备的更新与改造也是科学技术迅速发展的客观要求。

在设备维修中,应通过技术经济分析,正确处理设备维修与改造关系,把维修与改造结合起来。一方面利用检修的机会采用新技术、新材料、新工艺来代替技术落后、能耗大、效率低的设备和零部件。另一方面对陈旧落后,进一步维修价值不大的设备,按手续进行报废,更换先进的设备。

5. 设备管理与技术开发及智力开发相结合

随着现代科学技术的进步,生产装备现代化水平不断提高,设备向着大型化、高速化、机电一体化及结构复杂化等特点发展。为了对现代化设备搞好管理,要求设备管理人员和维修人员必须掌握专门的科学技术知识和现代管理理论与方法。现代设备管理本质上是现代化设备与现代化管理理论与方法的结合。

设备是科学技术发展的结晶。

6. 不断提高员工的素质

在生产管理工作中,要不断提高员工的素质。设备再先进也是人制造的,是人使用、维修和管理的。通过提高员工的素质来充分发挥全体职工的积极性,从而使生产的节能性与经济性达到预期的管理目标。

上述组织生产过程的八项要求是衡量生产过程是否合理的标准,也是取得良好经济效果的重要条件。

思考与练习题

一、单项选择题

1. 在大多数的企业中存在的三个主要职能是(　　)。
   A. 制造、生产和运作　　　　B. 运作、营销和财务
   C. 运作、会计和营销　　　　D. 运作、制造和财务

2. 生产与运作管理的基本问题包括产出要素管理、资源要素管理和(　　)。
   A. 环境要素管理　　　　　　B. 投入要素管理
   C. 生产要素管理　　　　　　D. 人力资源管理

3. "IBM 公司推出的世界上第一台个人电脑,东芝公司推出的世界上第一台笔记本电脑,摩托罗拉推出的第一部手机"属于新产品中的(　　)。
   A. 全新产品　　B. 改进新品　　C. 换代新品　　D. 本企业新品

4. 可口可乐公司在生产可乐时的进出策略是(　　)。
   A. 晚进早出　　B. 晚进晚出　　C. 早进晚出　　D. 早进早出

5. "生产过程的组织形式要灵活,能及时满足变化的市场需要"是合理组织生产过程的(　　)要求。
   A. 连续性　　　B. 平行性　　　C. 适应性　　　D. 比例性

二、多项选择题

合理生产组织的基本要求包括(　　)。
A. 生产的专业性　　　　　　B. 生产的连续性
C. 生产的比例性　　　　　　D. 生产的均衡性
E. 生产的适应性

三、判断题

1. 生产运作战略是在企业战略指导下制定的职能性战略。　　（　　）
2. IBM 公司推出的世界上第一台个人电脑属于全新产品。　　（　　）
3. 生产运作战略属于企业级经营战略。　　（　　）

四、简答与论述题

1. 合理组织生产过程有哪些基本要求？
2. 何谓生产进出策略？有哪些具体分类？
3. 对于以下各类企业来说，什么方面的竞争优势要素对其最重要？
   (1) 商业银行
   (2) 汽车制造公司
   (3) 个人电脑制造公司
   (4) 服装专卖店

五、计算题

某企业投资建设一个新的生产设施，投资规模有两种选择：一是固定投资 200 万元，单位可变成本是 50 元；二是固定投资为 60 万元，单位可变成本为 90 元。投资周期一样，单位产品市场价格是 150 元。

请计算：

(1) 两种方案的盈亏平衡点。
(2) 如果预期市场需求量是 20 000 件，哪种方案比较好。

第三章 设施选址与布置

本章内容要点
- 设施选址
- 设施布置的基本类型
- 工厂总平面布置
- 车间平面布置
- 非制造业的设施布置

第一节 设施选址

一、设施和设施选址的概念

对选址问题的研究由来已久,人类祖先对居住的洞穴的选择问题以及始于中国古代的对风水问题的研究,其本质都是选址问题。德国经济学家 Weber 是第一个研究制造活动选址问题的学者。到了 20 世纪 80 年代和 90 年代,特别是随着经济全球化的发展,全球化的选址问题受到了人们的重视。全球化的一个重要特征是制造活动从集中式到分布式的转变,人们面对的不再是一个单一的工厂选址的问题,而是为由不同的零部件厂、装配厂以及市场构成的制造网络选址的问题。

设施是生产运作过程得以进行的硬件手段,一般由工厂、办公楼、车间、设备、仓库等物质实体构成。设施选址是将生产运作的硬件系统设置在什么地方的问题,即如何运用科学方法决定设施的地理位置,使之与企业整体经营运作系统有机结合,以便有效、经济地达到经营目的。

二、设施选址的基本问题

设施选址主要包含两个层次的问题:
(1)选位:选择什么地区或区域设置设施:沿海/内地? 南方/北方? 国内/国

外？发达地区/欠发达地区？

（2）定址：地区选定之后，要在该地区选择一个合适位置来布置设施，即找一块土地作为设施的具体位置。

三、设施选址的重要性

设施选址对设施建成后的设施设备布置、投产后的生产经营费用、产品和服务的质量及成本具有极大而长久的影响。除新建企业的设施选址问题，还有老企业迁址问题。主要因为经济发展、地区差异、城市规模扩大、地价上涨、城市污染等诸多因素的影响，故必须充分考虑到多方面因素的影响。选址建厂及设施布置是一项巨大的永久性投资，一旦空间布局完成，如发现布局错误，则为时已晚，难以补救。一个成功的企业家在空间设计中必须谨慎对待，切忌盲目决策。

巨人大厦的选址失误：错误选址遗患无穷

珠海著名的"巨人大厦"，其项目选址恰好在三条地震断裂带交叉点上，并且其设计方案一变再变，从原来的38层改成48层，继而58层、64层，最后定为70层。在设计为38层时不需要打钢桩，只需20米深水泥桩就可支撑住大厦，工程预算造价为2.2亿元人民币。而改为70层时，选址的地质条件决定了必须打65米深的钢桩，穿过地震断裂带坐在岩层上，整个工程造价便飙升至12亿元人民币，造成至今该项目仍未"拔地而起"，使这一珠海市的"标志性建筑"成为"标志性遗憾"。

家乐福的选址

家乐福在选址方面有以下要求：

1. 地理位置要求

交通方便（私家车、公交车、地铁、轻轨）；人口密度相对集中；两条马路交叉口，其一为主干道；具备相当面积的停车场，比如在北京至少要求600个以上的停车位。

2. 建筑物要求

建筑占地面积15 000平方米以上；最多不超过两层；总建筑面积2万～4万平方米；建筑物长宽比例为10∶7或10∶6。

3. 停车场要求

至少600个机动车停车位，非机动车停车场地2 000平方米以上，免费提供家乐福公司及顾客使用。

从案例中可知家乐福选址时考虑到了地理位置、建筑物、停车场等因素，这也是由它本身的性质决定的。当然，对于不同的企业考虑的因素是不一样的，但总是有共性的东西，企业在选址时一般都会考虑以下这些因素。

四、设施选址的影响因素

（一）选位时的影响因素

1. 是否接近产品目标市场

指一般客户、配送中心或其他用户厂家等，有利于迅速投放、降低运输成本。一般来说，下述情况的企业应该接近消费市场：

（1）产品运输不便，如家具厂、预制板厂；

（2）产品易变化和变质，如制冰厂、食品厂；

（3）大多数服务业，如商店、消防队、医院等。

2. 是否接近原材料供应地

原材料重量体积大于产品的企业，对原材料依赖较强的企业。

下述情况的企业应该接近原材料或材料产地：

（1）原材料笨重而价格低廉的企业，如砖瓦厂、水泥厂、玻璃厂、钢铁冶炼厂和木材厂等；

（2）原材料易变质的企业，如水果、蔬菜罐头厂；

（3）原材料笨重、产品由原材料中的一小部分提炼而成，如金属选矿和制糖企业。

（4）原材料运输不便，如屠宰厂。

3. 运输

原材料、零部件及产品应靠近铁路、海港或其他交通运输条件好的区域。美国凯泽Kaiser钢铁公司，二战期间建于加州南部，生产船用钢材，当时选址是为防止袭击，但战后厂址成了企业发展的致命阻碍，巨额的交通费大大降低了竞争力，最后破产。后来被中国首钢买下。

4. 与外协厂家的相对位置

外协较多的企业，应尽量接近外协厂家，或使中心企业与周围企业尽量接近。如汽车城：美国的底特律、日本的丰田市，集中了大量汽车配件厂和零部件供应商。

5. 劳动力资源

靠近劳动力成本低、受教育程度适合、技能熟练、易获取的区域。发达国家的公司纷纷在经济不够发达的国家设厂，一个重要原因是降低人工成本。在大城市较容易获得高水平的劳动力资源，选择在城市或城郊建厂，容易解决劳动力资源问题。过去搞三线建设，在偏僻的山区建厂，劳动力资源的可获性就成了大问题。人们一般不愿意离开自己长期居住的地方。通过行政命令，使职工迁往内地三线工厂，造成内迁职工长期不安心工作，这也是一个教训。

6. 基础设施条件

企业生产运作所需水、电、气等的保证，以及"三废"的处理。

7. 气候条件

有的产品还需考虑温度、湿度、气压等，如精密仪器、高精产品等。气候条件将直接影响职工的健康和工作效率。根据美国制造业协会的资料显示，气温在15～22℃之间，人们的工作效率最高。电影制片厂之所以集中在好莱坞，是因为该地区终年温和而干燥，适于室外拍片活动。英国的曼彻斯特是世界著名的纺织业区，温度及湿度是一个主要原因。啤酒厂，对水质要求高，则不仅要靠近水源，而且要考虑水质。

8. 政策法规

有的国家/地区会给新建企业一些相关优待，跨国企业越来越多。

（二）定址时的影响因素

1. 可扩展性

要留有余地，除生产运作所需面积及基本生活、绿地外，未来发展可扩展性更重要。

2. 地质情况

地面、地基情况，能否满足未来设施的载重、精度等要求。

3. 周围环境

能否为职工提供住房、娱乐、生活服务、交通等方面的条件。

对于这些影响因素，应该从系统的观点来考虑选址问题，因为整个生产活动是一个整体，每个企业不可能孤立的存在，一个企业的输出是另一个企业的输入。从采矿到冶金，从冶金到毛坯制造、零件加工和产品装配，从产品发运到批发、到零售，最后到顾客手中，一系列的输入和输出，一环扣一环，形成了一条生产分配（Production-Distribution）链。因此，任何企业选址既要考虑供应厂家，又要考虑顾客,还要考虑产品分配。从系统观点看,选址决策应该使得整个生产分配链的成本最低;从一个企业看,选址决策应该使得它所能控制的那段生产分配链的成本最低。从实际情况考虑,企业的选择决策要受到很多约束。因为一个新企业在考虑选址时,很多企业已经存在,对服务性企业同样有这个问题,他们也是一条生产分配链的一部分。不同的是,很多服务企业需要直接面对顾客,这就要求服务设施接近顾客。

所以,要仔细权衡各种因素,决定哪些与设施位置密切相关,分清主次,抓住关键。在不同情况下,同一影响因素可能会有不同的影响作用,不能生搬硬套原则条文。如美国企业在选址决策时,"当地工会的态度"是必须考虑的重要影响因素,而在中国,这一因素可能就不那么重要。另外制造业和非制造业考虑因素及同一因素的重要程度会不同。制造业组织的选址决策主要是为了追求成本最小化,而服务业组织的选址决策一般追求收益最大化。因此,制造业设施选址必须考虑:劳动力条件、与市场的接近程度、生活质量、与供应商和资源的接近程度、与企业其他设施的相对位置。服务业设施选址必须考虑的因素有:与顾客直接接触多的须靠近顾客,仓储/配送中心需考虑运输费用、与竞争对手的相对位置较制造业重要,而商店、快餐店等则相反,在竞争者附近设址可能会有"聚集效应"。

面对当今日益激烈的全球化竞争,企业如何保持竞争力,德国世界经济研究所指出:采取合理措施,整理产品结构,提高生产率,降低劳动成本;革新产品,占领新市场;调整生产基地,把生产搬到销售机会好或低生产成本国家。当今企业跨国、跨地区生产协作、全球采购销售很平常,企业需根据产品特点、资源、市场等慎重选址。老企业则面临如何调整生产结构等:西门子1997年初开始改组,重要一条就是把更多工厂和车间搬到国外生产成本低、经济增长快、市场潜力大的地区,如亚洲。

1/3 效应

如果有一条商业街,或路边有一溜大排档有铺位出租,你想租一个铺位开店,那么,租哪段位置的铺位最好呢?

或许许多想当老板的人有这样的心理:租路口或街口当头第一间,截住顾客,先吃头啖汤,生意一定最好!

如果你这样选择,那就错了,大错特错!因为老板的心理不同于顾客的心理,老板想多赚钱而顾客却想少花钱,两者的心理常常是相反的,你想生意好,必须从顾客的心理去考虑。在得出答案之前,先给你讲个小实验:

某班分到两张音乐会的票,大家都想去,于是搞抽签。签做好后,班长要了个小花招,将签排成一排,让同学们先抽,以示公平,剩下最后一张才是他的。

同学们一个个把签抽走,全是空白,最后,一行签仅剩下第一张和最后一张,两张都写着"有"字,可见班长并不骗人,他也是了如其所愿得到了一张票。

其实班长只搞了个小小的心理战,因为大家都觉得,总的来说抽哪个签机会都差不多,但对第一个和最后一个大家心理上就会有一点儿的抗拒:不可能那么巧,两张票就会落在最前和最后! 于是,在没有特别心理提示的情况下,绝大多数人都觉得从中间随手抽一张机会大些。

让我们再回到铺位选择上来,当顾客走进一条商业街时,通常不甘心在第一间店便成交,他总是走走看看,货比三家,怕自己上当。当走得差不多了,看也看过了,比也比过了,便会找一间成交,通常不是最前和最后。如果这条街是一眼看到头的,多数人也不会特意选最中间,而是两头 1/3 处机会最大。路边大排档也是如此,通常过客不甘心在第一间就停车吃饭或购物,总得往里走一点,也不会特意走到最后。只有价格几乎一律的日用小摊档和青菜摊、凉茶摊之类情况与此相反,那是顾客越方便的摊位越好。

这里说的是一般情况,如果你经营得特好或特差,在熟客中造成了很大的声誉差距,情况就会发生变化。

五、设施选址的方法

对设施选址的方案进行评价时,常用以下几种方法:

(一) 因素评分法

因素评分法是一种把数值分配给与所有决策选项相关的因素,以产生一个综合得分并进行比较的方法。这种方法允许决策者把自己的偏好加入选址决策中,并能把定性和定量的因素都包括在内。基本步骤为:

(1) 列出所有的相关因素;
(2) 赋给每个因素权重,以反映它在决策中的相对重要性;
(3) 给每个因素的打分取值设定一个范围,如 1~10 或 1~100;
(4) 用上一步设定的取值范围就各个因素给每个候选地址打分;
(5) 将每个因素的得分与权重相乘,计算出每个地址的总分;
(6) 考虑以上计算结果,选取总分最高的地址作为最佳选择。

例 3.1 某厂有 4 个候选厂址(A、B、C、D),影响因素有 10 个,其重要度如表 3-1,求最优方案。

表 3-1　影响因素的重要度及评分表

影响因素	权重	候选方案 A		候选方案 B		候选方案 C		候选方案 D	
		评分	得分	评分	得分	评分	得分	评分	得分
劳动力条件	7	2	14	3	21	4	28	1	7
地理条件	5	4	20	2	10	2	10	1	5
气候条件	6	3	18	4	24	3	18	2	12
资源供应条件	4	4	16	4	16	2	8	4	16
基础设施条件	3	1	3	1	3	3	9	4	12
产品销售条件	2	4	8	2	4	3	6	4	8
生活条件	6	1	6	1	6	2	12	4	24
环境保护条件	5	2	10	3	15	4	20	1	5
政治文化条件	3	3	9	3	9	3	9	3	9
扩展余地	1	4	4	4	4	2	2	1	1
总计			108		112		122		99

解：根据权重和不同候选方案的各因素得分，计算各方案的总分，如表 3-1 所示；选总分最高的方案为最佳选址方案，即 C 方案最佳。

（二）重心法

重心法是一种选择分销中心的位置，从而使运输成本最低的方法。它把运输成本看作距离和运输数量的线性函数。运输到每个目的地的商品数量被假设为是已知的。

重心法是将一个坐标系重叠在地图上来确定各点的相应位置，所以首先要在坐标中标出各个地点的位置，目的在于确定各点的相对距离。在国际选址中，采用经度和纬度建立坐标。然后，求出运输成本最低的位置坐标 X 和 Y，对照地图找出相应位置。

对于设施选址问题，重心可以采用如下公式计算：

$$C_x = \frac{\sum_{i=1}^{n} d_{ix} W_i}{\sum_{i=1}^{n} W_i}, \quad C_y = \frac{\sum_{i=1}^{n} d_{iy} W_i}{\sum_{i=1}^{n} W_i}$$

式中：C_x——重心的 x 轴坐标；C_y——重心的 y 轴坐标；d_{ix}——市场 i 的 x 轴坐标；d_{iy}——市场 i 的 y 坐标；W_i——市场 i 的需求量。

例 3.2 某地区现有 4 个垃圾回收分站,坐标分别为 $A(40,120)$、$B(65,40)$、$C(110,90)$、$D(10,130)$,日回收能力分别为 200 t、150 t、215 t 和 340 t。为了应付环保部门的压力,该地区拟建一垃圾回收总站,负责对分站回收的垃圾进行再次处理。

(1) 用重心法确定最好的垃圾回收总站地点。

(2) 该地区主管部门已经确定了两个备选地点,坐标分别为 (25,25) 和 (70,150),哪个备选地点更优?

解: (1) 重心法假定配送成本是运输量和线性距离的函数,那么以各个市场的坐标为顶点构成一个多边形,它的重心就是最优方案。

$$重心的 x 坐标 = (200\times 40 + 150\times 65 + 215\times 110 + 340\times 10)/$$
$$(200+150+215+340)$$
$$=49.5$$

$$重心的 y 坐标 = (200\times 120 + 150\times 40 + 215\times 90 + 340\times 130)/$$
$$(200+150+215+340)$$
$$=103.4$$

因此,最好的垃圾回收总站地点的坐标是 (49.5,103.4)。

(2) 首先要计算出两个备选地址与 4 个垃圾处理分站的直线距离,其计算公式为 $l=\sqrt{(x_2-x_1)^2+(y_2-y_1)^2}$,在此直接得出结果。

对于备选地址 A,与 4 个分站的距离为:96.2,42.7,107.0,106.1

对于备选地址 B,与 4 个分站的距离为:42.4,110.1,72.1,63.2

接着,由于重心法的假设,计算备选地址 A 的成本为:

$$96.2\times 200 + 42.7\times 150 + 107.0\times 215 + 106.1\times 340 = 84\ 724$$

备选地址 B 的成本为:

$$42.4\times 200 + 110.1\times 150 + 72.1\times 215 + 63.2\times 340 = 61\ 984.5$$

因此,备选地址 B 要优于备选地址 A。

(三) 量本利分析法

量本利分析法有利于对供选择的地点在经济上进行对比,这种比较可以用数字,也可以用图表表现。在使用量本利分析法时,需要注意几个假设:产出在一定范围时,固定成本不变;可变成本与一定范围内的产出成正比;所需的产出水平能近似估计;只包括一种产品。

量本利分析法的步骤如下:

(1) 确定每个地址的固定成本与变动成本。

(2) 给出每个地址的总成本,总成本=固定成本+单位变动成本×产量。如果在图上表示,那么纵轴表示成本,横轴表示年产量。

(3) 选择对于期望产量总成本最小的地址。

例 3.3 某电器设备制造公司欲扩大生产能力,考虑在以下 3 种方案中任选 1 种,如表 3-2 所示。

表 3-2 3 种方案的固定成本和变动成本

	在新地点建厂	转包	扩大现有工厂
固定成本/元	150 000		30 000
单位变动成本/(元/台)	600	1 800	1 200

(1) 使各方案最优(总成本最小)的新增能力范围是什么?
(2) 当要求新增能力为 150 台时,哪种方案更优?

解:使用量本利方法解题,首先要求出各种备选方案的成本函数。总成本等于固定成本加上总的变动成本。在本题中:

建设新厂的成本函数为 $C = 150\,000 + 600x$

转包生产的成本函数为 $C = 1\,800x$

扩大产能的成本函数为 $C = 30\,000 + 1\,200x$

其中 x 是产量。

(1) 得到成本函数之后,就可以计算使各方案最优(总成本最小)的产量范围。既可以使用代数法进行计算,也可以使用几何法即简单的图形法进行计算。在本例中,使用代数法。

当建设新厂方案最优时:

$150\,000 + 600x < 1\,800x$

$150\,000 + 600x < 30\,000 + 1\,200x$

可以解得:$x > 200$

同理,当转包生产方案最优时:

$1800x < 150\,000 + 600x$

$1800x < 30\,000 + 1\,200x$

解得:$x < 50$

当扩大产能方案最优时:

$30\,000 + 1\,200x < 150\,000 + 600x$

$30\,000 + 1\,200x < 1\,800x$

解得:$50 < x < 200$

(2) 得到第一问的答案之后,可以很方便地解出第二问。因为 $50 < 150 < 200$,因此可以马上得到:当要求新增能力为 150 台时,采用扩大现有工厂的方案最优。

(四) 运输模型法

当选址对象的输入与输出成本是决策的主要变量时,运输模型是一个很好的决策方法。运输模型的基本思想是:通过建立一个物流运输系统,选择一个能够使整个物流运输系统的成本最小的生产或服务系统。

已知 m 个供应地点 $A_i(i=1,2,\cdots,m)$ 可供应某种物资,供应量分别为 a_i;有 n 个销售地 $B_j(j=1,2,\cdots,n)$ 销售量分别为 b_j。从 A_i 到 B_j 的单位物资的运输成本为 C_{ij},从 A_i 到 B_j 的供应量为 x_{ij},则相应的数学规划模型为:

$$\min z = \sum_{i=1}^{m}\sum_{j=1}^{n} C_{ij} x_{ij} \quad s.t. \begin{cases} \sum_{i=1}^{m} x_{ij} = b_j \\ \sum_{j=1}^{n} x_{ij} = a_i \\ x_{ij} \geqslant 0 \end{cases}$$

解决这样的问题,一般采用表上作业法或利用计算机进行求解。

第二节 设施布置的基本类型

设施布置就是在一给定设施范围内,对多个经济活动单元进行位置安排,以确保工作流及物流通畅(物流成本最小)、高效率、具长期性和高产出等特性。其中,设施范围,一般指一个工厂、一个车间、一座百货大楼、一个写字楼或一个餐馆等。经济活动单元是指需要占据空间的任何实体,包括机器、工作台、通道、桌子、储藏室、工具架以及人。

设施布局是否合理对企业的生产运作影响非常大:影响企业运作的成本(主要指物流成本);影响企业运作的效率;影响设施和设备的利用率(场地、空间);影响安全、环境、工作方法等。

设施布局受到很多因素的限制,有其相当的必要性,如无效的运作(高成本、瓶颈);安全事故;产品和服务工艺发生了变化;产量和构成发生了变化;新产品/服务的导入;设备或方法发生了变化;环境和法律的要求等。

一、设施布置的基本类型

设备或生产单元的布局一般取决于生产运作过程的组织形式,主要有以下四种:

(一) 工艺专业化布置(Process Layout)

工艺专业化布置,以完成相似工艺或活动的部门或职能组为特征,期望提供多种多样的产品或服务,如图 3-1 所示。

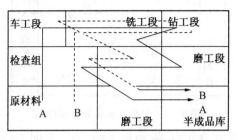

图 3-1 工艺专业化布置示意图

设备按类型而非加工工艺路线布置,适于产品和服务标准化程度低的行业,其批量很小。如制造业分机加车间、铸造车间、热加工车间。纺织工厂分纺纱车间、织布车间、印染车间。许多服务性企业也采用工艺对象专业化原则,如商场分成文化用品、食品、服装、五金、家用电器、化妆品等层面和柜台;医院分成内科、外科、五官科、化验室、注射室等。这种布置形式适用于多品种中小批量生产运作类型。其优缺点如表 3-3 所示。

表 3-3 工艺专业化布置特点

优　　点	缺　　点
系统能满足对产品和工艺多样化的要求	WIP 存量高
系统对单个设备可靠性要求相对较低	人员和设备的利用率
通用设备维护费较低	物流效率较低
适宜于采用个人激励	对个人技术要求较高
	生产管理和控制复杂

另外,高噪音、粉尘、污染、高温及某些具有特殊环境要求的设备,也只适于按工艺专业化布置并作业。

(二) 对象专业化布置(Product Layout)

对象专业化布置,其目的是使大量产品和服务迅速通过系统。设备按某种或几种产品(其加工路线基本类似)的加工路线或加工顺序依次排列,通常称为生产线,产品批量较大,如图 3-2 所示。

整个制造/服务过程被分解为一系列标准化作业,由专门人员和设备完成,适于标准化程度较高的产品制造/服务过程。

图 3-2 对象专业化布置示意图

例如,汽车厂设有底盘车间、发动机车间、装配车间等;电子产品厂设有晶体管车间、集成电路车间、电容车间等。当然,对象专业化原则最典型的例子是流水生产线。这种布置形式适用于大量大批生产运作类型。其优缺点如表 3-4 所示。

表 3-4 对象专业化布置特点

优 点	缺 点
产量高、单位成本低	对产品和工艺变化的适应性差
在制品数量少	生产调整成本高
物流效率高	分工过细、工作单调、工人没有发展机会
生产管理和控制相对简单化	对设备的依赖性高、系统可靠性要求高
专用设备多	专用设备维护费高
对人员的技术要求较低	

(三) 定位布置(Fixed Layout)

生产或服务过程中由于客观原因,加工对象保持不动,主要是人员带着设备、工具和物料按需移动,如图 3-3 所示。如重量、体积、物理地点等限制,因此,通常只能单件或极小批量生产等。例如大型工程项目:道路、楼房的建设;大型产品制造:飞机、火箭、船舶、机车等的总装生产。

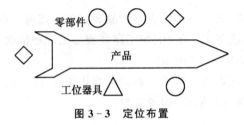

图 3-3 定位布置

(四) 混合布置(Hybrid Layout)

产品和工艺对象专业化布置两种类型的混合,最常见。许多产品有一定批量,但不足以大到形成单一生产线,而系列产品常有加工类似性,故可使单件下完全"无序"的设施布置在某种程度上"有序",可采用混合布置。如零部件工艺对象专业化布置,装配车间用产品对象专业化。柔性生产系统、成组生产单元也可看作是一种混合布置。主要有:一人多机和成组单元布置。

1. 一人多机

一人多机(One Worker-Multiple Machines, OWMM),当产量不足使一人看管一台设备不够忙时,可设置一人看管小生产线,既可保持人员工作量,又可使物流按一定秩序流动。

在一人多机系统中,因为有机器自动加工时间,工人只在需要看管的时候(装、卸、换刀、控制等)才去照管,因此可能在 M1 自动加工时,去看管 M2,依次类推。通过使用不同的装夹具或不同的加工方法,具有相似性的不同产品可以在同一 OWMM 中生产。这种方法可以减少在制品库存以及提高劳动生产率,其原因是工件不需要在每一机器旁积累到一定数量后再搬运至下一机器。通过一些小的技术革新,例如在机器上装一些自动换刀、自动装卸、自动启动、自动停止的小装置,可以增加 OWMM 中的机器数量,以进一步降低成本。

图 3-4 中的 OWMM 系统呈现一种 U 型布置,其最大的特点是物料入口和加工完毕的产品的出口在同一地点。这是最常用的一种 OWMM 布置,其中加工的产品并不一定必须通过所有的机器,可以是 M1→M3→M4→M5,也可以是 M2→M3→M5 等。进一步,通过联合 U 型布置,可以获得更大的灵活性,这在日本丰田汽车公司的生产实践中已被充分证明。

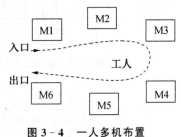

图 3-4 一人多机布置

2. 成组技术(Group Technology, GT)

按产品或零件在某种特征上的相似性将其分组归类,然后在不同设备群上进行加工的方法。相似性是指形状、加工工艺或路线的相似。把这些零件构成一个零件组,再根据典型工艺流程和加工内容选择设备和人,组成一个成组单元,类似于产品对象布置。按成组单元布置把不能大批大量生产的不同类但具"相似性"的产品集中在一起,实现批量生产线加工。

图 3-5 和图 3-6 表示某车间运用成组技术以前和之后的物流情况。在运用成组技术之前,设备是按照其功能的相似性而布置的,即分别把车床、铣床、钻床、磨床等布置在一起,如图 3-5 所示。加工工件进入车间之后,首先被车削,然

后被移动到铣床组，等待加工。当任意一台铣床完成前一工件的加工、变成清闲状态之后，该工件进入，开始加工，然后再移动到下一设备组——钻床组，等待加工。如此依次等待、加工、再等待、再加工，直至装配。显然，在这种方式下，工件的等待时间很长，整个生产周期拉长，而且即使同一种工件，其行走的路径也会有多种，物流很复杂。在运用成组技术对该车间的工件进行分析之后，管理人员发现，该车间的主要加工任务可分成三大组，第一组需要两种车削加工，然后再进行一种铣削加工；第二组必不可少的加工是铣和磨；第三组需要使用车、铣、钻各一台。因此，运用成组技术对原有的车间布置进行了改造。图3-6是改造后的布置图，大大简化了物流。

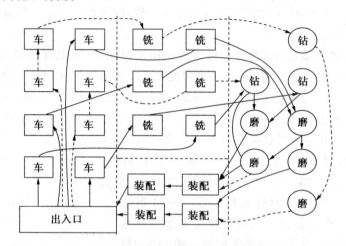

图3-5 运用工艺对象专业化布置的示意图（运用成组技术之前）

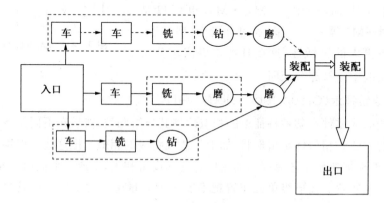

图3-6 按成组制造单元布置的示意图（运用成组技术之后）

第三节　工厂总平面布置

工厂总平面布置,就是根据已选定的厂址和厂区,把工厂的各个组成部分作适当的安排,组成一个符合生产和工作需要的有机整体,以达到方便生产、保证安全、提高经济效益的目的。工厂总平面布置合理与否,不仅关系到企业的当前生产,而且会影响到企业的长期经济效益,因此,必须十分谨慎从事。

一、工厂总平面布置的原则

(1) 工厂的厂房、设施和其他建筑物的布置,应满足生产过程的需求,使物件运输路线尽可能短。减少交叉和往返运输,从而缩短生产周期,节约生产费用。

(2) 有密切联系的车间应靠近布置。辅助生产车间、生产服务部门应布置在其主要服务车间附近,以保证最短的运输距离和联系工作方便。

(3) 合理划分厂区。按照生产性质、防火和卫生条件以及动力需要和物料周转量,分别把同类性质的车间和建筑物布置在一个区域内。

(4) 布置应尽可能紧凑,以减少占地面积,节约投资和生产费用。

(5) 充分利用城市现有的运输条件,包括铁路、公路、水路等条件。生产过程的流向和运输系统的配置应满足货物运输路线的要求,保证物料输入和产品输出的方便。

(6) 考虑企业未来的发展。工厂总平面布置中应有预留地,并尽可能缩小第一期建厂用地范围和缩短生产路线长度,以减少场地开拓费用和生产费用。

(7) 工厂总平面布置应当和周围环境协调,考虑企业环境的美化、绿化,使工厂布置得整齐、美观,为职工创造良好、舒适的工作环境。

(8) 工厂的选址与布局有利于环境保护。

进行工厂总平面布置时。一般先拟订几个不同的方案,然后进行方案比较,详细分析各方案的优缺点,最后采用评分的方法或其他方法,根据总体最优的原则,选择一个较合理的方案。

二、工厂总平面布置的方法

工厂总平面布置的方法很多,下面介绍几种常用的方法。

(一) 物料流向图法

物料流向图法,就是按照原材料、在制品以及其他物资在生产过程中的总流向来布置工厂的各个车间、仓库和其他设施,并且绘制物料流向图,适用于按工艺专业化原则布置的情况,如图 3-7 所示。

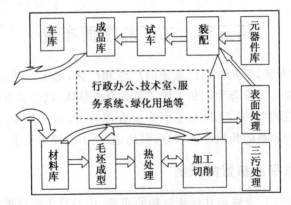

图 3-7 物料流向图

（二）物料运输量比较法

物料运输量比较法，是分析比较工厂总平面布置各种方案的物料运输劳动量大小来确定工厂总平面布置的方法。为了使物料运输劳动量减少，相互运输量大的车间应靠近布置。反之，相互运输量小的车间可以布置得远一些。根据物料运输量大小进行工厂总平面布置有利于降低运输费用和提高效率。

物料运输量比较法可用物料重量乘以运输距离加以量化。并可对大型零件及装卸、运输须加特殊保护的制品加权进行计算。常用物料重量与运输距离的乘积衡量，可对大型零件、装卸及运输需特殊保护的物料加权进行计算。

例 3.4 根据表 3-5 的物料运量信息，运用物料运输量比较法布置各个车间。

表 3-5 每日物料运量表

从车间 至车间	A	B	C	D	E	F	总计
A		6		2	2	4	14
B			6	4	3		13
C	6			6	4	4	20
D			6		2	4	12
E			1				1
F		3	4				7
总计	15	16	13	11	12	67	

解：

步骤：

(1) 根据原材料、在制品在生产过程中的流向，初步布置各个生产车间和生产服务单位的相对位置，绘出初步物流图。

(2) 统计车间之间的物料流向，制定物料运量表，见表3-5，还可以在此基础上，画出表示物料流量的相关线图，如图3-8，以便更清晰、直观的反映问题。

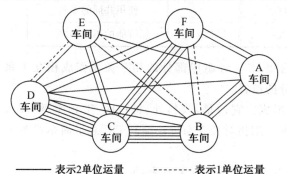

—— 表示2单位运量　　-------- 表示1单位运量

图3-8　运量相关线图　　　　　图3-9　工厂布置示意图

(3) 根据物料运量大的单位尽可能靠近的原则进行工厂布置。

例如，由表3-5和图3-8可知，C车间与B、D、F车间之间运量较大，且C车间是问题的中心，故工厂布置应优先考虑安排C车间，并尽可能将B、D、F车间布置得靠近C车间。布置可分两个阶段：第一阶段暂时不考虑各单位的具体面积，只根据相互间的流量大小确定各单位的相对位置，得出如图3-9所示的工厂布置示意图；第二阶段把各单位的具体面积反映到工厂布置示意图中，结合实际的厂区平面图完成最终布置。

（三）作业相关图法

作业相关图法（由穆德提出）是根据工厂各组成部分之间关系的密切程度进行布置，从而得出较优的总平面布置的方法。工厂各组成部分之间关系的密切程度一般可分为六个等级，如表3-6所示。

表3-6　关系密切程度分类及代号

代号	关系密切程度	代号	关系密切程度
A	绝对必要	O	普通
E	特别重要	U	不重要
I	重要	X	不予考虑

形成各组成部分关系密切程度的原因，可以是单一的，也可能是综合的。一般可根据表3-7中所列的原因确定各组成部分的关系密切程度等级。

表 3-7 各组成部分关系密切程度的原因

序号	关系密切程度的原因	序号	关系密切程度的原因
1	使用共同的记录	6	做类似的工作
2	共用人员	7	工作流程的连续性
3	共用地方	8	使用共同的设备
4	人员接触程度	9	使用共同的工具
5	文件接触程度	10	可能的不良秩序

应用作业相关图法时,首先根据工厂各组成部分的相互关系作成相互关系表,然后依据此表定出各组成部分的位置。

例 3.5 某企业由八个单位组成。它们是:收料处、材料库、工具库、修理车间、生产车间、浴室、食堂和办公室。用相对关系布置法绘制工厂总平面布置图。

解:

步骤:首先,根据各单位的相互关系作成相互关系表,见表 3-8。

表 3-8 各单位的相互关系表

单位	相 互 关 系 程 度					
	A	E	I	O	U	X
1. 收料处	2	—	5	3、4、8	6、7	—
2. 材料库	1、5	—	—	3、4、8	6、7	—
3. 工具库	4、5	—	—	1、2	6、7	—
4. 修理车间	3、5	—	—	1、2、8	6、7	—
5. 生产车间	2、3、4	6、7、8	1	—	—	—
6. 浴室	—	5	7	—	1、2、3、4	8
7. 食堂	—	5	6	8	1、2、3、4	—
8. 办公室	—	5	—	1、2、4、7	3	6

其次,按关系表编制主联系簇,从 A 列中出现最多的部门开始,并将与之密切的部门联系起来,考虑其他 A 关系部门,尽量放在主联系簇中;编制 X 关系联系图。

最后,依据联系簇图,用实验法布置所有部门,如图 3-10。

1	2	4
6	5	3
7	8	

图 3-10 各单位的布置图

该方法和物料运输量比较法的区别在于用单位之间相互关系的密切程度来

代替物料运量,是对物料运输量比较法的扩充和改进。

第四节 车间平面布置

产品的生产是在车间内进行的,所以在工厂总平面布置的基础上,正确进行车间的平面布置。即正确规定各基本工段、辅助工段和生产服务部门的相互位置,以及工作地、设备之间的相互位置,也是生产过程空间组织的重要内容。

一、车间的总体布置

进行车间平面布置时,首先要安排车间的总体布置,即确定车间各组成部分的相互位置。应当使各基本生产工段的相互配置符合工艺流程的顺序;辅助工段、生产服务部门的布置应有利于对生产工段提供服务。

二、车间的设备布置

车间总体布置后,应进行车间的设备布置,并通过设备布置来校验和调整车间的总体布置。

(一) 车间设备布置的原则

车间设备布置的原则主要有:

(1) 按照生产过程的流向和工艺顺序布置设备,尽量使加工对象成直线运动,路线最短,将倒流减少到最低限度。

(2) 注意运输方便,充分发挥运输工具的作用。如加工大型零件和长棒料的设备应布置在车间入口处,大型加工设备应布置在有起重机的车间里等。

(3) 合理布置工作地,保证生产安全,并尽可能为工人创造良好的工作条件。

(4) 考虑多机床看管工人作业的方便。

(5) 合理利用车间生产面积,正确规定设备、墙壁、柱子、过道之间的距离。

(6) 注意维护设备精度,照顾设备工作的特点。如精加工设备应布置在光线最好、振动影响最小、温湿度合适、空气中污染成分少的地方。

(二) 车间设备布置的基本形式

车间设备布置的基本形式如第二节内容,此处不再赘述。

1. 单一品种生产时

在单一品种生产条件下,设备的布置可采取直线型、蛇型、U型、环型和Z型等,如图3-11。

直线型是常用的形式,它排列简单,组织比较容易,流程比较畅通。蛇型适用于厂房宽度较大,长度较短的情况下,它可以缩短纵深流程,经济利用空间。U型

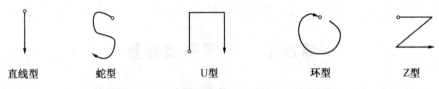

图 3-11 单一品种生产时的车间设备布置形状

适用于受场地限制,材料进口与成品出口必须置于同一侧。环型适用于辅助工具、容器、运输工具必须周而复始地送回起点。Z型适用于空间狭窄、零件体积较小的情况。

2. 多品种生产时

多品种生产条件下,设备的平面布置应重视运输路线和运量的问题。这对减少运输费用、缩短生产周期、降低资金占用、有利于进行管理等都是非常重要的。

为使运输路线最短和运量最少,这就需要合理地进行设备布置。在绝大多数或全部加工对象的工艺路线相同时,问题很容易处理,即按照工艺过程的总流向和加工顺序布置设备。在加工对象的工艺流向不同时,为了使总运输路线最短或总运量最少。必须做到无倒流或少倒流。为此,就需要利用一定的科学方法。

(1) 从至表法

从至表法是一种试验性的用于设备单行布置的方法。具体是根据各零件在生产线上各工作地和设备加工的顺序,编制零件从某一工作地至另一工作地移动次数的从至表,经有限次数试验和改进,求得近似最优的单行布置方案。从至表是零件从一个工作地至另一个工作地的移动次数的汇总表。从至表法的假设条件是各相邻工作地距离相等;不考虑零件的重量差异和数量。实际上,若各相邻工作地距离不等,或需要考虑零件的重量差异和数量,通过增加权数,也可以应用这种方法。从至表法追求的目标是总移动距离最短。从至表法适用于工作地或设备数较少时。具体步骤和实施方法如例 3.6。

例 3.6 17 种零件,8 台设备共 10 个工作地,相邻工作地距离大体相等并计作一个单位距离,按每种零件的工序组成和顺序制定了一种设备布置初始方案,其工艺流程图如图 3-12。图中圆圈中的数字为零件加工的序号,箭线为零件在工序间的移动方向。

要求:计算零件在各设备间的总移动距离,并改进设备布置。

解:首先,绘制零件综合工艺流程图。如图 3-12。

其次,根据图 3-12 编制零件从至表。见表 3-9。

表 3-9 的对角线是流向分界线。对角线的右上方半角为顺流,左下方半角为倒流。方格中的数字为从某机床至另一机床的零件移动次数。表是按原来机床次序排列,故称初始从至表。

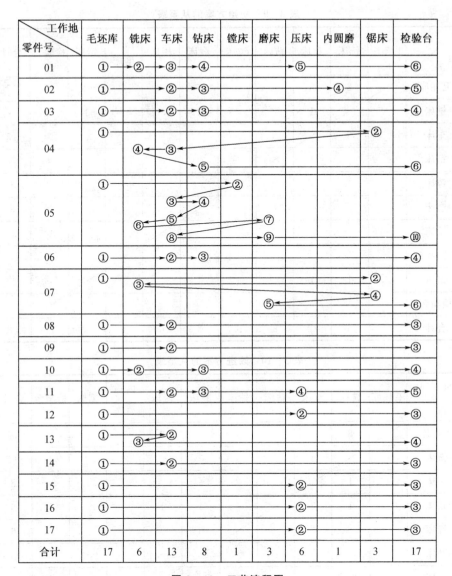

图 3-12 工艺流程图

最佳的机床排列应该是交接次数最多的两台机床或工作单元安排在最短的距离上。从表 3-9 看,次数最多的是毛坯库→车床 8 次,压床→检验台 7 次,都不在最佳位置上,故应重新安排,使次数多的上下道工序尽量靠近对角线,从而得出一个较优的机床安排方案。

再次,分析和改进初始从至表,通过数次试验,可求得接近于最优的机床布置方案。

表 3－9　初始方案的从至表

从＼至	毛坯库	铣床	车床	钻床	镗床	磨床	压床	内圆磨床	锯床	检验台	合计
毛坯库		2	8		1		4		2		17
铣床			1	2		1			1	1	6
车床		3			6	1				3	13
钻床			1				2	1		4	8
镗床			1								1
磨床			1							2	3
压床										6	6
内圆磨床										1	1
锯床		1	1			1					3
检验台											
合计		6	13	8	1	3	6	1	3	17	58

表 3－10　改进方案的从至表

从＼至	毛坯库	铣床	车床	钻床	镗床	磨床	压床	内圆磨床	锯床	检验台	合计
毛坯库		8		2	4		2	1			17
铣床			6	3		3				1	13
车床		1			2	4			1		8
钻床		1	2			1	1			1	6
镗床						6					6
磨床											0
压床		1		1					1		3
内圆磨床		1									1
锯床						1					1
检验台		1				2					3
合计		13	8	6	6	17	3	1	1	3	58

在从至表中,越靠近对角线的方格,表示两台机床的距离越近。例如,铣床→车床1次、车床→钻床6次,是相邻的两个工作地;而毛坯库→车床8次,相距两个工作地。上下道工序交接的两台机床间的距离若以工作地间的距离为标准,则表3-10中所在格距离对角线的格数就是几个工作地的距离单位。表3-11为改进后的从至表与初始从至表在搬运距离方面的比较表。

表3-11 改进后的从至表与初始从至表在搬运距离方面的比较表

方案	前 进	后 退
	格数×对角线方向各次数之和	格数×对角线方向上各次数之和
初始从至表	1×(2+1+6)＝9 2×(8+2+1)＝22 3×(1+2+6)＝27 4×(1+1+1+2)＝20 5×0＝0 6×(4+4)＝48 7×(1+3)＝28 8×(2+1)＝24	1×(3+1)＝4 2×1＝2 3×(1+1)＝6 4×0＝0 5×0＝0 6×1＝6 7×1＝7 8×0＝0
	小计　　178	小计　　25
	总移动距离:178＋25＝203(单位距离)	
改进后从至表	1×(8+6+6)＝20 2×(3+2+1)＝12 3×(2+4+1+1)＝24 4×(4+3)＝28 5×0＝0 6×(2+1+1)＝24 7×1＝7 8×1＝8	1×(1+2)＝3 2×1＝2 3×(1+1)＝6 4×2＝8 5×1＝5 6×1＝6 7×0＝0 8×1＝8
	小计　　123	小计　　38
	总移动距离:123＋38＝161(单位距离)	

由表3-11可知:改进后的零件从至表,零件移动的总距离减少203－161＝42个单位距离,也就是说经调整重新布置这些工作地,这17种零件总的运输路线可比原顺序加工缩短42个单位距离,同时物料的总运量也相应地减少了,提高了经济效益。

(2) 线性规划法

采用线性规划法也是寻找 n 个不同零件在 m 台不同设备(或工作地)上加

工,而设备成单行布置的近似最优的方案。线性规划法目标是使总移动距离最小,其数学模型为

$$\begin{cases} \sum_{i=1}^{m-1}\sum_{j=1}^{m-1} a_{ij}x_{ij} = \min \\ x_{ij} \geqslant 0 \end{cases} \quad i,j = 1,2,3,\cdots,m(i \neq j)$$

(3) 计算机辅助布置

随着计算机在企业管理中的应用,在较大型的设施布置问题中,还可以用计算机辅助布置方法。常用的计算机辅助布置软件,如计算机辅助规划技术。它是美国人开发的一种常用的计算机辅助生产和服务设施布置的工具。它以物料的总运输费用最低为原则,逐次对初始的布置方案进行改进,以寻求最优的布置方案,是一种启发式方法。它首先从一个初始的块状区划图(可以是任意的)开始,将各单元的位置两两相互对换求得可行解,若某些块状中心要求特殊位置,则可以作为约束条件输入,计算各方案下的运输费用,费用最低的为最优解。计算机辅助规划技术所得出的答案虽不是唯一的最优解,但难以再改进。另外还应注意,计算机辅助规划技术求得的最终解与初始布置方案有关。因此通常需要以若干个不同的初始布置方案求得几个最终解,然后再从中比较取舍。

第五节 非制造业的设施布置

非制造行业种类繁多,很难归纳成制造业的几种基本类型,其设备布置也很繁杂。介绍两种典型布置情况:仓库布置和办公室布置。

一、仓库布置

仓库布置不同于工厂的布置。订货次数是布置要考虑的重要因素。频繁订货的物品应放在靠近仓库的入口处,而订购次数不多的物品应放在仓库的里面。而物品间的相关性也是十分重要的因素。把两类相关的物品靠近布置,将减少挑选这些物品的费用和时间。其他的考虑因素还有通道的数量和宽度、储备分隔间的高度、铁路或卡车装卸货物、定期对储存物品进行清点的必要性,以及物品的防腐和霉烂等因素。

例 3.7 某家电用品仓库(图 3-13),共 14 个货区,要储存 7 种家电;仓库只有一个出入口,进出仓库都需经过这个出入口;仓库每种产品每周存取次数如表 3-12,该如何布置不同产品货区?

图 3-13 家电用品仓库示意图

表 3-12 家电用品仓库的存储信息

物品号	存储物品	每周搬运次数	所需货区(个)
1	电烤箱	280	1
2	空调	160	2
3	微波炉	360	1
4	音响	375	3
5	电视	800	4
6	收音机	150	1
7	其他	100	2

解：因各种物品所需货区面积不同，故需计算物品搬运次数与所需货区数量之比，取比值最大者靠近出入口，依次往下排列，如图 3-14。

图 3-14 布置方案

3(360),1(280),5(200),6(150),4(125),2(80),7(50)——物品号(物品搬运次数与所需货区数量之比)

二、办公室布置

服务业繁荣昌盛，使得办公室办公的作业方式也日益增多，如何通过科学、合理、有效的办公室布置来提高工作效率，提高"白领"的劳动生产率也日益成为一个重要议题。

办公室与生产制造系统存在明显的差异：制造系统处理对象是有形物品，办公室则是信息及组织内外的来访者；制造系统效率与设备速度有很大关系，办公室主要取决于人的工作速度，办公室布置对其有极大影响；制造系统产品加工特性很大程度决定设施布置的类型，生产管理人员一般只在基本类型选择上布置设施,办公室布置则有多种选择。

办公室的布置主要考虑以下因素:信息传递与交流的迅速、方便,包括各种书面文件、电子信息及人与人之间的信息传递和交流;人员的劳动生产率,办公室布置对生产率的影响非常大,必须根据不同工作性质、目标来考虑布置。例如:银行门市、商贸公司等,需较大开放式办公室布置,方便人交流。出版社则需要相对封闭一点的布置,以免受干扰,影响效率。

办公室布置的基本模式有:

传统封闭式办公室,办公楼被分割成多个小房间,伴之以一堵堵墙、一扇扇门和长长的走廊。优点:保持工作独立性。缺点:不利信息交流和传递,产生疏远感,不利上下级沟通,且无调整和改变布局的余地。

开放式办公室,一间很大的办公室,可容纳一个或几个部门的十几、几十甚至上百人同时工作。优点:方便交流,消除等级隔阂。缺点:可能互相干扰,容易闲聊等。

鉴于两种模式的优缺点,出现一种带半截屏风的组合办公室布置。其既利用了开放式布置的优点,又在一定程度上避免了相互干扰、闲聊等缺点,这种模块化布置具有很大的柔性,可随时调整和重新布置。据估计,组合布置比传统封闭式能节约40%的布置费用。

新型模式:"活动中心"办公室,每个活动中心有会议室、讨论间、电视电话、接待处、打字复印等进行一项完整工作所需的各种设备;有若干个活动中心,人员根据任务不同来回移动,仍然保留自己小小的办公室,适用于项目型的工作。"远程"办公,利用信息网络技术,将处于不同地点的人们联系在一起,共同完成工作。

思考与练习题

一、单项选择题

1. 以下哪个条件要求厂址应该接近消费市场?(　　)
   A. 原料易变质　　　　　　B. 原料笨重
   C. 产品运输不便　　　　　D. 原料运输不便

2. 关于对象专业化原则,你认为不正确的说法是(　　)。
   A. 生产设备可按加工对象的工艺过程布置
   B. 便于使用高效设备和工艺装备
   C. 对产品的品种变化有较强的适应能力
   D. 可以减少产品在加工过程中的停放、等候时间,缩短生产周期

3. 医院采用的运转组织形式是(　　)。
   A. 工艺专业化　　　　　　B. 对象专业化
   C. 混合形式　　　　　　　D. 以上都不对

4. 设施布置时根据各单位关系密切程度来决定其相互位置的方法是（　　）。
   A. 物料流向图法　　　　　　　　B. 相对关系布置法
   C. 物料运输量比较法　　　　　　D. 模拟试验法
5. 工艺专业化原则的优点是（　　）。
   A. 可以缩短生产周期　　　　　　B. 生产过程的连续性好
   C. 对品种变换适应性较差　　　　D. 对品种变换适应性较好
6. 某企业要选择仓库地址，其库存产品要运往 A、B、C、D 四个市场，已知四地的坐标分别为 A(30,120)、B(90,110)、C(130,130)、D(60,40)，每个月运往四个地区的运输量分别为 2 000 吨、1 000 吨、1 000 吨、2 000 吨，则运输费用最小的仓库地址的坐标为（　　）。
   A. 66.7，93.3　　B. 90，110　　C. 70，90　　D. 82.3，79.4
7. 按对象专业化原则建立生产单元，适用于（　　）。
   A. 单件生产　　B. 小批生产　　C. 大批生产　　D. 工程项目

二、多项选择题

1. 下列属于单件小批生产组织形式的是（　　）。
   A. 大件生产单元　　　　　　　　B. 标准件生产单元
   C. 柔性制造单元　　　　　　　　D. 大量生产单元
2. 单一品种生产条件下，车间设备布置可采用（　　）。
   A. 直线型　　　B. 蛇型　　　C. U 型　　　D. Z 型
   E. 环型
3. 设置生产单位的专业化原则有（　　）。
   A. 工艺专业化　B. 对象专业化　C. 产品类型　D. 规模大小
4. 下列适合采用对象专业化组织生产运作的是（　　）。
   A. 洗衣店　　　B. 洗车厂　　　C. 银行　　　D. 医院
   E. 律师所

三、判断题

1. 重心法进行厂址选择的基本思想是所选厂址可使主要原材料或货物总运量距离最小。　　　　　　　　　　　　　　　　　　　　　　　　（　　）
2. 蔬菜罐头厂应该接近市场。　　　　　　　　　　　　　　　　（　　）
3. 砖瓦厂应该接近原料产地。　　　　　　　　　　　　　　　　（　　）
4. 从至表法是针对多品种小批量生产的车间设备布置所采用的方法。
   　　　　　　　　　　　　　　　　　　　　　　　　　　　　（　　）
5. 定位布置的特征是加工对象保持不动，而是人员带着设备、工具和物料按需移动。　　　　　　　　　　　　　　　　　　　　　　　　　（　　）
6. 政府部门是按对象专业化原则设置的。　　　　　　　　　　　（　　）

7. 外科手术病人应该采取固定位置布置。（　　）

四、名词解释

1. 对象专业化
2. 工艺专业化

五、简答与论述题

1. 工厂总平面布置的方法有哪些？
2. 影响制造类生产设施选址的主要因素有哪些？影响服务类生产设施选址的主要因素有哪些？两者在侧重点上有何区别？
3. 简述工艺专业化的优缺点。
4. 简述工艺专业化组织方式的特点。

六、计算题

1. 某汽车制造公司决定在南方建一新厂,先在南方三个省初步确定了3个备选厂址A、B和C,经过专家调查和判断,对这三个厂址按5个因素进行评分。结果如表3-13所示。

表3-13　备选厂址的评分结果

选址因素	权重	备选厂址		
		A	B	C
交通运输	0.25	90	95	80
土地费用	0.10	80	75	95
生活条件	0.25	90	80	80
人口素质	0.20	90	85	80
科技文化条件	0.20	90	80	80

哪个厂址较为可取？

2. 某公司计划新建一厂,初步选择A、B、C三个地点,有关资料如表3-14所示。

表3-14　各方案的费用表

地点	年固定费用总额/元	年生产能力/台	单位产品变动费用/元	单价/(元/台)
A	250 000	320 000	20	35
B	340 000	290 000	18	35
C	200 000	260 000	23	35

(1) 绘制总成本线；
(2) 指出各备选方案产出的最佳区间；

(3) 确定预期产量为 23 000 台的最优方案。

3. 一个制造商在全国的五个地区生产玩具,原材料将从一个新的中心仓库运出,而此仓库的地点还有待确定。运至各地的原材料数量以及各地的坐标位置如表 3-15 所示,请确定中心仓库的坐标位置。

表 3-15 坐标和运量表

地点	(x,y)	运量
A	(3,7)	800
B	(8,2)	900
C	(4,6)	500
D	(4,1)	200
E	(6,4)	100

4. 某单位有 6 个部门,请根据表 3-16 列出的活动关系进行布置。

表 3-16 各部门之间的活动关系

接触程度为 A 的两个部门	接触程度为 E 的两个部门	接触程度为 I 的两个部门	接触程度为 O 的两个部门	接触程度为 U 的两个部门
1—2	1—4	2—4	3—5	1—6
2—3	1—5	3—6	4—6	2—5
1—3	2—6			
4—5	3—4			

5. 某车间加工 6 种零件,加工顺序如表 3-17 所示,用从至表法布置这 7 个工作地,并使总运输距离最小。

表 3-17 加工顺序表

工作地	车床	铣床	钻床	镗床	磨床	压床	检验台
零件 01	①	④	②		③		⑤
零件 02		①	②	③	⑤	④	⑥
零件 03	①	②	⑥	③		④	⑤、⑦
零件 04		①		②	③		④
零件 05	③	②	①	④			⑥
零件 06			③		④		②、⑤

七、案例分析

1. 宝马公司工厂选址案例

高成本的德国似乎是个最不可能建汽车厂的地方。比起东欧同行,德国汽车工人的平均收入要高7倍,但工作时间却要少10%。但就在那一天,德国总理格哈德·施罗德为宝马(BMW)在原东德莱比锡的一家新工厂剪彩,该工厂投资达13亿欧元。

眼下,其他欧洲和亚洲汽车生产商都在把生产转移到东欧的低成本国家,因此,将生产宝马最畅销3系车型的莱比锡车厂,看来像个巨大的赌注。

经过竞争激烈的选址过程,宝马舍弃捷克而选择在莱比锡设厂,该决定令许多业内分析师震惊。一些分析师认为,这可能是最后一家建在西欧的大型汽车厂,标志着德国政客对汽车业发挥的影响力。在德国,每7个人中就有1个在汽车业工作。

德国的失业率现已处在战后创纪录的高水平,假如将更多工作移出这个国家,那会是件非常敏感的事。"毫无疑问,这在很大程度上是个政治决策,"法兰克福私人银行梅茨勒(Metzler)分析师尤根·皮珀(Jürgen Pieper)说。

宝马的举措突出表明,德国汽车制造商是多么难以接受"东进"。宝马、梅塞德斯(Mercedes)或保时捷(Porsche)没有一家在东欧拥有大型工厂,即使是欧洲产量最大的汽车生产商大众,它在斯洛伐克工厂的汽车产量也比它在德国其他工厂的产量少很多。相比之下,菲亚特(Fiat)、标致(Peugeot)、丰田(Toyota)和起亚(Kia)等汽车制造商均已在东欧大举投资。

"如果大家(德国汽车商)对于在何处设厂采取另一种策略,那它们也许都能赚更多钱。"皮珀先生说。

但宝马首席执行官赫穆特·庞克(Helmut Panke)认为,莱比锡工厂是有关德国制造业生存之道的蓝图。他坦承,即使把欧盟为支持在莱比锡投资所提供的3.63亿欧元补贴考虑在内,在捷克设厂也要比在莱比锡设厂更便宜。但区别意义在于"质的因素",他说。

比起宝马现有的那些工厂,莱比锡工厂具有更高的劳动力弹性,而且既靠近现有工厂,又靠近宝马的供应商。莱比锡工厂有个很大的优势在于如下简单的事实,即所有工人都讲德语,省却了棘手且成本高昂的翻译。

莱比锡备受失业问题的困扰,当地失业率为22%,接近全国平均水平的两倍,而宝马的新厂最终将雇佣5 000名员工,是这座城市未来的希望。"这笔投资……是莱比锡时来运转,"工程工会 IG Metall 的当地代表西格林德·默比茨(Siglinde Merbitz)表示,"该厂给这座城市的未来带来了真正的希望。"

宝马投资建厂之前,保时捷(Porsche)和敦豪(DHL)也已在该地区投资建厂。同时,宝马投资使得原东德投资促进机构柏林工业投资理事会(Berlins Industrial

Investment Council)的史蒂芬·亨宁(Steffen Henning)预言,这项投资将帮助改变原东德在德国西部和国际上的不良形象。"大牌公司进行这类投资表明,问题确实可以解决。"他说。

就连工厂的设计也会带来益处。工厂办公楼由在伊拉克出生的获奖建筑师扎哈·哈迪德(Zaha Hadid)设计。在这些未来主义风格的办公楼之间,布满了纵横交错的传输带,让工人和来访者看到汽车在生产设施间移动穿梭。

但对宝马来说,最大的创新在于该厂的劳动力方面。长期以来,高工资令德国汽车业在竞争中处于很大的劣势。尽管莱比锡工厂位于原东德地区,但该厂工人的报酬将接近行业正常水平。

不过,该厂的工作时间将更为灵活。工厂已从今年3月开始生产,但要到明年才会开足产能。工人每周的工作时间将是38小时而不是35小时,同时这座工厂每周的生产时间可以从60到140小时不等,且不需要提前通知。

这一得到 IG Metall 工程工会认可的安排异常宽泛,允许宝马对需求的涨落做出反应。当某些车型的需求强于其他车型时,宝马还能在莱比锡和它的其他德国工厂之间转移工人。

当地失业水平长期居高不下,反映了1990年两德统一以来原东德地区遭受的严重经济问题。所以 IG Metall 作出让步是很实际的做法。

但即使在这方面,宝马也希望通过一项创新的招募政策来提供帮助。这项政策积极面向失业者和年老的工人。四分之一工人将来自那两类人群中的每一类,目前最年长的新工人为61岁。

随着供应商们跟随保时捷(它在莱比锡也有一家工厂)和戴姆勒·克莱斯勒(Daimler Chrysler)等公司进入原东德地区,一个汽车业聚集地在那里成长起来,对宝马来说,这也是吸引它的一个方面。戴姆勒表示,当选择在哪里为 Smart 和三菱 Colt(Mitsubishi Colt)建一家合资发动机工厂时,它考察了49个地方。最终,它选定在原东德图林根的 Kolleda 与匈牙利之间的地方建厂。

戴姆勒公司表示:"如果你把一切都考虑在内:大量合格工人、良好的基础设施、灵活的劳动力等,那么德国就会胜出,表明它可以具有国际竞争力。"

请分析:

(1) 宝马公司在莱比锡设厂这一方案有何优势和劣势?

(2) 当地工会会向宝马让步的原因是什么?就选址决策问题谈谈它对你的启示。

2. 东风汽车公司选址案例分析

由于上世纪50年代时有关部门选址上的失误,使得东风汽车集团至今没有摆脱大山的束缚。

1953年初,毛泽东提出"要建设第二汽车制造厂",就是后来的东风汽车制造厂。一机部编报了"第二汽车制造厂计划任务书",当时确定二汽的厂址在武汉,但是有人认为武汉离海岸线近,空中目标明显,不适合做大型工厂厂址。于是,相继考察了内蒙古自治区的呼和浩特、集宁;陕西的汉中、关中;四川的成都、绵阳等地。由于当时国家财力物力不足,基础工业薄弱,石油和原材料供应不足,1955年11月中央决定,推迟二汽的建设。

1964年,毛泽东提出"三线建设"的方针,即靠山、分散、隐蔽,其中包括建设新的汽车厂。

1965年,一机部提出了二汽的建设方案,并成立了筹备处。选址围绕川汉铁路进行,考察了湘西、鄂西、鄂西北、川南、川北、贵阳、遵义、陕南等地,当时的西南局认为放在达县比较好。后来又提出湘西"三溪"方案,由于川汉铁路改为襄渝线,中央确定厂址选在武当山一带,即将兴建的襄渝线附近。

1966年,当时的国家计委负责人提出:我们正准备大打战争,要是战争打到徐州、开封,在敌人轰炸的情况下生产不受影响,要找一个既有铁路又有水运,厂址打不烂,运输炸不断的地方,要从最困难的地方着眼。于是选址又向大山的纵深发展,又提出了一些方案(安康、房县、石花街、十堰、将军河等)。

最后决定二汽厂址在武当山北麓的十堰这个大山区,东西32公里,南北8.5公里,号称百里厂区,24个专业厂分布在20多条山沟内,厂区一般间隔2~5公里。

十堰位于湖北省西北部,地处鄂、豫、川、陕、渝五省市交界地带,在革命战争年代,贺龙、李先念等在这里打过游击。打游击是个好地方,但是在这里建设一个现代化的大工厂就是另外一回事了。北有武当,南有神农架,距武汉500多公里,如果不是襄渝线从此经过,十堰就真的与世隔绝了。当时的十堰,除了几家茅草屋,没有任何可以凭借的建厂基础设施。二汽在这里不仅要建设一个工厂,还要从无到有地建设一个城市。

二汽除先天不足外,还有人祸。1970年,二汽开始建设不久,林彪死党、武汉军区政委刘丰强令当年出车500辆,第二年出车3 000辆。这一强令,把二汽的建设秩序冲击混乱,甚至要求先安装设备,后建设厂房。提出"出政治车、设计革命、四边建厂"等错误方针,片面歪曲大庆经验,提出"枪毙红砖,让干打垒开花结果","将干打垒推向施工的各个方面",结果,墙体搞干打垒,房柱搞干打垒,工作台也搞干打垒。

1974年,第一个基本车型2.5吨越野车投产。1975年,第一批军车发往全国各地,其中有的军车出现大量质量问题,包括设计问题、配套件质量问题、装配质量问题,其中主要为装配质量问题。于是二汽人又经历了艰难的质量攻关会战,到1978年自卫反击战,东风EQ240彻底翻身,成为战场上的功臣车、英雄车。

1979年，二汽基建尚未完成，生产还在亏损，国家根据国民经济调整的需要，决定二汽停缓建，二汽处于"欲上不能，欲下不忍"的两难境地。为了十几万人的生存，为了中国第二个汽车基地的生存，二汽提出不要资金要政策的改革方案："自筹资金、量入为出、续建二汽"，靠改革自己筹集资金，完成工厂建设。

到1985年基本建成10万辆生产能力，同时为二汽的发展赢得了时间，赢得了主动，对二汽的发展产生重大的影响。1986年，东风集团作为国家经济改革的试点，首批在国家计划中实行单列。1993年东风被国家批准为国有资产授权经营试点企业。

经过30余年的建设和发展，东风公司相继建成了十堰、襄樊、武汉三大汽车开发生产基地，形成了重、中、轻、轿等宽系列多品种的产品格局，年汽车生产能力50.6万辆，并在上海浦东和广东惠州两个地方找到新的立脚点。

到上世纪90年代初，当时的东风领导人曾提出"三级跳"的战略构想，第一跳是跳到襄樊，第二跳是跳到武汉，第三跳是跳到惠州。东风公司新发展的轻型汽车基地、发动机生产基地放在了襄樊，轿车生产基地放在了武汉，基本上完成了第二跳，把几十公里的厂区拉长到500公里，湖北省称之为"千里汽车工业走廊"。但是东风总部还在十堰，东风赖以起家的中重型货车生产基地还在十堰。

从地理和建设环境上说，十堰根本不具备任何建厂的条件，地形复杂，交通不便，信息闭塞，一个几十万人的小城市无法容纳更多的人才就业，因此影响的不仅仅是一代职工，而是几代职工的生活和切身利益，十多年来，如何留人一直是东风公司十堰基地的一个大问题。从武汉到十堰火车要跑10个小时，外商到武汉可以在谈完生意几个小时之后就乘飞机离开武汉，而在十堰往返要多出两天时间。

山外的世界很精彩，汽车生产全球化呼唤着东风公司，武当山上可以闻鸡舞剑，但是跑不开现代化的汽车，现在十堰人才的流失已经非常严重。东风公司需要一个不仅比十堰，甚至比武汉大得多的舞台来上演新世纪的辉煌。

问题：

(1) 根据案例材料试分析上世纪60年代，东风汽车公司在选址时主要考虑的影响因素是什么？有哪些主要影响因素被忽视了？

(2) 一般制造业企业选址时应考虑哪些因素？

3. 生产系统布局分析

上海拖拉机厂齿轮车间是为幸福摩托车配套生产齿轮而建立起来的，车间面积3 000平方米。该车间的内部平面布置开始时如图3-15所示。当时该车间共有职工190人，设备96台，月产量仅有2 000套。车间辅助部分和办公部分在车间附近。图中间的虚线圆圈表示热处理工艺在其他地方完成。生产中的主要问题是：在制品在车间内各班组之间运输频繁。为了减少运输，采用一天运一次的成批运输方式,这样又导致每天需要进库、出库,上下班时刻在制品库十分拥挤,并占用大量在制品。

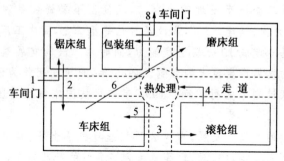

图 3-15 原平面布置图

一年后随着需要量的增加,原布置方式已不能适应需求,将它改成如图 3-16 所示的新的布置形式。同时更新部分设备,新设备的效率较高,设备数量增加到 110 台,职工人数增加到 216 名。改变布置形式后,效率大大提高,月产量达到 12 000 套。

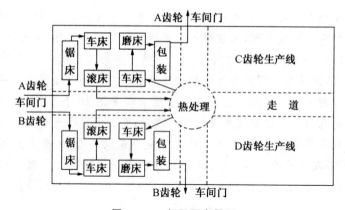

图 3-16 新平面布置图

根据所学的生产系统布局的知识回答下列问题:

(1) 制造型企业生产设施布置的类型有哪几种?

(2) 图 3-15 和图 3-16 所示的齿轮车间分别是按什么导向布置的?

(3) 结合图 3-15 和图 3-16 分析这两种方式布置生产车间各有什么优缺点。

第四章 流水生产线规划

本章内容要点
- 流水生产线的特征、形式和组织条件
- 单一品种流水生产线的组织设计
- 多品种可变流水生产线的规划
- 多品种混合流水生产线的规划
- 生产线的平衡

第一节 流水生产线的特征、形式和组织条件

一、流水生产线的特征

流水生产线是一种先进的生产组织形式。它是按照产品(零部件)生产的工艺顺序排列工作地,使产品(零部件)按照一定的速度,连续地和有节奏地经过各个工作地依次加工,直到制成产品。这种生产组织形式一般具有以下特征:

(1) 工作地专业化程度高。在流水生产线上固定地生产一种或少数几种制品,每个工作地固定完成一道或几道工序。

(2) 工艺过程是封闭的。工作地按工艺顺序排列,劳动对象在工序间作单向移动。

(3) 每道工序的工作地数量同各道工序的加工时间比例相一致。例如工序1和工序2所用的时间分别为30 min和60 min,这时的加工时间比为1∶2,则此时的工作地数量也为1∶2,或者说设备台数比为1∶2,这样做的目的可以保证加工的连续性,使生产线平衡。

(4) 每道工序都按统一的节拍进行生产。所谓节拍是指相邻两件制品产出的间隔时间。

流水生产线的上述特征,决定了它有以下的优点:

(1) 整个生产过程平行连续,协调均衡;

(2) 有利于机器设备和人力的充分利用;
(3) 最大限度地缩短生产周期;
(4) 缩短运输路线,工序间的在制品数量很少;
(5) 由于工作地专业化程度高,能采用专用设备、工具,有利于提高劳动生产率。

总之,流水生产线能满足合理组织生产过程的要求,使企业许多技术经济指标得到改善。

二、流水生产线的形式

流水生产线的具体形式多种多样,可按不同标志予以分类。

(1) 按生产对象是否移动,可分为固定流水生产线和移动流水生产线。前者是指生产对象固定,工人携带工具顺序地对生产对象进行加工;后者是指工人和设备的位置固定,生产对象顺序经过各道工序的工作地进行加工。

(2) 按在一条流水生产线上生产品种数量的多少,可分为单一品种流水生产线和多品种流水生产线。前者只固定地生产一种制品;后者生产两种或两种以上的制品。在多品种流水生产线条件下,由于加工的制品有多种,因此,就存在一个制品的轮换方式问题。从制品的轮换方式看,多品种流水生产线可分为可变流水生产线和混合流水生产线。可变流水生产线是分批轮换地制造固定在流水生产线上的几个品种,见图 4-1(a);混合流水生产线是将生产作业方法大致相同的特定几个品种在流水生产线上混合连续地生产,见图 4-1(b)。

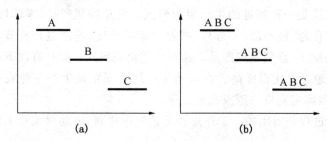

图 4-1 可变流水生产线和混合流水生产线

(3) 按生产连续程度,可分为连续流水生产线和间断流水生产线。前者是制品在一道工序上加工完毕后,立即转到下一道工序继续加工,中间没有停放等待时间;后者是制品在完成一道或几道工序后,在下道工序开始前,存在停放等待时间,使生产过程有一定程度的中断。产生间断的原因,主要是由于流水生产线上各道工序的加工时间不相等或不成配比关系。

（4）按实现节奏的方式，可分为强制节拍流水生产线和自由节拍流水生产线。前者是准确地按节拍生产制品的流水生产线，它靠机械化运输装置来保证固定的节拍。在自由节拍流水生产线上，不要求严格按照节拍生产制品，节拍主要是靠工人的熟练程度以及责任心来作保证的，因而生产过程可能产生波动。

（5）按机械化程度，可分为手工、机械化和自动化三种流水生产线。手工流水生产线一般用于装配；机械化流水生产线的工件传输采用机械自动方式，工序（含工位）也配备适量机械装置，其效率高，应用最广；自动流水生产线是流水生产线的高级形式，其加工或装配主要采用自动形式进行。

（6）按运输设备种类，可分为无专用运输设备的流水生产线、具有非机动专用运输设备的流水生产线和机械化运输设备的流水生产线。

在无专用运输设备的流水生产线上，制品或由工人自己用手传送给下一个工作地，或采用普通运输工具运送。

在非机动专用运输设备的流水生产线上，制品主要靠本身的重力来运输，一般采用的运输设备有斜面滑道、滚道等。在机械化运输设备的流水生产线上，通常采用传送带、循环悬吊运送器等。

传送带按照工作方式，可分为分配式和工作式两种。采用分配式传送带时，各工作地是排列在传送带的一边或两边，传送带传送制品经过各工作地时，工人就从传送带上取下制品，在工作地上加工，加工完毕后，再送回到传送带上（见图4-2）。

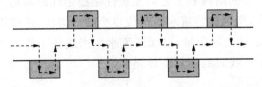

图 4-2 分配式传送带

采用工作式传送带时，不必从传送带上取下制品，工人在传送带两旁或一旁，对传送带上的制品进行加工（见图4-3）。

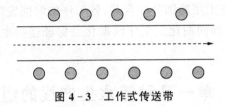

图 4-3 工作式传送带

以上流水生产线的分类可归纳为图4-4。

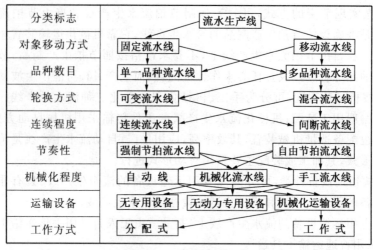

图 4-4 流水线的分类

三、流水生产的组织条件

流水生产线的组织条件主要是：

(1) 产品的结构和工艺应相对稳定。在产品的结构方面，要能反映现代科学技术成就并基本定型，有良好的工艺性和互换性，以保证加工时间的稳定。在工艺方面，要求工艺规程能稳定地保证产品质量，可采用先进的经济合理的工艺方法、设备和工具。产品的结构和工艺的先进性是稳定性的前提。产品的结构和工艺落后，很快被淘汰，所组成的流水生产线也会随之淘汰，造成浪费。

(2) 制品要有足够大的产量，以保证流水生产线各工作地有充分的负荷。一般地说，组织流水生产线时的产量应该是：

$$Q \geqslant \frac{T_{效}}{t}$$

式中：Q——年产量(件/年)或计划产量；$T_{效}$——多数工作地一年(计划期)内有效工作时间(分/年)；t——多数工序的工时定额(分/件)。

(3) 制品加工的各工序能细分和合并，各工序的时间定额应与流水生产线节拍相等或成倍数关系，即同期化。工序同期化是保证连续生产、充分利用设备和人力的必要条件。

第二节 单一品种流水生产线的组织设计

建立流水生产线之前，必须做好流水生产线的设计。设计正确与否，对流水生产线投产以后能否顺利运行和取得良好经济效益关系极大。流水生产线的设计，包括技术设计和组织设计两个方面。在这里，我们主要介绍流水生产线的组织设计。组织设计的内容一般有：流水线节拍的确定；工序同期化工作；设备需要量和负荷系数的计算；工人配备；制品传送方式的设计；流水生产线的平面布置；流水生产线的工作制度和标准计划图表的制定等等。

一、确定流水生产线的节拍

流水生产线的节拍是指流水生产线上连续出产两个相同制品的间隔时间。它是流水生产线最重要的工作参数，是设计流水生产线的基础。

流水生产线节拍的计算公式如下：

$$R = \frac{T_{效}}{Q}$$

式中：R——流水生产线节拍；$T_{效}$——计划期内有效工作时间；Q——计划期制品产量。

有效工作时间是计划生产的时间，它可以根据制度工作时间和时间有效利用系数求得。计划期制品产量包括计划产量和预计的废品量。

例 4.1 上海轿车厂 2017 年计划生产轿车 40 万辆，单班制生产，每班有效工作时间为 7.2 小时。问：该厂轿车生产的节拍是多少？

解：$R = \dfrac{T_{效}}{Q} = \dfrac{250 \times 7.2 \times 60 \times 60}{400\,000} = 16.2$（秒/辆）

如果该厂是两班制生产，由公式同样计算得到节拍是 32.4 秒/辆，若为三班制生产，则节拍是 48.6 秒/辆（每班吃饭时间 40 分钟，时间的有效利用率为 0.9）。

例 4.2 某制品流水线计划年销售量为 20 000 件，另需生产备件 1 000 件，废品率 2%，两班制工作，每班 8 小时，时间有效利用系数 95%，求流水线的节拍。

解：$T_{效} = 254 \times 8 \times 2 \times 60 \times 95\% = 231\,648$（分钟）

$Q = (20\,000 + 1\,000)/(1 - 2\%) = 21\,429$（件）

$R = T_{效}/Q = 231\,648/21\,429 = 11$（分/件）

二、进行工序同期化

工序同期化是使流水生产线各工序的单件时间等于节拍或节拍的整倍数，这是保证各工序按节拍进行工作的重要因素。

在手工作业中，实现工序同期化是比较容易的。一般采用的方法是，把工序分成更小的组成部分（作业单元），然后，按照同期化的要求把各个相邻的组成部分重新组成工序。这些工序的时间就可接近于节拍或节拍的倍数。也可以合理调配劳动力，如组织相邻工序的工人协作，把熟练工人调到高负荷工序上去工作，等等。

在机器作业中，实现工序同期化的方法主要有：采用更完善的设备和工具、改进工艺方法、提高工人熟练程度以及改进劳动组织等等。

三、计算设备(工作地)数量和设备负荷系数

为了保证制品在流水生产线上连续移动,每道工序的设备(工作地)数量应等于工序时间与流水生产线节拍之比。

$$S_i = \frac{t_i}{R}$$

式中:S_i——第 i 道工序所需设备数;t_i——第 i 道工序的单件时间定额。

计算出的设备需要量若不是整数,则采用的设备数 S_{ei} 应取接近于(大于)计算数 S_i 的整数。

设备负荷系数是表明设备利用程度的指标,其计算公式如下:

$$K_i = \frac{S_i}{S_{ei}}$$

式中:K_i——第 i 道工序的设备负荷系数。

工序数为 m 的流水生产线的总设备负荷系数 K_a 可由下式求得:

$$K_a = \sum_{i=1}^{m} S_i \Big/ \sum_{i=1}^{m} S_{ei}$$

设备负荷系数决定了流水生产线的连续程度。当 K_a 值在 0.75 以下,宜组织间断流水生产线;当 K_a 值在 0.75 以上,宜组织连续流水生产线。

四、计算工人人数

在以手工劳动为主的流水生产线上,工人人数可按下式计算:

$$P_i = S_{ei} \times g \times W_i$$

式中:P_i——第 i 道工序的工人人数;g——每日工作班次;W_i——第 i 道工序每台设备(每个工作地)同时工作人数。

整条流水生产线的工人人数是所有工序工人人数之和。

在以设备加工为主的流水生产线上,工人人数可按下式计算:

$$p = (1+b) \sum_{i=1}^{m} \frac{S_{ei} \times g}{f_i}$$

式中:p——流水线工人总数;b——考虑缺勤等因素的后备工人百分比;f_i——第 i 道工序每个工人的设备看管定额。

五、确定流水生产线节拍的性质和运输工具的选择

流水生产线采用什么样的节拍,主要根据工序同期化的程度和加工对象的重量、体积、精度、工艺性等特征。当工序同期化程度很高,工艺性良好,制品的重量、精度和其他技术条件要求容许严格地按节拍出产制品时,应采用强制节拍,否

则就采用自由节拍。

在强制节拍流水生产线上,为了保证严格的出产速度,一般采用机械化的传送带作为运输工具。在自由节拍流水生产线上,由于工序同期化水平和连续性较低,一般采用连续式运输带、滚道或其他运输工具。

在采用机械化传送带时,需要计算传送带的速度和长度。

在工作式传送带连续运动时,传送带速度 V 可按下式计算:

$$V = \frac{L_0}{R}$$

式中:L_0——传送带分区单位长度。即每经一个节拍传送带应移动的距离。

工作式传送带的速度不能太快,以便工人安全顺利地完成工序作业。在工作式传送带间歇运动时,每隔一个节拍移动一次。

工作式传送带工作部分的总长度可按下式计算:

$$L = \sum_{i=1}^{m} L_i + L_g$$

式中:L——传送带长度;L_i——第 i 道工序工作地长度;L_g——后备长度。

在分配式传送带流水生产线上,传送带起运输和分配制品的作用。

分配式传送带的速度应该和流水生产线的节拍相配合,其长度计算方法与工作式传送带相同。为使分配式传送带起分配制品的作用,必须在传送带上做号码标记。按号码标记将制品分配给工人加工。例见表 4-1。

表 4-1 按号码标记将制品分配给工人加工

工序	工作地号	工人	号码数	分配给工作地(工人)的号码
1	01	A	12	1、3、5、7、9、11、13、15、17、19、21、23
	02	B	12	2、4、6、8、10、12、14、16、18、20、22、24
2	03	C	8	1、4、7、10、13、16、19、22
	04	D	8	2、5、8、11、14、17、20、23
	05	E	8	3、6、9、12、15、18、21、24
3	06	F	24	1、2、3、4、5、6、7、8、9、10、11、12 13、14、15、16、17、18、19、20、21、22、23、24
4	07	G	8	1、4、7、10、13、16、19、22
	08	H	8	2、5、8、11、14、17、20、23
	09	I	8	3、6、9、12、15、18、21、24

六、单一品种流水生产线的平面布置

单一品种流水线应根据经工序平衡后的工序(含工位)顺序安排其在流水线上的分布,在设计具体工位时,涉及工位间距(L_i)确定、预留空工位、流水线实体占地面积确定、流水线所需操作平面面积以及人员和产品流动通道等内容的确定(参见图4-5)。

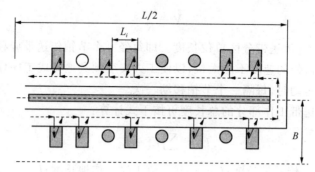

图 4-5 单一品种流水生产线的平面布置

工位间距(L_i)确定:小制品生产的流水线工位间距按 1.2~2 米计;中等体积制品生产的流水线工位间距按 2~4 米计;大制品生产的流水线工位间距应根据具体制品的外形尺寸而定,例如轿车装配线的工位间距可达 4~6 米。

流水线实体占地面积根据流水线体的具体宽度尺寸(常用流水线体的宽度已标准化)和具体工位数及适当的放长量而得到确定。

流水线所需操作平面面积可参见图4-5,以流水线的半侧实体与操作空间组成的宽度尺寸 B 与经计算的流水线体长度的乘积求出($L \times B$)。

含流水线所需操作平面面积以及人员和产品流动通道等在内的占地面积可取 3~5 倍的流水线所需操作平面面积。

流水生产线的平面布置应当有利于工人操作,并使制品运输路线最短,生产面积得到充分利用。同时,要考虑流水生产线之间的相互衔接,尽可能做到零件加工完毕处,恰好是部件装配开始处,部件装配完毕处,正是总装开始处。从而使所有流水生产线的布置符合产品生产过程的流程。

例4.3 欲使有 17 项作业的生产线平衡。作业时间最长的为 1.2 分钟,所有作业的时间之和为 18 分钟。该生产线每天工作 540 分钟。

(1)可能的最小和最大的节拍分别是多少?

(2)从理论上看该生产线的产量范围是什么?

(3)如果要求达到最大的产量,最少所需工作地数是多少?

(4)如果保证产量为 125 单位时节拍是多少?

(5)下列情况下产量各是多少?节拍为 9 分钟,节拍为 15 分钟。

解:(1) 根据节拍的定义,可能的最小节拍出现在 17 个作业并行的情形,此时的节拍是最长作业的作业时间,即 1.2 分钟。而可能的最大节拍出现在 17 个作业串行的情形,由 1 个工作地完成,也就是作业时间的总和 18 分钟。

(2) 从理论上讲,当节拍取最小值时,产量最大;当节拍取最大值时,产量最小。由此可以计算出,产量的最大值为 540/1.2=450,产量的最小值为 540/18=30。产量的取值范围在 30～450 之间。

(3) 最少工作地数=作业时间总和/节拍=18/1.2=15。

(4) 产量为 125 时,节拍=540/125=4.32(分钟)。

(5) 节拍为 9 分钟,产量=540/9=60,节拍为 15 分钟,产量=540/15=36。

例 4.4 某流水生产线采用一班 8 小时工作制,班内有两次停歇时间,每次 15 分钟,每班生产零件 100 件,试计算流水生产线的节拍。A 工序的单件时间定额为 8 分钟,A 工序所需设备数量和 A 工序的设备负荷系数。

解:$R=(8 \times 60 - 15 \times 2)/100 = 4.5$(分钟/件)

$S_A = 8/4.5$,取整为 2,$K = 8/9$

第三节 多品种可变流水生产线的规划

一、流水生产线节拍的计算

可变流水生产线的节拍应分别按每个品种计算。其具体计算方法有如下几种:

(一) 代表零件法

代表零件法是将各种零件的产量按加工劳动量折合为某一种代表零件的产量,然后据以计算节拍。

设某可变流水生产线上加工 A、B、C 三种零件,其计划产量分别为 N_A、N_B、N_C,零件工时定额分别为 T_A、T_B、T_C。首先选定代表零件,假定为 A,再将零件 B 和 C 的产量换算为 A 的产量,则总产量为:

$$N = N_A + \mu_B N_B + \mu_C N_C$$

μ_B、μ_C 分别为零件 B 和 C 的单件时间定额与零件 A 的单件时间定额的比值。即:

$$\mu_B = \frac{T_B}{T_A} \qquad \mu_C = \frac{T_C}{T_A}$$

则各零件的节拍可按下式进行计算:

$$R_A = \frac{T_{效}}{N} = \frac{T_{效}}{N_A + \mu_B N_B + \mu_C N_C} \qquad R_B = \mu_B \cdot R_A \qquad R_C = \mu_C \cdot R_A$$

(二) 加工劳动量比重法

加工劳动量比重法是按各种零件在流水生产线加工总劳动量中所占的比重分配有效工作时间,然后计算各种零件节拍的方法。

设 A、B、C 三种零件的加工劳动量在总劳动量中所占的比重为 α,则

$$\alpha_A = \frac{N_A T_A}{N_A T_A + N_B T_B + N_C T_C}$$

$$\alpha_B = \frac{N_B T_B}{N_A T_A + N_B T_B + N_C T_C}$$

$$\alpha_C = \frac{N_C T_C}{N_A T_A + N_B T_B + N_C T_C}$$

则三种零件的节拍计算公式为

$$R_A = \frac{\alpha_A \cdot T_{效}}{N_A} \qquad R_B = \frac{\alpha_B \cdot T_{效}}{N_B} \qquad R_C = \frac{\alpha_C \cdot T_{效}}{N_C}$$

例 4.5 某可变流水线上生产 A、B、C 三种产品,其计划月产量分别为 2 000 件、1 875 件、1 857 件,每种产品在流水线上各工序单件作业时间之和分别为 40 分、32 分、28 分,流水线两班制工作,每月有效工作时间为 24 000 分,试确定可变流水线上各种产品的生产节拍。(设 A 为代表产品)

解:代表零件法:

(1) 求以代表产品表示的产量:

$$Q = Q_A + Q_B \mu_B + Q_C \mu_C = 2\,000 + 1\,875 \times 32/40 + 1\,857 \times 28/40$$
$$= 4\,800(件)$$

(2) 求代表产品的节拍:

$$R_A = 24\,000/4\,800 = 5(分/件)$$

(3) 求其他产品的节拍:

$$R_B = R_A \mu_B = 5 \times (32/40) = 4(分/件)$$
$$R_C = R_A \mu_C = 5 \times (28/40) = 3.5(分/件)$$

加工劳动量比重法:

$$\alpha_A = \frac{2\,000 \times 40}{2\,000 \times 40 + 1\,875 \times 32 + 1\,857 \times 28} = 0.416\,7$$

$$\alpha_B = \frac{1\,875 \times 32}{2\,000 \times 40 + 1\,875 \times 32 + 1\,857 \times 28} = 0.312\,5$$

$$\alpha_C = \frac{1\,857 \times 28}{2\,000 \times 40 + 1\,875 \times 32 + 1\,857 \times 28} = 0.270\,8$$

$$R_A = \frac{24\,000 \times 0.416\,7}{2\,000} = 5(分/件)$$

$$R_B = \frac{24\,000 \times 0.312\,5}{1\,875} = 4(分/件)$$

$$R_C = \frac{24\ 000 \times 0.270\ 8}{1\ 857} = 3.5(\text{分}/\text{件})$$

二、工序的设备数量及计算设备负荷系数

工序设备数量可按下式计算：

$$S_i = \frac{t_i}{R}$$

上例中：

$$S_{Ai} = \frac{t_{Ai}}{R_A} \qquad S_{Bi} = \frac{t_{Bi}}{R_B} \qquad S_{Ci} = \frac{t_{Ci}}{R_C}$$

为了使可变流水生产线上的设备及人员充分负荷，且便于对流水生产线的组织管理。一般要求使

$$S_{Ai} = S_{Bi} = S_{Ci} \qquad \text{其中 } i=1,2,\cdots,m$$

在计算和确定设备数量的过程中，同样要进行工序同期化，尽可能提高设备的负荷系数。各工序的设备负荷系数可按下式计算：

$$K_i = \frac{N_A t_{Ai} + N_B t_{Bi} + N_C t_{Ci}}{S_{ei} T_\text{效}} = \frac{\sum_{j=1}^{g} N_j t_{ji}}{S_{ei} T_\text{效}}$$

式中：K_i——第 i 道工序的设备负荷系数；t_{ji}——第 j 种零件第 i 道工序的零件工作定额；N_j——第 j 种零件的计划产量；g——零件种数；S_{ei}——第 i 道工序的设备总数。

流水生产线总的设备负荷系数 K 可按下式计算：

$$K = \frac{\sum_{j=1}^{g} N_j T_j}{S_e T_\text{效}}$$

式中：K——设备负荷系数；T_j——第 j 种零件在流水线上的加工劳动量；g——零件种数；S_e——流水线上的设备总数。

为使可变流水线上每批零件在各工序的加工时间成比例，从而保证流水生产的连续性，应当尽可能地使各种零件在各工序的设备负荷系数相等或相近。

当工序的设备数量确定后，就可以配备工人，确定流水生产节拍的性质，选择运输工具，进行流水生产的平面布置等工作。

第四节 多品种混合流水生产线的规划

一、混合流水线的基本数据计算

（一）确定混合流水生产线的节拍

混合流水生产线的节拍可按下式计算：

$$R = \frac{T}{\sum_{i=1}^{m} N_i}$$

式中：$\sum_{i=1}^{m} N_i$——计划期 m 种品种的产量。

（二）计算混合流水生产线上的最小作业工序数

混合流水生产线上的最小作业工序数可按下式计算：

$$N_{\min} = \left[\frac{L}{T_{效}}\right]$$

式中：L——流水生产线上生产一定数量的 m 种产品总劳动量。

$$L = \sum_{i=1}^{m} N_i T_i$$

式中：N_i——第 i 品种的本期计划产量；T_i——第 i 品种的加工工时。

（三）计算混合流水生产线的效率

混合流水生产线的效率 η 可按下式计算：

$$\eta = \frac{\sum_{i=1}^{m} N_i T_i}{N \cdot R \cdot \sum_{i=1}^{m} N_i}$$

式中：N——实际采用的作业工序数。

二、确定投产顺序

（一）各种产品的产量相同时确定投产的顺序

在混合流水生产线上，为了合理地出产不同种类的产品，就必须科学地安排投产顺序。编排投产顺序的方法视各种产品的产量相同与否而有所不同。

当各种产品的产量相同时，确定投产顺序的方法较简单。例如：生产两种产品 A 和 B，产量各为 10 件，则投产顺序的安排可以有三种情况：

第一种情况，先生产 A 产品 10 件，后生产 B 产品 10 件。如下所示：

AAAAAAAAAA BBBBBBBBBB

第二种情况,AB 两种产品有规律性的穿插投产。先生产 A 产品 5 件,后生产 B 产品 5 件,如此重复进行。如下所示:

AAAAA BBBBB AAAAA BBBBB

第三种情况,AB 两种产品相间地投产。如下所示:

A B A B A B A B …… A B A B

(二)逻辑运算法

当各种产品的产量不同时确定投产的顺序,一般采用逻辑运算法和生产比倒数法。

逻辑运算法计算过程如例 4.6。

例 4.6 设混合流水生产线上生产 40 台 A 产品,10 台 B 产品,30 台 C 产品。用逻辑运算法确定投产顺序的步骤如下:

(1)进行基本逻辑分析

根据 A、B、C 的产量,A、B、C 的生产比例为:

$$X_A : X_B : X_C = 4 : 1 : 3$$

则一个循环流程的总产量是:4+1+3=8,说明一个循环产量为 8 台,其中包括 4 台 A 产品,1 台 B 产品,3 台 C 产品。

(2)编制逻辑顺序安排如表 4-2 所示。

表 4-2 逻辑运算法确定投产顺序的步骤

顺序	A 产品	B 产品	C 产品	选定者
1	4 0 0 4*	1 0 0 1	3 0 0 3	A_1
2	8 1 8 0	2 0 0 2	6 0 0 6*	C_2
3	12 1 8 4*	3 0 0 3	9 1 8 1	A_3
4	16 2 16 0	4 0 0 4*	12 1 8 4	B_4
5	20 2 16 4	5 1 8 -3	15 1 8 7*	C_5
6	24 2 16 8*	6 1 8 -2	18 2 16 2	A_6
7	28 3 24 4	7 1 8 -1	21 2 16 5	C_7
8	32 3 24 8*	8 1 8 0	24 3 24 0*	A_8

上表第二栏,第三栏和第四栏每行各有四个(组)数字。

第一个数是生产比值,为原比值乘以选取次数,从第二行开始每行第一列都是第一行第一列乘以各行顺序号;

第二个数为该产品已被选取的次数;

第三个数为循环流程总产量乘已被选取的次数,上例中循环流程总产量＝4+1+3=8；

第四个数为第一个数与第三个数之差,根据第四个数的大小来决定投产对象,如表 4-2 中,标"＊"号的数表示选定的投产对象,并将其填在选定者栏中。

本例表中数学计算如下：

第一个投产对象应选择比值大的产品 A,并写在选定者栏内。

在选择第二个投产对象时,将各比值均乘以 2,则生产比为：

$$N_{A_1} : N_{B_1} : N_{C_1} = (4 \times 2) : (1 \times 2) : (3 \times 2) = 8 : 2 : 6$$

得到第二栏第一个数,代表总产量。因为第一个投产对象已选取 A,所以在第二次选取中,产品 A 被选取的可能性要减少,减少的方法是从新比值中减去其选取的次数乘以总产量,从而确定新的比值,则

$$N_{A_2} : N_{B_2} : N_{C_2} = (8 - 1 \times 8) : 2 : 6 = 0 : 2 : 6$$

这就是第二栏第四个数的来历,这时,C 的比值大,因此第二个投产对象选取 C,用 C_2 表示。

在选取第三个投产对象时,将各原比值乘以 3,即：

$$N_{A_3} : N_{B_3} : N_{C_3} = (4 \times 3) : (1 \times 3) : (3 \times 3) = 12 : 3 : 9$$

因第二个投产对象已选取 C,所以应将 A 与 C 的比值更新为：

$$N_{A_4} : N_{B_4} : N_{C_4} = (12 - 1 \times 8) : 3 : (9 - 1 \times 8) = 4 : 3 : 1$$

这就是第三栏第四个数的来历,此时,应选取比值大的产品 A,用 A_3 表示。依次类推,进行第四、第五等投产对象的选取。

(3) 确定逻辑顺序投产。

$$A—C—A—B—C—A—C—A—B—C—A—\cdots$$

该例共需生产 80 台产品,需经过 10 个循环流程。

(三) 生产比倒数法

例 4.7 仍用上例数据,即混合流水生产线上生产 40 台 A 产品,10 台 B 产品,30 台 C 产品,用生产比倒数法确定产品投产顺序的步骤如下：

(1) 根据 A、B、C 的产量,A、B、C 的生产比例为：

$$X_A : X_B : X_C = 4 : 1 : 3$$

则循环流程的总产量为：

$$4 + 1 + 3 = 8$$

(2) 计算生产比倒数,设各种产品生产比倒数为 m_i：

$$m_A = \frac{1}{X_A} \qquad m_B = \frac{1}{X_B} \qquad m_C = \frac{1}{X_C}$$

(3) 品种的选定

按下述规则,选出循环流程的第一号投产的品种:

规则一:从全部品种中选出生产比倒数中最小值的品种。

规则二:在具有最小值的品种有多个的情况下,选出最小值出现较晚的一个品种。

(4) 更新 m_i 的值

方法是在选出的品种 i 上,再加上被选中产品的生产比倒数 m_i。而在其他品种栏内,将上行栏内所记的照抄过来。

(5) 再选定品种

按下述规则选出第二号品种:

规则一:选第二行各品种值最小者。

规则二:在最小值有多个的情况下,选出最小值出现较晚的一个,即第二次出现最小值的那个品种。

(6) 其余类推,直至选出全部循环流程产量。

根据生产比倒数法编排投产顺序的计算过程如表 4 - 3 所示,表中标"*"号的数即为选出的投产品种。

表 4 - 3　生产比倒数法编排投产顺序的计算过程

	品　　种			投产顺序
	A	B	C	
1	1/4*	1	1/3	A
2	1/4+1/4=1/2	1	1/3*	C
3	1/2*	1	1/3+1/3=2/3	A
4	1/4+1/2=3/4	1	2/3*	C
5	3/4*	1	1/3+2/3=1	A
6	1/4+3/4=1	1	1*	C
7	1*	1	1/3+1=4/3	A
8	1/4+1=5/4	1*	4/3	B

例 4.8　混合流水线生产 A、B、C 三种产品,计划期产量分别为 40、10、30(件/日),工作地数 $S_e=7$,单件时间定额 T_i 分别是 37 分、35 分、40 分,求:

(1) 节拍 R;

(2) 最小工作地数 $N_{\min}$;

(3) 流水线负荷系数;

(4) 确定投产顺序。

解：(1) $R = T_{效}/\sum N_i = 8 \times 1 \times 60/(40+10+30) = 6(分/件)$

(2) $N_{\min} = \left[\dfrac{L}{T_{效}}\right] = \left[\dfrac{\sum N_i T_i}{T_{效}}\right] = \left[\dfrac{3\,030}{480}\right] = 7$

(3) $S_e = N_{\min} = 7$

$$\eta = \dfrac{\sum N_i T_i}{N \cdot R \cdot \sum N_i} = \dfrac{\sum N_i T_i}{T_{效}} = \dfrac{3\,030}{3\,360} = 90.2\%$$

(4) 用生产比例倒数法确定投产顺序

① N_i 的最大公约数：$m = 10$

② 生产比：40/10 : 10/10 : 30/10 = 4 : 1 : 3

③ 生产比倒数：1/4 : 1 : 1/3

④ 表格计算，如表 4-4 所示，表中标"*"号的数即为选出的投产品种。

表 4-4 计算结果

	$m_A = 1/4$	$m_B = 1$	$m_C = 1/3$	
1	1/4*	1	1/3	A
2	2/4	1	1/3*	C
3	2/4*	1	2/3	A
4	3/4	1	2/3*	C
5	3/4*	1	1	A
6	1	1	1*	C
7	1*	1	—	A
8	—	1*	—	B

所以投产顺序为：ACACACAB。

第五节 流水生产线的平衡

为了保证流水生产线的连续性，充分利用设备和劳动力，就必须实现工序同期化。流水生产线的平衡问题实质上就是研究工序同期化的问题。本节将详细研究这个问题。

为了完成所需生产的制品，需要有规定的作业，而这种作业通常是由许多基础性的作业元素组成的。完成作业元素所需的标准时间可作为流水线平衡的最基本的作业时间。假设完成一个单位产品需要有 m 个作业元素，用 $l_k(k=1,2,3,\cdots,m)$ 表示这个作业元素时间，则制品的加工时间(T)表示为：

$$T = \sum_{k=1}^{m} l_k$$

然而,从工艺程序看,在完成一个制品的过程中,在这些作业元素之间,存在着先后关系。这种作业元素之间的先后关系可用图4-6示之,此图可称为先后顺序图。

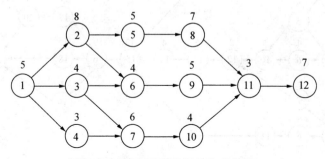

图4-6 作业元素之间的先后关系

在图4-6中,○中的数字表示作业元素编号;○上方的数字表示作业元素时间,作业元素之间的箭线表示作业元素之间有箭头所示方向的先后关系。

生产线平衡是在满足作业元素之间先后顺序关系的基础上,既要接近最小工序数,又要使各个工序的作业时间相等的要求,把作业元素分配到工序上。用 t_i 表示各工序分配到的作业时间,则必须满足下式:

$$\max(t_i) \leqslant R \quad (i=1,2,\cdots,N)$$

其中 N 既要满足作业元素的先后关系,又要符合下列要求:

$$N \geqslant N_{\min}$$

生产线平衡的方法很多,下面介绍启发式和位置加权法两种方法。

一、启发式方法(Heuristic Method)

启发式方法是根据作业元素组成及先后顺序图,以节拍为基准,列表计算探索求解的方法。

例4.9 某产品的装配由21个作业元素组成,作业元素的先后顺序和工时(分钟)如图4-7所示。

图4-7上方有Ⅰ、Ⅱ、Ⅲ、…、Ⅺ表示列。各列之间的箭头说明作业元素的先后顺序。对应每一列有一些作业元素,它们之间不能有箭头,说明作业元素之间无先后顺序关系。例如,作业元素1、2、3排在第一列,它们之间无先后顺序关系;作业元素4、5、6、7、8由于和1、2、3有先后顺序关系,故只能排在第二列,其余类推。根据图4-7,可制表4-5。在表上作一些分析,按给定的节拍确定最小的工作地数(设节拍为36分钟)。

表4-5中,"作业元素后移性"是指作业元素可以向后移,而不使表中的序列有所增加。

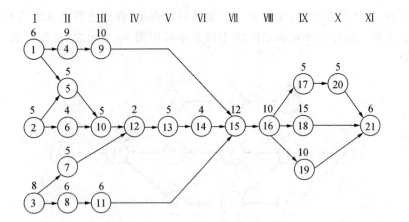

图 4-7 作业元素的先后顺序和工时

表 4-5 作业元素组成工作地的分析表

序列	作业元素	作业元素后移性	工时	列时间累计				作业元素时间累计			
				e_1	e_2	e_3	e_4	f_1	f_2	f_3	f_4
Ⅰ	1		6								
	2		5								
	3		8	19				19			
Ⅱ	4	Ⅲ-Ⅴ	9								
	5		5								
	6		4								
	7	Ⅲ	5								
	8	Ⅲ-Ⅴ	6	29	13			48	13		
Ⅲ	9	Ⅳ-Ⅵ	10								
	10		5								
	11	Ⅳ-Ⅵ	6	21	21			69	34		
Ⅳ	12		2	2	2			71	36		
Ⅴ	13		5	5	5	5		76	41	5	
Ⅵ	14		4	4	4	4		80	45	9	
Ⅶ	15		12	12	12	12		92	57	21	
Ⅷ	16		10	10	10	10		102	67	31	
Ⅸ	17		5								
	18	Ⅹ	15								
	19	Ⅹ	10	30	30	30	25	132	97	61	25
Ⅹ	20		5	5	5	5	5	137	102	66	30
Ⅺ	21		6	6	6	6	6	143	108	72	36

在给定的节拍为 36 分钟的条件下,生产线最佳平衡的目的,可通过下列步骤运行:

(1) 查 f_1 栏中有无与 36 相等的定额? 没有。

(2) f_1 栏中小于 36 的最大定额是第Ⅰ列中的 $19,36-19=17$。

(3) 第Ⅱ列中是否有一个或几个作业元素的定额是 17 的? 完全相等的没有,只有作业元素 5、7、8 的定额 16 最接近。因此,序列Ⅰ中的全部作业元素和序列Ⅱ中作业元素 5、7、8 可构成一个工作地,其工时定额为 35 分钟。

(4) 将列时间累计 e_1 调整为 e_2,将作业元素时间累计 f_1 调整为 f_2。

(5) 查 f_2 栏中有无与 36 相等的定额? 有。即序列Ⅱ中的作业元素 4、6 和序列Ⅲ、Ⅳ中全部作业元素定额之和,则编号为 4、6、9、10、11、12 的作业元素构成第二个工作地,其工时定额为 36 分钟。

(6) 将列时间累计 e_2 调整为 e_3,将作业元素时间累计 f_2 调整为 f_3。

(7) 查 f_3 栏中有无与 36 相等的定额? 没有。该栏中小于 36 的最大定额是序列Ⅴ、Ⅵ、Ⅶ、Ⅷ的工时定额之和为 $31,36-31=5$。

(8) 列Ⅸ中是否有一个或几个作业元素的定额为 5 的? 有,即编号为 17 的作业元素。因此,编号为 13、14、15、16、17 的作业元素可构成第三个工作地,其工时定额为 36 分钟。

(9) 将列时间累计 e_3 调整为 e_4,将作业元素时间累计 f_3 调整为 f_4。

(10) f_4 栏中的 36 是由序列Ⅸ的编号为 17、18、19 的作业元素和序列Ⅹ、Ⅺ的所有作业元素时间构成。因此,这些作业元素可以组成第四个工作地,其工时定额为 36 分钟。

根据上述步骤,表 4-5 中 21 个作业元素可划分为四个工作地,划分内容见表 4-6。

表 4-6　21 个作业元素划分的四个工作地

工作地	作业元素编号
1	1, 2, 3, 5, 7, 8
2	4, 6, 9, 10, 11, 12
3	13, 14, 15, 16, 17
4	18, 19, 20, 21

二、位置加权法(Ranked Positional Weights Method)

位置加权法是根据制品作业元素的组成及顺序,求出每个作业元素的位置加权数。然后根据位置加权数的大小进行作业元素组合。权数大者先组合,权数小者后组合,组合工序时以节拍为基础。

例 4.10 某产品的装配共有 11 个作业元素,其先后顺序和工时定额如图 4-8 所示。

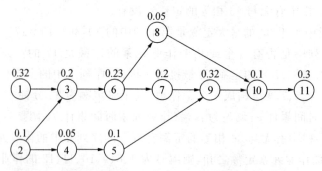

图 4-8 某产品装配的 11 个作业元素先后顺序和工时定额

图 4-8 中,箭头作业元素表示后作业元素,箭尾作业元素表示前作业元素。根据先后顺序图,可以作出作业元素先后关系表,见表 4-7。

表 4-7 作业元素先后关系表

作业元素	工时	作业元素											位置加权数 P
		1	2	3	4	5	6	7	8	9	10	11	
1	0.32			1			+	+	+	+	+	+	$P_1=1.72$
2	0.1			1	1	+	+	+	+	+	+	+	$P_2=1.65$
3	0.2	—	—				1	+	+	+	+	+	$P_3=1.40$
4	0.05		—			1				+	+	+	$P_4=0.87$
5	0.1				—					1	+	+	$P_5=0.82$
6	0.23			—				1	1	+	+	+	$P_6=1.20$
7	0.2						—			1	+	+	$P_7=0.92$
8	0.05										1	+	$P_8=0.45$
9	0.32					—	—				1	+	$P_9=0.72$
10	0.1								—	—		1	$P_{10}=0.40$
11	0.3										—		$P_{11}=0.30$

表中,"1"表示直接后作业元素,"+"表示间接后作业元素,"-"表示直接前作业元素。作业元素的工时加上它的直接、间接后作业元素的工时,称为位置加权数。以"P_1、P_2、P_3、…、P_{11}"分别代表作业元素"1、2、…、11"的位置加权数。

例如:$P_1=0.32+0.2+0.23+0.2+0.05+0.32+0.1+0.3=1.72$

其他位置加权数按同理计算。位置加权数是对作业元素的重要性及所在位置的一种度量。权数大,表示该作业元素比较重要,分配工作地时应先考虑它。

设节拍为 0.55。求最少工作地数。

作业元素1的位置加权数最大,把它分配给第一个工作地。作业元素1没有前作业元素,工时为0.32,所以第一个工作地时间还有剩余0.55－0.32＝0.23。

从表4-7中可知,除作业元素1以外,作业元素2的位置加权数最大,2没有前作业元素,而且其工时小于0.23,故可将2分给第一个工作地。

除作业元素1和2外,作业元素3的位置加权数最大,其直接前作业元素1和2已分给了第一个工作地,所以把作业元素3也可以分配给第一个工作地,但由于第一个工作地剩余时间仅有0.55－0.32－0.1＝0.13,而作业元素3的工时为0.2,超过了第一个工作地的剩余时间,故不能把作业元素3分给第一个工作地;次一个位置加权数最大的是作业元素6,因为它的直接前作业元素是3,而3还未分,所以作业元素6也不能分给第一个工作地;同理,作业元素7也不能分给第一个工作地;再次一个大加权数是作业元素4,而4的工时为0.05,其值小于0.13,所以可把作业元素4分给第一个工作地。

至此,工作地1剩余时间仅有0.08,只有作业元素8有可能分给工作地1。但作业元素8的直接前作业元素6尚未分配,所以不能把它分给工作地1。这样,就可知第一个工作地是由作业元素1、2、4所组成,其工时为0.47。

按照同样的方法可计算出其他三个工作地的作业元素组成,见表4-8。

表4-8 位置加权法的作业元素组合

工作地	作业元素	位置加权数	直接前作业元素	工时定额	工时定额累计
Ⅰ	1	1.72		0.32	0.32
	2	1.65		0.10	0.42
	4	0.87	1	0.05	0.47
Ⅱ	3	1.40	1、2	0.20	0.20
	6	1.20	3	0.23	0.43
	5	0.82	4	0.10	0.53
Ⅲ	7	0.92	6	0.20	0.20
	9	0.72	5、7	0.32	0.52
Ⅳ	8	0.45	6	0.05	0.05
	10	0.40	8、9	0.10	0.15
	11	0.30	10	0.30	0.45

在组织混合流水生产线时,为了使类似的品种在同一条流水生产线上生产,因此必须将不同品种的先后顺序图汇总,制成一个综合的先后顺序图,才能按上法进行生产线的平衡。由于在混合流水生产线上加工的不同品种产品的先后顺

序图中包括相当多的各品种共同的作业元素,因此,绘制综合先后顺序图是可能的。

例 4.11 假设某流水线的节拍为 8 分钟,由 13 个作业元素组成,单位产品的总装配时间为 44 分钟,各作业元素之间的装配顺序和每个作业元素的单件作业时间如图 4-9。

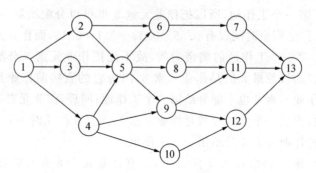

图 4-9 某总装先后顺序图

解:(1) 计算流水线上的最少工作地数

$$N_{min} = [T/R] = [44/8] = [5.5] = 6$$

(2) 组织工作地

需满足的条件:

① 保证各工序之间的先后顺序。

② 每个工作地的作业时间不能大于节拍。

③ 每个工作地的作业时间应尽量相等和接近节拍。

④ 应使工作地的数目最少。

计算结果如表 4-9 所示。

表 4-9 最终计算结果

工作地顺序号	工序号	工序单件作业时间	工作地单件作业时间	工作地空闲时间
1	1 2	2 5	7	8-7=1
2	3	8	8	8-8=0
3	4 5 8	2 2 4	8	8-8=0
4	10	7	7	8-7=1

续表 4-9

工作地顺序号	工序号	工序单件作业时间	工作地单件作业时间	工作地空闲时间
5	6 7 9	3 2 3	8	8−8=0
6	11 12 13	1 2 3	6	8−6=2

思考与练习题

一、单项选择题

1. 按生产对象的（　　）不同，可分为连续流水线和间断流水线。
   A. 数目　　　　B. 连续程度　　　　C. 转换方式　　　　D. 移动方式

2. 如图 4-10 所示，该生产线的节拍为（　　）。

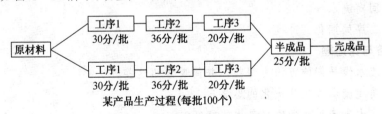

图 4-10　某产品生产流程图

   A. 36 分/批　　　B. 25 分/批　　　C. 61 分/批　　　D. 86 分/批

3. 一条流水线对产品品种的适应能力（　　）。
   A. 只适用单一品种　　　　　　B. 可完全适用于不同品种
   C. 有条件适用多个品种　　　　D. 最多只适用 2 个品种

4. 某产品的装配过程共有 10 个作业元素组成，总工时为 55 分钟，若此流水线节拍为 8 分钟，则所需最少工作地数为（　　）。
   A. 6　　　　　　B. 7　　　　　　C. 8　　　　　　D. 9

5. 流水线上最重要的工作参数是（　　）。
   A. 产量　　　　　B. 质量　　　　　C. 速度　　　　　D. 节拍

6. 流水线设备负荷系数值在 0.75 以下，宜组织（　　）。
   A. 连续流水线　　　　　　　　B. 间断流水线
   C. 自动化流水线　　　　　　　D. 机械流水线

7. 某流水线一天的有效工作时间为 420 分钟,要求的产量为 210 件,则节拍为（　　）。

A. 2 件/分钟　　B. 2 分钟/件　　C. 0.5 件/分钟　　D. 0.5 分钟/件

二、多项选择题

按照制品的轮换方式,可以将多品种流水线划分为（　　）。

A. 可变流水线　　　　　　　　B. 混合流水线
C. 强制节拍流水线　　　　　　D. 自由节拍流水线

三、判断题

1. 节拍是指零件从开始加工到完成加工所经历的时间。（　　）
2. 工序同期化是使流水生产线各工序的节拍相等,这是保证各工序按节拍进行的重要因素。（　　）
3. 工作式传送带的基本特征是工人在传送带的两边或一边,直接对传送带上制品加工,而不必从传送带上取下来再加工。（　　）

四、名词解释

1. 流水生产线
2. 节拍
3. 可变流水线
4. 固定流水线
5. 工序同期化

五、简答与论述题

1. 流水线平衡的方法有哪些？并简要介绍这些方法。
2. 简述流水线生产优化的思路。
3. 流水生产线具备哪些基本的特征？
4. 简述单一品种流水生产线规划的基本思路。

六、计算题

1. 某流水生产线采用每天二班（16 小时）工作制,每班内有两次停歇时间,每次 10 分钟,每天生产零件 470 件。

（1）求该流水线的节拍。

（2）若该流水线有 A、B、C 三道工序,各工序的单件工时分别为 4 分钟、3 分钟、5 分钟。求各工序所需的设备数及设备负荷系数及整条流水线的负荷率。

2. 有一条混合流水线,生产 A、B、C 三种产品,计划期产量分别为 50 件/日、20 件/日、40 件/日,两班制生产,时间的有效利用率为 90%,工作地数 $S_e=8$,单件时间定额 T_i 分别为 45 分钟、95 分钟、52 分钟,求：

（1）节拍 R；

（2）流水线负荷系数；

(3) 用生产比倒数法确定投产顺序。

3. 某产品的生产节拍为10分钟,其装配工作可分为11个作业,各作业的时间定额和作业顺序如图4-11所示,请确定最少的工作地数,并进行生产线的平衡。

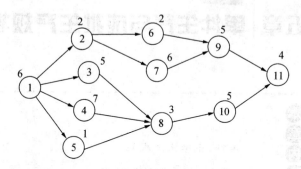

图 4-11 某产品作业顺序图

4. 某产品的装配由8个作业元素组成,作业元素的顺序及工时如表4-10,请:

表 4-10 某产品装配作业元素及工时

作业元素	紧后作业元素	作业元素时间(分)
A	B	0.2
B	E	0.2
C	D	0.8
D	F	0.6
E	F	0.3
F	G	1.0
G	H	0.4
H	结束	0.3

(1) 画出作业先后顺序图;
(2) 假定一天工作8小时,计算一天要达到产量400件时的节拍;
(3) 求此时的工作地数并进行作业元素的分配。

5. 混合流水生产线上生产 A、B、C、D 四种产品,每个工作日出产都是 A 产品500件、B 产品100件、C 产品300件、D 产品200件,试用生产比倒数法和逻辑运算法编排产品的投产顺序。

第五章 单件生产与成批生产规划

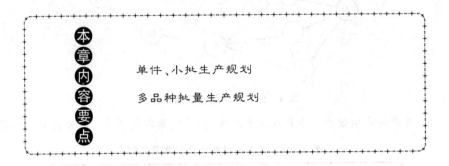

本章内容要点

单件、小批生产规划

多品种批量生产规划

第一节 单件、小批生产规划

一、单件、小批订货生产类型的特征

订货生产与备货生产是两种不同的生产类型。前者是根据用户的订单去组织生产。后者是在预测市场需求的基础上，按企业自己制定的生产计划去组织生产，生产的是通用产品。在实际生产中同属订货生产还有不同的情况。例如，在汽车行业中为主机厂协作加工某些零部件的零配件制造厂，它们也是按主机厂的订单组织生产，但是这些厂的生产特点是大批量重复性生产，与单件、小批的订货生产是不同的。本节讨论的订货生产是指单件、小批生产的订货生产。企业生产的是专用产品，其主要特点为生产基本是不重复的、一次性的。这类企业的典型代表是造船厂、重型机器制造厂、大型水轮机制造厂等。

现将单件、小批订货生产类型的主要特征及其对生产组织和计划管理的影响分述如下：

（一）订单的随机性

企业在计划期内可以接到多少份订单，订单会提出哪些需求，事前均无法确切知道。由于订单的内容和订单到达的时间具有随机性，企业无法在计划期开始之前，对计划年度内的任务全面规划、合理安排、通过计划进行优化。企业只能每接到一张订单做一次安排。在安排时既要考虑与前面已接的任务很好协调，又要为未来的订单留出空间。这给企业的计划工作带来一定的困难,并赋予它不少独有的特色。

(二)产品的专用性

单件、小批订货生产类型生产的是专用产品。产品的性能要求和结构特点是由用户根据他的特殊需要提出的。企业所接到的每一项任务都是过去没有做过的,都是一项新产品,需要按用户提出的要求单独进行设计。企业从接到订单、签订合同到向用户交货,要完成产品设计、制造的全过程。因此它的交货期与备货生产相比要长得多。备货生产类型生产的是定型的通用产品,不需要单独进行产品设计。

随着科学技术发展速度的加快和市场需求变化的迅速,用户对交货期的要求越来越短,缩短合同交货期已成为企业间竞争的热点。而在生产专用产品的合同交货期中,产品设计和工艺准备工作的时间往往要占到一半左右。所以改进产品设计和工艺准备的组织管理工作、以缩短合同交货期是组织单件、小批订货生产的重要课题。

(三)生产的一次性

满足用户特殊需求的专用产品,其需求一般是不重复的。所以这些专用产品的生产是一次性的。单件、小批一次性生产和成批大量的重复性生产在生产技术准备工作和计划管理方面有很大的不同。

首先,在产品设计方面对于一次性生产的产品是不进行样品试制的。设计方案没有经过试制考验,有些问题会在生产时暴露出来,需要在生产过程中予以解决。在工艺准备工作方面,只制定工艺路线,不编制详细的工艺规程,许多生产工艺问题有待基层生产单位和生产工人去解决。基于以上情况,对于单件、小批订货生产类型不宜采用集中式的工艺技术管理体制,需要在基层(如车间、工段)安排必要的技术力量,以便使基层在生产工艺上有一定的灵活处置的权力和技术力量。同时还要求生产工人具有较高的技术水平,掌握较宽广的操作技能,能适应生产对象经常变化的生产环境。

其次,由于生产是不重复的,所以生产的对象不断变换,品种十分繁多。为了使企业能适应频繁变换的多品种生产,通常都采用万能设备和工艺专业化的组织形式。但是传统的通用设备机械化自动化程度低,手工操作的比重大,劳动生产率很低。另外工艺专业化的组织形式和设备的机群式布置,使生产过程的连续性差,生产周期长,而且管理上复杂。所以为了提高生产率和缩短生产周期,需要采用先进的工艺和设备,需要采用先进的生产组织形式,如柔性生产系统等。

最后,在生产作业计划工作方面,它的特点是:生产的品种多,变动性大,所以不仅计划编制的工作量大,而且相当复杂;对于一次性生产的产品,其工时定额的制定主要是采用经验统计定额,由于定额的准确性低,所以编制的计划的精确性也较低;由于生产的品种繁多,生产中的变动因素多,而计划本身的精确性又较差,所以计划的实现率相对较低,一般需要靠调度人员根据实际情况随时调整资源的配置,以控制生产的运行。一般传统的计划工作方法在这里难以满足要求,因此需要针对单件、小批订货生产的特点,建立一套独特的生产计划体系和计划编制方法。

二、单件、小批订货生产的生产组织形式

根据单件、小批订货生产类型的特点,由于其生产的产品品种不断变化,一般不重复,所以生产单位无法按对象专业化原则去组织。按传统方式,一般都采取工艺专业化的生产组织形式,即按不同的生产工艺建立车、铣、钻、磨等工段或班组,通常采用通用设备和通用工艺装备,设备按机群式布置。这种组织形式对产品变化的适应能力强,因此在产品对象频繁更换时它能保持稳定,而且可以达到较高的设备负荷率。但是工艺专业化的组织形式有其固有的缺点。如:生产率低下,生产过程的连续性差,造成产品的运输路线长,管理工作复杂,产品生产周期长,在制品多等一系列问题,使生产的经济性很差。

为了提高单件、小批订货生产类型的经济效益,在生产组织方面需要打破传统方式,采取更为有效的组织形式。例如,某机械制造厂在制造水泥生产线上所用的技术较为先进的第四代熟料冷却机,其纵梁是关键零部件(主关件)。由于前期的加工工艺设计不合理,加上工装夹具不能适应加工要求,导致产品合格率不高,劳动强度大但效率低,无法满足正常生产的需求。沿着专业化、批量化生产的思路,对部件结构改进,对加工工艺调整,并配做了适应该部件加工的工装夹具。通过此举,一方面,工作效率大大增加,从原来的 3 天/件提升至 10 件/天;另一方面,通过工装定位加工,产品质量有了可靠的保证,完全符合设计图纸要求。这样的调整,使得产品的进度与质量均能满足要求。

下面从产品分析入手来研究适合单件、小批订货生产类型的生产组织形式。属于单件、小批订货生产类型最典型的行业是重型机器制造业、船舶制造业、大型电站设备制造业等等。这些制造行业的产品都是结构复杂的大型产品,需求量一般是一台、两台,是根据用户的特殊要求单独进行设计和制造的。构成这类产品的零件种类很多,往往成千甚至上万。它们的形状、体积、材质、工艺复杂程度差异很大。但从生产组织的角度,可以把这类产品的零件分为四类,以便按它们各自的特点,建立与之相适应的生产单位。

适用于单件、小批订货生产类型的四种生产组织形式如下:

(一) 大件生产单元

大件生产单元适合于加工产品中的大型零部件。这类零部件重量重,体积

大,数量不多,大多是产品中的基础件,如机身、机座、立柱等。这类零部件都是专用件,形状各异,很难考虑成组生产。虽然零件数量很少,每台产品中只有一两件,由于零件大,需用大型设备加工,其加工劳动量很大。根据以上情况,可以把企业中的大型设备,如:大车床、落地镗床、龙门铣床、大立车、摇臂钻等集中起来,配以大吨位的起重运输设备,组建大件生产单元,专门加工各项产品中的基础件、大件。

大型零部件的工艺复杂,工艺过程的相似性差,难以建立成组生产单元,但是企业的大型设备数量有限,将有关设备集中布置在一起,可以在大件单元内实现大型零部件的封闭生产,从而可减少大件的运输工作量,并大大简化生产管理工作。

（二）柔性制造系统或柔性生产单元

在一项产品中有一些零部件是机器主要功能的承担者。它们对产品的性能、质量有决定性的影响。这些零部件一般结构特殊,工艺复杂,工序多,精度高,加工的技术难度大,成为生产中的主要、关键件(以下简称主关件)。在通用设备上加工这些主关件,为了保证加工质量,往往需要复杂的工艺装备,而且生产率很低。由于工序多而分散,使制造周期长,并使管理工作复杂。如果采用加工中心、数控机床等先进生产手段取代通用设备和万能工装,就可大为改善主关件的生产工艺水平,既可免去许多复杂的工艺装备,节省工艺装备设计、制造的时间和费用,又能保证稳定的产品质量和取得较高的生产率。

在加工中心和数控机床上加工,由于实现了工序集中,还能缩短制造周期和简化生产管理工作。所以如果企业资金允许,建立柔性制造系统(或柔性生产单元)是解决产品中的主关件的有效办法。因为在实际生产中制约企业生产水平的往往就是这些主关件。把主关件的生产解决好了,企业的生产发展就有了坚实的基础。我国某纺织机械厂由于墙板生产工艺落后,经常不能按时加工出来,直接影响产品装配,成为阻碍该厂生产发展的关键。后来该厂采用两台镗铣加工中心,建立了墙板柔性生产单元以后,墙板的生产问题顺利解决了。装配车间的忙闲不均、突击生产现象也马上得到解决,全厂的生产上了一个台阶。虽然在建立墙板柔性生产单元上增加了很多投资,但是从全厂范围看,则取得了良好的经济效益。

（三）成组生产单元

除了上述两类零件之外,产品中大多数零件是一般件,属中小型零件,它们常占产品零件总数的80%以上。这些零件虽然种类繁多,形状各异,但对于机械产品而言,则不外乎是轴类、盘类、套类、齿轮类、杠杆类等等,都属相似零件。所以建立成组生产单元,组织成组生产是有可能的。因为虽然是专用产品、每一项产品都是单独设计的,但是只要是同类产品,设计上总有继承性。所以同一类产品

(如轧钢机或高炉设备或重型机床等等),它的零件构成大体相近,即各类相似零件在产品零件总数中所占的比例大体是接近的。这就是能够建立成组生产单元的重要依据。

由于是专用产品,如果产品的"三化"程度低,则通用件的数量少。所以分类后每一零件族中相似零件的数量比成批生产类型的产品要少。因此在组织成组单元时,单元的规模宜适当大一些,要使一个单元能加工若干个零件族,最好要包含一些在生产能力需求上互补的零件族。否则单元规模很小,不易保证单元内各类设备有合理的负荷率。今后随着技术进步和经济发展,数控机床的应用范围将逐步扩大。如果成组生产单元内的设备到了以数控机床为主时,此时单元的柔性更强了,成组生产单元的组织形式就更能适应单件小批订货生产类型的要求。

(四)标准件生产单元

产品中的标准件大部分都可以通过外购得到。但也有一部分属于本厂的标准件(厂标件),则需自制。当这部分厂标件的生产达到一定的规模时,可以考虑建立专门的标准件生产单元。

标准件对于各产品都通用,不同于按订单组织生产的专用零件。它的需求量如果较大,不属于单件小批,则每一类标准件都需配备自己的专用设备或专门生产线,它可以采用JIT的管理模式,需要单独进行管理。因此有必要建立标准件生产单元,专门组织标准件的生产。如果厂标件的生产规模很小,则应组织外包生产,不一定要建立标准件生产单元。

三、单件、小批生产的平面规划

(一)单件、小批生产平面规划的基本原则

(1) 单件、小批生产的平面规划必须满足生产的需求,并且应留有一定的发展空间;

(2) 单件、小批生产的平面规划主要遵循物料运输量比较法布置原则,适当参考物料流向图法;

(3) 适当多留一些放置在制品的空间;

(4) 预留运输工具通道;

(5) 其余要求可参阅流水线的平面布置原则。

(二)单件、小批生产规划的步骤

(1) 在已完成工艺规程和工时定额制订的基础上,根据各工种应完成的总工时定额和该工种设备所开班次,计算出该工种所需设备数量;

(2) 根据物料运输量比较法并参考物料流向图法等布置原则,在各车间的所需面积确定后,布置各车间的排列顺序与位置;

(3) 根据制品的加工特点,以相应的容积率征用土地;

(4) 厂址选择、与外部环境的协调、内部协调、工厂的立面布置等与流水线规划同。

四、单件、小批生产的时间组织

所谓生产工序在时间上的组织方式,就是筹划零件在各道工序间的移动方式。合理的组织生产过程,不仅要对企业内部各生产单位和部门在空间上进行科学的组织,而且要对劳动对象在车间之间、工段(小组)之间、工作地之间的运动在时间上相互配合和衔接,最大限度地提高生产过程的连续性和节奏性,以便提高劳动生产率和设备利用率,缩短生产周期,增加产量,加速资金周转,降低成本,更好地实现企业的经营目标。

工序在时间上的组织方式,不同行业、不同企业的表现形式是不同的。在采掘、造船等企业中,劳动对象大都是固定不动的,这里的工序在时间上的结合方式,主要表现在工人顺序移动。而在冶金、化工等企业里,通常都是把整批的原材料投入加工后,整批地按加工顺序进行工序间的移动,同一批产品不可能同时在两道工序上加工。现代建筑业采用预制构件,改变过去在地基上一块砖一块砖往上砌的传统工艺,提高了生产过程的平行性,使一幢大楼可以在很短时间内就建立起来。现代造船业把船体分成若干段,分别在船体车间内平行地制造,最后把几段制成的船体吊到船台上拼装对焊,这样可以大大缩短每条船在船台上的生产周期,从而提高了造船厂的生产能力。上述例子说明,把连续生产过程改变为离散性生产过程,以便组织平行交叉作业,提高生产过程的平行性,可以缩短产品生产周期,带来显著的经济效益和社会效益。生产过程的平行性是指加工对象在生产过程中实现平行交叉作业。提高生产过程的平行性可以缩短整个产品或整批产品的生产周期。

在加工装配性企业里,由于零件多种多样,工艺方法、工艺路线和技术装备千差万别,因而零件在各道工序间的移动方式是比较复杂的。在这类企业中,当一批工件投产时,工件在工序间采用不同的移动方式,生产的平行程度越高的,成批等待时间就越少,生产周期也越短。一批工件在工序间移动有三种典型的移动方式,即顺序移动、平行移动和平行顺序移动。

例 5.1 某零件的加工批量为 4 件,需要经过 4 道工序的加工,各工序的加工时间为,$t_1=10$ 分钟,$t_2=5$ 分钟,$t_3=15$ 分钟,$t_4=10$ 分钟。此处为了突出三种移动方式的差异,在计算加工周期时均未计入工序间的运输、检验等时间。

现以该例数据说明三种移动方式。

(1) 顺序移动方式。指一批工件在投入每一道工序加工时,都要等全部工件在上道工序加工完毕后,才整批地转移到下道工序继续加工的移动方式。

顺序移动方式是整批工件按工艺过程的顺序,一道道工序顺次进行加工,由于工件在工序间是整批转移,所以每一工件各道工序的加工是不连续的。工件在每道工序上会出现成批等待(见图5-1)。

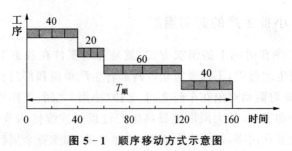

图 5-1 顺序移动方式示意图

则采用顺序移动方式一批工件的加工周期为:

$$T_{顺} = Q \times \sum_{i=1}^{m} t_i$$

式中:Q——工件的加工批量;t_i——第 i 工序的单件工时,$i=1,2,\cdots,m$;m——加工的工序数。

将例中的数据代入公式,则该批零件按照顺序移动方式完成加工的周期为:

$$T_{顺} = Q \times \sum_{i=1}^{m} t_i = 4 \times (10+5+15+10) = 160(分钟)$$

(2)平行移动方式。一批工件投入生产后,工件在各工序间单件转移,接到工件后立即进行加工。整批工件在各工序上进行平行作业。

工件在工序间单件转移,同一工件的各工序连续进行加工,不发生成批等待现象。它的加工周期在这三种移动方式中最短。但是当各工序的生产率不等时,设备在加工一批工件时中间可能有短暂的停歇,降低了设备的利用率(见图5-2)。

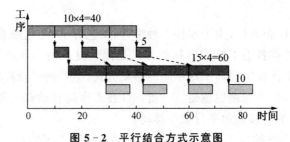

图 5-2 平行结合方式示意图

采用平行移动方式一批工件的加工周期为:

$$T_{平} = (Q-1) \times t_L + \sum_{i=1}^{m} t_i$$

式中:t_L——各工序中最长工序的单件工时。
其他符号的含义同前。

将例 5.1 中的数据代入公式，则该批零件按照平行移动方式完成加工的周期为：

$$T_{平} = (4-1) \times 15 + (10+5+15+10) = 85(分钟)$$

（3）平行顺序移动方式。是综合平行移动和顺序移动方式优点的一种结合方式。它要求一批工件在每一道工序的设备上加工时要连续进行，又不采取工件在工序间整批转移，使一批工件在各道工序上尽可能平行地加工，又使各工序的设备在加工过程中不发生停歇（见图 5-3）。

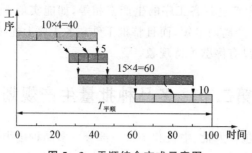

图 5-3 平顺结合方式示意图

平行顺序移动方式的具体做法是：

①当 $t_i < t_{i+1}$ 时，令该批零件的第一个工件在第 i 工序加工完成之后，立即向下一个工序（第 $i+1$ 工序）传送，以便使紧后工序及早开工，提高前后工序的平行性。

②当 $t_i \geq t_{i+1}$ 时，为了保证第 $i+1$ 工序生产的连续性，以该批工件的最后一件由第 i 工序转到第 $i+1$ 工序加工的时间为基准，向前推 $(Q-1) \times t_{i+1}$ 时间作为该批工件在第 $i+1$ 工序的开工时间。

则采用平行顺序移动方式一批工件的加工周期为：

$$T_{平顺} = Q \times \sum_{i=1}^{m} t_i - (Q-1) \times \sum_{i=1}^{m-1} t_{js}$$

式中：t_{js}——前后相邻两工序中取单件工时较小者。若前后相邻两工序单件工时相等（$t_i = t_{i+1}$），则取 $t_{js} = t_i$。

其他符号的含义同前。

将例 5.1 中的数据代入公式，则该批零件按照平行顺序移动方式完成加工的周期为：

$$T_{平顺} = 4 \times (10+5+15+10) - (4-1) \times (5+5+10) = 100(分钟)$$

由上可知，顺序移动方式的成批等待时间最多，生产周期也最长；平行移动方式的生产周期最短；平行顺序移动方式的生产周期居两者之间。当批量增大时，生产周期之间差异的增大也相应提高。

在实际生产中这三种移动方式都在应用，它们各有自己的适用条件，选用时一般要考虑以下因素：

(1) 工件的大小。大工件在工序间不可能成批运送，如机床的机身、机座、立柱等总是单件运送的。而细小的工件不值得单件运送。一般放在容器中按容器容量大小成批传送。

(2) 相邻工序工作地之间的空间距离及其间的运输装置。相邻工作地在空间位置上紧密衔接或有机械化传送装置，则有利于在工序间按单件传送，实现平行移动。

(3) 尽可能使生产过程各工序的生产率相等，如能实现工序同期化。此时平行移动方式，不仅生产周期最短，而且整批工件在各工序上连续加工，设备在一批工件的加工过程中没有停歇等待现象。

第二节 多品种批量生产规划

成批生产类型包含大批、中批和小批三部分。多品种中小批量生产是成批生产类型中最典型和最主要的部分。本节着重讨论多品种中小批量生产的组织问题。

一、多品种批量生产的特征

20世纪六七十年代以来科学技术的发展突飞猛进，产品更新换代的速度大大加快；随着经济发展，社会消费水平不断提高，消费观念发生了很大的变化，追求多样化、个性化成为社会风尚。这些都使产品的生命周期日趋缩短。以机电产品为例，产品生命周期超过10年者在60年代约占32%，到80年代降为15%，市场寿命在5年以下者由38%增长到65%～70%。到90年代产品寿命又进一步缩短。企业不能再长期生产一二种固定的产品，必须跟随技术进步的步伐，及时进行产品的更新换代，并不断开发新产品以适应市场的多样化需求。大多数企业都转为多品种生产，连典型的大量生产的汽车制造企业日本丰田汽车公司也不例外。多品种中小批量生产在社会生产总量中所占比重日益增大，并已成为当今社会生产的主流方式。

多品种批量生产的主要特点是生产的产品种类多，变换快，生产现场同时加工的零件种类繁多，生产线和生产设备因换产需要不断进行调整，生产过程的稳定性差。传统的中小批量生产由于品种多、批量小，一般采用万能设备、万能工艺装备和通用量具、刃具等，比之大量生产采用专用高效设备、专用工艺装备和专用量具、刃具，生产率要低得多。在品种繁多、生产对象经常变换的情况下，一般只能按工艺专业化原则组建生产单位，设备按机群式布置。这与大量生产的流水线、自动线相比，制品的物流路线复杂，工序间工件周转等待的时间长，因此生产周期大为延长，生产中的在制品大大增加，从而使产品成本也大幅提高。据美国的统计资料，批量小于50件的机械产品，其成本比大批量生产的同种产品要高出10倍至30倍。随着多品种中小批量生产在社会生产量中的比重日益提高，适应多样化需求的多品种生产、与落后的传统生产方式的矛盾日益突出。因此在多品种中小批量生产中如何改变落后的传统生产方式，就成为摆在现代生产管理面前的一项迫切任务。

二、多品种批量生产的生产组织形式

成组生产单元是一种应用成组技术原理组建的生产单位。在讨论成组生产单元之前，先介绍一下什么是成组技术（Group Technology）。

（一）成组技术基本概念

简单地说，成组技术的基本原理就是识别和利用事物的相似性。世上不同事物之间，客观上在某些方面存在着相似性，根据一定的目的，按它们的相似特征，对它们进行归类分组，就可以使原来多样化无序的事物有序化。特别是掌握了某一类事物存在的共性特征及其活动的规律性，以后再遇到该类事物时，就很容易识别并知道如何去正确处理它。

把相似性应用到生产上，是根据工件形状和加工工艺的相似性，把不同产品中的同类零件集中起来，形成一定的批量。在自动、半自动机床上加工，设备只需作简单的调整，就可以加工这一批的所有零件，人们称之为"成组加工"。这使原来属于单件、小批生产的工件用上了先进的高效设备，生产率得到很大提高。

随着工件分类方法和分类手段的发展，出现了应用"工件分类编码系统"和"工艺流程分析法"等分类方法和手段，能够把工艺过程相似的零件方便地进行分类编组，并在此基础上研究制定适用于一个零件族的典型工艺，就是所谓的"成组工艺"。利用这种成组工艺就不需为每一种零件单独编制工艺，避免了大量不必要的重复性工作。成组工艺首先在机械加工领域得到应用，后来进一步在铸造、焊接、锻造、冲压、装配以及数控加工程序的编制等方面都得到很好的应用。在成组设计等方面也获得了成功的应用。成组工艺的推广应用，大大简化了多品种中小批量生产的工艺准备工作，还有助于提高工艺编制工作的水平。

随着科技理论和计算机技术的发展，在现代化工具和方法的支持下，成组技术的应用获得了巨大的发展。成组技术是成组原理与现代科学方法和计算机技术相结合的一种现代管理技术。它已成为改造多品种中小批量落后的传统生产方式和提高其经济效益的有力武器。

成组技术为什么能应用于多品种中小批量生产，并能有效地提高其经济效益呢？因为机械产品虽然形形色色、千差万别，但是就其功能结构来看，不外乎有工作机构、传动机构、床身机架等基础部件，还有一些通用性零部件如连接件、支撑件、紧固件等等。功能相似的机构，其组成的零件也相似，如齿轮传动机构，其组成零件就离不开齿轮、轴、齿轮箱、轴承等等。而液压传动机构，则需有活塞、连杆、缸体、阀门等等。总之，不同的机械产品中存在着大量的相似件。

相似零件由于在功能、形状、材质、尺寸等固有特征上存在相似性，就会导致在设计、制造这些零件时，也呈现相似性。例如，零件在制造工艺上具有相似性，则制造这些零件所用的设备、工具、工装、装卡方法、刀具布置等方面也呈现相似性，以致零件的工时定额、材料消耗定额、定额成本和生产计划的期量标准等许多方面也都具有相似性。这是说由零件固有特征上的相似性，可以导出一系列的相似性。

成组技术就是基于这些普遍存在的相似性，在多品种中小批量生产中得到广泛应用的。例如，利用成组分类编码系统对零件进行分类编组以后，在设计新的同族零件时，可以利用相似件图库和相似件设计标准手册进行设计，这不但大大节省了设计计算工作量，而且可以提高设计的继承性，提高产品的"三化"程度。应用成组分类编码系统、零件族成组工艺和工艺专家系统进行新零件的工艺设计，可以套用同族零件的典型工艺，或由计算机自动生成所需的工艺，这样不仅可以节约大量不必要的重复性工作，而且还能提高零件的制造工艺水平。

利用相似性原理去制订零件的工时定额、材料消耗定额和定额成本，不仅可以事半功倍，而且可以保持定额水平的一致性，克服过去对很相似的零件，因不同的人，在不同时间、不同场合制订出的定额相差悬殊的矛盾。

把成组技术原理应用于生产组织和计划管理，例如，建立成组生产单元、柔性制造系统，编制成组生产作业计划组织成组生产，可以提高企业生产系统的柔性，使企业能够适应市场的需要，更好地进行多品种中小批量生产。

成组技术是综合性的现代组织管理技术。它是提高 CAD、CAPP、FMS 和 MIS 等有效性和经济性的重要基础。CIMS 是制造企业发展的方向，而成组技术则是通向 CIMS 的必由之路（美国工业研究组织提出的观点）。

（二）成组生产单元

成组生产单元是为一个或几个工艺过程相似的零件族组织成组生产而建立的生产单位。在成组生产单元里配备了成套的生产设备和工艺装备以及相关工种的工人，以便能在单元里封闭地完成这些零件族的全部工艺过程。

成组生产单元兼有工艺专业化和对象专业化两者的优点，它有一定的柔性，能适应多品种生产，又是按一定的零件族组织的具有对象专业化的特征，能取得对象专业化组织所能获得的经济效益。这是因为成组生产单元是按不同的零件族分工的，例如盘单元、轴单元、套单元、齿轮单元、箱体单元等。每一单元生产的品种虽然很多，如各种各样的轴或各种各样的套，分属于不同的产品，但它们都属于同一个零件族，具有相似的工艺过程，所以可以按照对象专业化原则组织生产，即采用专业程度较高的机床设备和工艺装备，从而可获得较高的生产率；机床设备按零件族典型工艺的顺序排列布置，工件在工序间的移动采用平行移动或平行顺序移动方式，从而运输路线短，物流顺畅，可以缩短生产周期和减少生产中的在制品量；对成组生产单元实行经济责任制，有助于使单元的全体员工为完成共同的任务，发扬团结合作精神。这些都是只有对象专业化组织才能获得的效益，经济效益十分明显。

济南某机床制造厂1983年建立了一个成组生产车间。该车间有105台机床，210多名职工。共设盘类、套类、螺纹件类、齿轮类等8个成组生产单元。全车间加工的零件种数有13 000多种。如果每个零件平均有6道工序，则在车间内加工的总工序数达78 000道，平均每台机床承担740道，是典型的多品种小批量生产。由于实施了成组生产，自1983年至1988年劳动生产率提高了近1倍。随着生产率的提高，工人的工资奖金收入也相应提高，形成良性循环。5年中工人的操作技术、熟练程度提高了，废品率降低了，单元的管理水平也提高了，月月完成生产计划。车间提供的零件没有一次影响过全厂的产品装配，成为该厂的先进车间。

但成组生产单元的柔性是有限的，在应用上有它的局限性。成组生产单元运行的条件是企业生产的零件种类和数量要相对稳定。当企业生产的产品种类有变化时，产品中相似件的构成仍保持稳定，这是成组生产单元能够存在和发展的必要条件。这种条件在现实生产中是否存在呢？

(1) 各种机械类产品，尽管其用途和功能各不相同，然而每种产品中零件类型的构成，却具有一定的规律性。

德国阿亨工业大学奥匹兹教授领导的研究小组于1960年至1961年曾在机床、发动机、矿山机械、轧钢设备、仪器仪表、纺织机械、水力机械和军工机械等26个不同性质的企业中选取了45 000种零件，进行了统计分析。研究结果表明，任何一类机械产品其组成零件，均可分为以下三类：

A类：复杂件或特殊件。这类零件结构复杂，数量少，约占零件总数的5%～10%。在不同产品中，这类零件之间差别很大，因而再用性很低。例如，机床床身、主轴箱、飞机、机车中的大件等均属此类。

B类：相似件。这类零件在产品中的种数多、数量大，约占零件总数的70%。其特点是相似程度高，多数为中等复杂程度，例如各种轴、套、法兰、齿轮、支座等。

C类：标准件和简单件。这类零件结构简单，再用性高，约占零件总数的20%～25%。C类零件多为低值件，如螺钉、螺帽、垫圈等。

上述资料说明，在各类机械产品中相似件占有70%左右的比例，而且具有相对稳定的出现率。

(2) 在每一类机械产品中,各种零件的出现率具有明显的规律性和稳定性。

捷克机械制造技术与组织研究所对若干机床制造企业的产品零件进行了统计分析,这些机床企业的产品包括:车床、钻床、磨床、卧式镗床、齿轮机床等。得到了表 5-1 的数据资料。

表 5-1 若干机床制造企业的产品零件的统计分析结果

零件种类	平均出现率(%)	出现率的分布范围(%)
轴	22.9	21.4～24.5
法兰	9.1	8.4～10.5
轴套	25.2	22.6～29.6
齿轮	11.8	4.3～17.0
其他回转体零件	2.5	1.1～4.9
平板类零件	9.5	7.9～12.5
杠杆类零件	3.5	2.3～5.3
不规则形状零件	2.5	0.9～3.4
箱体类零件	2.2	1.3～2.9
其他(大多数为不加工件)	10.8	6.0～15.6

从表 5-1 可以看到,虽然各机床厂的产品有较大差异,但是各类零件在产品中的出现率则是比较接近的。英国生产工程协会和机床工业研究协会也进行过许多零件的统计分析工作,所得结果与上述情况基本一致。

以上资料说明,在各种产品中相似件大量存在;同一类零件(指相似件)在不同产品中有比较接近的出现率,这就是建立成组生产单元能够适应多品种生产的客观依据。但是当企业生产的产品变化非常大,产品中原来的各类零件的出现率也发生很大的变化时,例如原来产品的传动机构是齿轮传动,而现在的产品是采用液压传动。这时原来的齿轮生产单元就会出现任务不足,而原来生产缸体、连杆、活塞等类零件的生产单元可能会感到能力不足,需要扩建,甚至需要为这些零件单独建立有关的成组生产单元。这就说明成组生产单元适应产品变化的能力是有限的。成组生产单元适合于相对稳定地生产系列化产品的企业。当产品的大的类型不变(如汽车、飞机、电视机、手表等),只是在同一类系列产品中,生产的型号、规格有变化,或者产品结构有小的变化,成组生产单元是能够适应的。

(三) 柔性制造单元和柔性制造系统

柔性制造系统(Flexible Manufacturing System,简称 FMS)和柔性制造单元(Flexible Manufacturing Cell,简称 FMC)都是以数控机床(NC)和加工中心

(MC)为基本加工设备的生产单位。但是它们的规模和自动化程度有很大的差别。FMS是20世纪60年代后期诞生和发展起来的,它是综合应用现代数控技术、计算机技术、自动化物料输送技术,由电脑控制和管理的一种制造系统。它使多品种中小批量生产实现了自动化生产。FMS一般由多台MC和NC机床组成,它可以同时加工多种不同的工件,一台机床在加工完一种工件后,可以在不停机调整的条件下,按电脑的指令自动转换加工另一种工件。工件在各机床之间的运输是灵活的,没有固定的流向和节拍。80年代以后FMS技术已进入实用阶段,许多工业发达国家已能成套提供商品化的FMS。目前多数FMS用于机械加工,焊接、钣金、成形加工和装配等领域也都已在应用FMS。

基于成组技术的摩擦焊机零件编码系统

在摩擦焊机行业中,由于焊机规格种类多、零件品种多、相似性强、产量小,比较适合应用成组技术编码。目前,成组技术的实施很少能套用现有摩擦焊机零件的设计和生产,尤其是对于不同吨位系统的摩擦焊机零件的成组,所以摩擦焊机零件的专有编码系统基本处于空白。

对摩擦焊机的零件进行分类编码的功能主要有:(1)在摩擦焊机设计方面,便于检索图纸、部件标准化、合理化和扩大通用程度。(2)在摩擦焊机加工制造方面,对零件分类成族,形成生产单元,便于工艺设计的合理化、标准化,促进工艺设计的自动化。(3)通过零件分类编码系统,实现摩擦焊机相似零件的工艺查询,从而为新型号焊机零件的工艺规程设计提供参考和帮助。

1. 摩擦焊机零件编码系统的确定

开发摩擦焊机零件编码系统初期,要将零件按照结构、形状、加工工艺进行分类。摩擦焊机零件主要分为回转体零件和箱体类零件,本研究只针对回转体零件进行分类编码。

JLBM-1系统是我国机械工业的技术指导资料,它结合OPITZ系统和KK-3系统,克服了OPITZ系统分类标志不全和KK-3环节过多的缺点,是一个十进制15位代码的混合结构分类编码系统。本研究涉及的摩擦焊机编码系统是基于JLBM-1系统改进的针对摩擦焊机专用的编码系统,并在原有编码基础上增加焊机规格码,精简一些摩擦焊机归类零件中不常用或者用不到的编码,而归类形成适合于摩擦焊机零件(回转体)生产的新的编码系统。

2. 零件分类

特征码位法是在分类编码系统的各码位中选取特征性较强、对划分零件组影响较大的码位作为零件分组的主要依据,其余的码位予以忽略。用特征位法分组,简单易行,零件组数与所选取的特征码位数有很大关系,特征码位数选得少则零件组数较少,但同组零件的相似性程度也较低。为了使同组零件满足一定的相似性程度,往往要求选取适当数量的特征码位作为分组的依据,但这样又可能出现零件组数过多的现象。对于零件种数较少、零件特征分布较广的情况,采用特征位法分组难以取得满意的结果。本研究的目标零件为回转体,特征较为单一,所以可以适用。

3. 摩擦焊机编码系统的组成

摩擦焊机回转体零件大致分为三类:轴类、套类、端盖类。摩擦焊机吨位规格有 10 t、20 t、30 t、40 t、63 t、80 t、120 t、130 t、160 t、400 t 等,吨位组别繁多。通过查阅 40 t、63 t 和 120 t 摩焊机设计结构图,以此为研究对象,在原 15 码位的基础上,将第一码位上变更为零件归类码,其中包含焊机规格码和零件种类码,从而覆盖更多型号焊机的零件选择,并准确定位零件所在的焊机规格。在形状加工码上,由于是回转体零件,且种类较少,在此码位上设置三类码位——外部形状、内部形状及加工、内角形状,取消摩擦焊机回转体零件不常用的曲面加工和辅助加工码位。其中内部形状和功能要素在内部形状一栏直接表达。此外,该编码系统保留了辅助码中的部分码位,如材料、直径、表面精度等,取消了毛坯原始形状、热处理、长度等码位,力求达到生产方便、快捷应用的效果。总体规划为 9 个码位,如表 5-2 所示。

表 5-2 FWJLBM-1 编码系统

代码	零件归类码		形状及加工码				辅助码		
	焊机吨位(t)	零件种类	外部形状	内部形状及加工		内角形状	材料	直径(mm)	表面精度
				内部形状	功能要素				
0	10	轴类	光外圆	无内孔	无功能要素	无内角	45	(0,100]	Ra0.8
1	20	套	断面有台阶	单向挤压孔	内部有阶梯	内角宽度小于1.0,45°	Q235	(100,200]	Ra1.6
2	30	端盖	间断外圆	双向挤压孔	双向挤压孔	内角宽度大于5.0,15°~30°	HT200	(200,300]	Ra3.2
3	40	—	外圆表面有槽	钻削孔	单向挤压孔		HT300	(300,400]	Ra6.4
4	63	—	外圆表面有齿	多边形孔			GCr15	(400,500]	

续表 5-2

代码	零件归类码			形状及加工码				辅助码		
	焊机吨位(t)	零件种类	外部形状	内部形状及加工			内角形状	材料	直径(mm)	表面精度
				内部形状	功能要素					
5	80	—	外圆表面有垂直通孔	—	—	—	—	40Cr	(500,600]	—
6	120	—	—	—	—	—	—	—	(600,700]	—
7	130	—	—	—	—	—	—	—	(700,800]	—
8	160	—	—	—	—	—	—	—	—	—

4. FWJLBM-1系统试应用举例

40t摩擦焊机轴承端盖如图5-4所示,外径Φ122mm,材料Q235,外圆表面粗糙度Ra6.4,端面粗糙度Ra1.6。

按照表5-2编码该零件时,在零件特征要求下,依照顺序把各个码位结果归类列表,如表5-3所示。

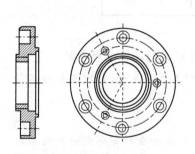

图 5-4 40t摩擦焊机轴承端盖

表 5-3 零件编码结果

零件	参数	代码
焊机吨位	40 t	3
零件类别	轴承端盖	2
外部形状	外圆表面有垂直通孔	5
内部形状	双向挤压孔	2
内部形状功能要素	内部有阶梯	1
内角形状	无内角	0
材料	Q235	1
直径	122	1
表面精度要求	Ra1.6	1

由表5-3可知,该零件编码为325210111,即可录入摩擦焊机专用的编码系统结果中。由于零件的专业性,应用FWJLBM-1编码系统能够快速、清晰地对零件进行编码并保证编码的唯一性,完全表述特征。因此,该编码系统能适合生

产特点，符合编码法则。①

基于流程分析法的汽车座椅装配生产线改善

在整车厂实行拉动生产方式的模式下，座椅生产企业的生产节拍必须符合整车厂生产的需求节拍，不然就会造成整车装配短线现象。作为供应商的座椅生产企业，在满足客户需求节拍的前提下，追求自身运营的不断优化是实现消减自身隐性成本、增大企业盈利的主要方法。座椅生产线的生产效能直接影响了其生产企业的市场竞争力。

1 流程程序分析

流程程序分析即采用流程程序图对产品的现场制造过程进行逐一、详细地分析各种存在的不合理及浪费现象，研究物料搬运、人员操作、人员的等待、物料的存储等优化作业流程顺序，从而得到较高的生产表现（较短的产品生产周期、较高的人员空间利用率、较少的产线不平衡损失等）。流程程序图由操作、搬运、检验、停留、储存5种符号构成。这5个符号的图例如表5-4所示。

表5-4 流程程序图使用符号

操作	搬运	检验	停留	储存
○	⇨	□	D	▽

2 座椅装配生产线的程序分析

本文以汽车前排座椅装配线为例，应用流程程序分析找出流程中的重复、冗余、不合理现象，分析整个装配过程的流程改善点和工位改善点，针对流程和工位进行统一调整以达到生产线的效率提升。

2.1 座椅装配流程

汽车座椅作为汽车驾乘者直接接触的部件，汽车座椅在具有乘坐功能的同时又有着不同于一般人们概念中座椅的功能，比如：手动/电动坐垫升降调节，靠背倾角调节，加热通风，多媒体等。越是功能多的座椅其装配过程越复杂。本文提到的汽车座椅是一款高档汽车的座椅，其功能也涵盖了上述的座椅功能，装配的过程也很复杂。座椅的装配工艺流程如图5-5所示。

这是整个前排座椅大致的工艺流程，这个工艺流程也反映了现场工位的布置，为了能得到更详细的工艺流程，我们列出了更细部的工序，这些细部作业工序构成了整个座椅装配的框架，见表5-5左部所示。

---

① 资料来源：王昕尧,朱海,张珊珊.基于成组技术的摩擦焊机零件编码系统[J].电焊机,2012, 42(2):44-46.

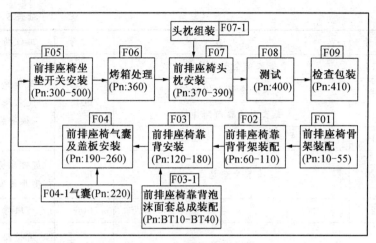

图 5-5 座椅装配流程图

在现场,这些工序按照工艺的逻辑顺序和现场的操作习惯被分配到各个工位,在实施改善前主要分配情况如下,见表 5-5 右部所示。

表 5-5 座椅装配工序工位分配表

工序号	工序名	工位号	工位描述
FA00	物料上架		
FA01	扫描		
FA02	固定滑道		
FA03	安装座椅线束	F01	前排座椅骨架安装
FA04	安装安全气囊线束		
FA05	安装螺母		
FA06	安装内侧饰板支架		
FA07	安装靠背骨架总成及安全带外侧安全插锁		
FA08	安装横梁		
FA09	固定线束卡钉	F02	前座椅靠背骨架装配安装
FA10	安装内衬面板		
FA11	安装外衬面板		
FA12	安装U型塑料边框		
FA13	安装靠背面套总成		
FA14	安装后侧饰板	F03	前排座椅靠背安装
FA15	安装调角器外侧饰板		

续表 5-5

工序号	工序名	工位号	工位描述
FA16	安装安全气囊总成	F04	前排座椅气囊及盖板安装
FA17	安装安全带内侧插锁		
FA18	安装调角器内侧饰板		
FA19	安装安全带三角盖板		
FA20	安装坐垫总成	F05	前排座椅坐垫开关安装
FA21	烘烤	F06	烘烤
FA22	安装头枕总成	F07	前排座椅头枕安装
FA23	功能测试	F08	测试
FA24	贴 3C 标签	F09	检查包装
FA25	安装靠背面板		
FA26	检查整形		
FA27	送至仓储位置		
FA28	QC 检查		
FA29	包装		

由表 5-5 可以看到，作业生产现场主要都分配在 F01、F02、F03、…、F09 这 9 个工位，实际现场分布在一个 U 型的回转工作台上，见图 5-6 所示。

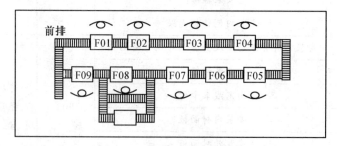

图 5-6 座椅装配回转线

经现场作业时间观察、观测，得到以下信息(见图 5-7)，我们可以看到总体工位间的平衡较差，实测下来经计算仅为 63%。

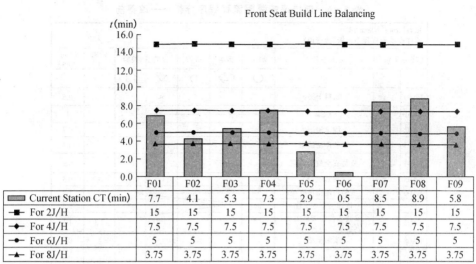

图 5-7 工位工时记录

2.2 流程程序分析

接下来,运用流程程序分析图来分析当前生产过程中的更详细的作业流程,根据流程程序图的 5 个图例绘制如下表格(表 5-6),记录整个座椅装配过程中的加工、搬运、等待、存贮、检验等,并根据现场的实际操作流程记录作业时间、在制品数量、搬运距离、使用工具等过程信息。

从表 5-6 的现状描述中,我们可以看到改善前的生产线状况:操作 24 个,搬运 10 个(总共移动距离 18.7 m),等待 3 个(共 1.2+2.0+5.6=8.8 min),储存 2 个(据现场观测 3 个座椅在等待),检验 17 个(主要为每个工位的收料和完成品自检)。根据工位间的工时分析整条生产线平衡率只有 63%,这说明也存在大约 37% 不平衡浪费的改善空间。

2.3 改善方案

根据上述分析结果,在追求效率最大化的前提下形成以下改善方案:

(1)以优化生产线平衡率为目标的作业重组,重组基本上就是削峰填谷,但重组不代表随意组合,重组的过程要考虑到工艺流程的前后关系,要考虑现场的实际布置与物料摆放,要考虑到重组对原有操作影响的大小,在这里我们考虑针对 F01 至 F07 这七个工位进行重组(这里暂时不考虑 F08、F09 这两个工位,后续会有单独的改善方案)。

表 5-6 前排座椅装配流程程序分析——改善前

项目 Project Name 980
前排座椅流程程序分析（改善前）

工序号	工位号	工序名	加工 ○	搬运 ⇨	等待 D	存储 ▽	检验 □	距离(m)	时间(min)
FA00		物料上架						1.5	0.5
FA01		扫描							1
FA02		固定滑道							0.7
FA03	F01	安装座椅线束							3.1
FA04		安装安全气囊线束							0.9
FA05		安装螺母							0.5
FA06		安装内侧饰板支架							1.0
		传递至下一工位						1.8	0.2
FA07		安装靠背骨架总成及安全带外侧安全插锁						2.3	1.1
FA08		安装横梁							0.4
FA09	F02	固定线束卡钉							0.8
FA10		安装内衬面板							1.0
FA11		安装外衬面板							0.5
FA12		安装U型塑料边框							0.3
		等待							1.2
		传递至下一工位						1.5	0.2
FA13		安装靠背面套总成							2.8
FA14	F03	安装后侧饰板							1.2
FA15		安装调角器外侧饰板							1.3
		等待							2.0
		传递至下一工位						1.5	0.2
FA16		安装安全气囊总成							4.3
FA17	F04	安装安全带内侧插锁							0.7
FA18		安装调角器内侧饰板							1.0
FA19		安装安全带三角盖板							1.3
		传递至下一工位						4.5	0.2
FA20	F05	安装坐垫总成							2.9
		等待							5.6
FA21	F06	烘烤						2.3	0.5
FA22	F07	安装头枕总成							8.5
		传递至下一工位						1.2	0.1
FA23	F08	功能测试						0.6	8.9
		传递至下一工位						1.5	0.1
FA24		贴3C标签							0.2
FA25	F09	安装靠背面板							0.6
FA26		检查整形							0.2
合计			24	10	3	2	17	18.7	59.5

①将 F01 工位部分工序(FA04、FA06)移到 F02 工位。因为这两个装配是可以单独分出的,而且处在 F01 内作业的后端,所以考虑整体挪到 F02 工位。这样 F02 工位的作业员只需在原有操作前加入这两个作业,不会影响到后续作业的顺序,作业员易于理解、识记。

②由于 F01 的 FA04、FA06 工序移到 F02,我们考察工时增加较大,根据工时平衡的分析,将原先 F02 工位的 FA11、FA12 移入 F03 工位,同样是整体移入 F03,对 F03 的原先工序影响不大。

③ F03 引入 FA11、FA12 后,工位工时也大大超出了工时平衡的目标,所以同样考虑移出部分工序,考虑工艺过程的逻辑性,我们将 FA15 移出,放入到 F04 工位。

④ F04 工位引入 FA15 工序后,这给本来工时就较长的 F04 工位带来了很大的影响。经现场观察,F04 工位本身安装的安全气囊需要在本工位做小的总成件,这部分工时是可以在线外准备的。由此,提出一个改善方案,将 F04 工位中的安全气囊小总成移至生产线外组装,组装的量可根据客户的需求节拍确定一个缓冲,这样,F04 工位的工时降到了 5.1 min。

⑤ F05 本身已经产能过剩,我们将 F04 的安全气囊分装作业安排给这个工位,这样 F05 工位的等待现象得以降低,F04 气囊的缓冲库存也可降低。

⑥ F06 本身就是一条加热的传送带,产能极高,无需人工操作,我们这里把它当作自动的传送带不考虑线平衡问题。

⑦ F07 工位工时很长,这里也考虑头枕线外分装的方案,由此,总装工时得到下降。线外分装可由 F05 工位人员来支持。

(2) F08、F09 这两个工位是最后两道工序,主要是测试和检验,不对产品发生物理性变化。由此,我们根据客户的需求量考虑以下两个方案:

①采购新测试机,增加 F08 产能。这种方法能够从长远满足客户的量大的需求(每日一班 45 车套),但这个方案需要设备投资。

②将 F08、F09 工位实行两班制(目前整个生产线实行一班制),为了能够发挥线体的整体产能表现,F08、09 工位实行两班制可以支持到每天近 45 车套(6×7.5=45)。

(3) 针对工位间距进行调整以减小工位间的搬运距离,特别是从 F04 到 F05 工位,原方案移动距离较大,在设施上对传送带进行改造,可缩短间距到 2.2 m,见图 5-8 所示。

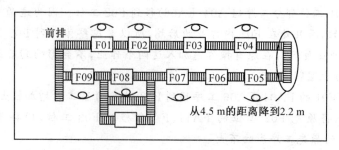

图 5-8 座椅装配回转线改造

经由以上的分析及改善设想,我们可以看到通过工位间的工序调整、合并等能对现有生产线进行改善。由此,我们再次运用流程程序分析图对我们的改善方案进行细化、量化,基于改善方案的流程程序图分析,见表 5-7 所示。

3 改善实施效果

根据流程程序分析后的改善方案,我们实施具体的改善行动,对于 F08 工位,经公司管理层决定,采用新购设备的方案。由此,我们得到改善的效果如下:线平衡达到 80.8%,见图 5-9 所示。

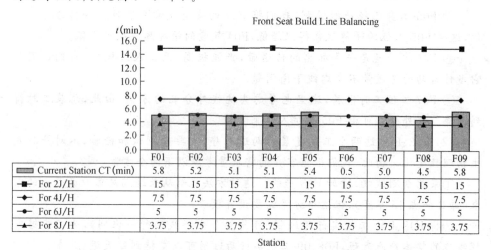

图 5-9 座椅装配回转线改造后工位工时记录

其他指标前后对比,见表 5-8 所示。

可以看出,生产节拍由 8.9 min 缩短到 5.4 min,产能得到了很大的提升(每班从 25.3 车套到 41.7 车套),搬运、等待的浪费也得以改善,在不增加人员的情况下基本达到了中长期的产能目标。

表 5-7 前排座椅装配流程程序分析——基于改善方案

工序号	工位号	工序名	加工 ○	搬运 ⇨	等待 D	存储 ▽	检验 □	距离(m)	时间(min)
FA00		物料上架						1.5	0.5
FA01		扫描							1
FA02	F01	固定滑道							0.7
FA03		安装座椅线束							3.1
FA05		安装螺母							0.5
		传递至下一工位						1.8	0.2
FA04		安装安全气囊线束							0.9
FA06		安装内侧饰板支架							1.0
FA07	F02	安装靠背骨架总成及安全带外侧安全插锁						2.3	1.1
FA08		安装横梁							0.4
FA09		固定线束卡钉							0.8
FA10		安装内衬面板							1.0
		传递至下一工位							
FA11		安装外衬面板							0.5
FA12		安装U型塑料边框							0.3
		传递至下一工位						1.5	0.1
FA13	F03	安装靠背面套总成							2.8
FA14		安装后侧饰板							1.2
		传递至下一工位							0.2
FA15		安装调角器外侧饰板							1.3
FA16		安装安全气囊总成							0.8
FA17	F04	安装安全带内侧插锁							0.7
FA18		安装调角器内侧饰板							1.0
FA19		安装安全带三角盖板							1.3
		传递至下一工位						2.2	0.2
FA20	F05	安装坐垫总成							5.4
FA21	F06	烘烤						2.3	0.5
FA22	F07	安装头枕总成							5.0
		传递至下一工位						1.2	0.1
FA23	F08	功能测试						0.6	8.9
		传递至下一工位						1.5	0.1
FA24		贴3C标签							0.2
FA25	F09	安装靠背面板							0.6
FA26		检查整形							5.0
合计			24	8	0	0	13	14.9	46.1

表 5-8 各项运营指标前后对比

	加工	搬运	等待	存储	检验	距离(m)	加工时间(min)	节拍(min)	产能(车套)
改善前	24	10	3	2	17	18.7	59.5	8.9	25.3
改善后	24	8	0	0	13	14.9	46.1	5.4	41.7
节约量	0	2	3	2	4	3.8	13.4	3.5	增加 16.4

通过本次改善案例，可以看到流程程序分析对于现场改善提升产能是很有效用的，能够对现场具体的操作、搬运、等待等细部浪费一一描述，这为改善提供了机会。[①]

思考与练习题

一、单项选择题

1. 生产周期最短的生产移动方式是（　　）。
   A. 顺序移动方式　　　　　　　B. 平行移动方式
   C. 平行顺序移动方式　　　　　D. 不能确定

2. FMS 的含义是（　　）。
   A. 柔性制造系统　　　　　　　B. 业务流程重组
   C. 制造资源计划　　　　　　　D. 企业资源计划

二、多项选择题

柔性制造系统的优点有（　　）。
A. 具有很强的柔性制造能力，适宜于多品种生产
B. 缩短制造周期，加速资金周转
C. 提高设备利用率，减少占地面积
D. 减少直接生产工人，提高领导生产率
E. 减少在制品数量，提高对市场的反应能力

三、判断题

1. 成组生产单元既有对象专业化的优点，又有工艺专业化的长处。（　　）
2. 在顺序移动方式中，每个零件在工序之间的移动是顺次连续的，没有等待加工时间。（　　）

---

① 资料来源：张志强，周炳海.基于流程分析法的汽车座椅装配生产线改善[J].机械制造，2007，10：56-59.

四、简答与论述题

1. 单件、小批订货生产的生产组织形式有哪些？
2. 企业采用多品种小批量生产方式的具体原因是什么？它有哪些特征？
3. 加工装配性企业中，工件在工序间的移动方式有哪些？并简要介绍。

五、计算题

某零件加工批量为 4 件，有 5 道工序，各工序的单件作业时间为 $t_1=12$ min，$t_2=8$ min，$t_3=9$ min，$t_4=6$ min，$t_5=4$ min。要求：

(1) 计算顺序移动方式、平行移动方式、平行顺序移动方式下的加工周期。

(2) 作平行顺序移动方式示意图。

第六章 综合生产计划

本章内容要点

生产能力与能力计划

综合生产计划

主生产计划

第一节 生产能力与能力计划

制定企业生产计划时,核定企业生产能力是一项十分重要的工作,它是实现企业生产计划综合平衡分析中的重要内容。它一方面要考察拟定生产计划能否实现,另一方面表明什么样的任务量企业可以承担,所以它是反映企业生产可能性的一项重要指标。因此,正确核定生产能力是企业经营决策的前提。同时生产能力的核定过程,也是发现问题解决问题的过程。对于薄弱环节,凡经过努力能得以改善的,生产计划的编制就可以考虑接受;对暂时不能克服的瓶颈环节,也就是企业下一步改建、扩建或技术改造的方向。这样,通过定量分析,可以为企业经营管理水平的提高和长远发展提供基础性资料,特别是在多品种、小批量生产逐步成为生产方式主流的情况下,能力决策显得更为重要。

一、生产能力的概念和影响因素

(一)生产能力的概念

企业生产能力从广义上讲,是指设备能力、人员能力和管理能力的总和。设备能力是指设备和生产面积的数量、水平、生产率与使用时间等诸因素的组合;人员能力是指人员数量、技术水平、出勤率与有效工作时间等诸因素的组合;管理能力包括管理机构及其运行效率,管理人员的素质、经验、水平、工作态度与运用先进管理理论、方法等诸因素的组合。在实际计算生产能力时,由于管理能力只能作定性分析，所以生产能力主要是指设备能力和人员能力，即企业在一定的生产组织技术条件下，在一定时期内（通常以年计算）直接参与生产过程的固定资产（机器设备、厂房和其他生产性建筑物）和人力资源所能生产一定种类和一定质量产品的最高数量，或者所能加工处理一定原材料的最大数量。

生产能力一般分为以下三种：

（1）设计能力。是企业基本建设时设计任务书和技术文件中所规定的生产能力。设计能力只是企业所拥有的固定资产，在其他要素得到充分满足的条件下，生产某种产品的能力。这是一种潜在的能力。

（2）核定能力。在企业某些方面发生了较大的变化后，原有的设计能力不能反映现实能力的情况下，重新调查核定的能力。

（3）计划能力。这是指在企业计划期内，充分考虑了已有的生产条件和能够实现的各种措施后，必须达到的能力。

（二）影响生产能力的因素

企业的生产能力随生产过程中诸多因素的变化而变化。影响企业生产能力的因素有：

（1）产品品种、技术复杂程度、生产组织方式。生产能力是根据各个生产环节的综合平衡确定的，而对各环节起决定作用的是产品的工艺特征，对应于不同的产品、不同的加工方法，各个生产环节的能力是不同的。

（2）生产设备、生产面积的数量、生产率和有效利用率。现代企业的作业离不开大量的专业化设备和作业场地，设备数量应包括现有的全部用于生产的设备，不论是运转的、维修与正在修理的或已到厂家待安装的，还是因任务不足而暂停使用的设备，均应加以计算。生产面积不包括一切非生产用房屋面积和场地。生产面积的数量对于制造厂的铸造、铆焊和装配车间以及一些服务业的能力水平意义重大。

（3）劳动者掌握科学技术水平和劳动技能的熟练程度、劳动组织的完善程度、劳动者的数量、劳动积极性的发挥程度。从设备和生产面积来看，它的生产效率从两个方面来体现：一个是单台设备或单位平方米在单位时间内的产量定额，另一个是单台设备或单位平方米生产单位产品的时间定额。但这两方面效率水平的状况都离不开劳动者的科技水平和劳动技能熟练程度。特别是技术飞速发展的今天，劳动者掌握的科学技术已成为企业生产能力发展的源泉。

（4）企业所能运用的物资数量。

（5）企业管理水平。企业的生产能力是与企业的经营管理水平相关的诸因素综合作用的结果。管理的作用就在于从时空上合理地组织协调这些因素的相互关系，使其发挥出最大的综合作用，形成最大的生产能力。因此，在研究企业的生产能力时，必须充分考虑管理对生产能力的影响。

在以上五种因素中,劳动者和管理这两个因素对生产能力的影响很大,可以通过定额水平和有效工作时间得到综合反映。

二、生产能力的核定

(一) 核定生产能力的意义

(1) 是企业经营决策的前提。能否满足市场对产品的需要,如何合理组织企业的生产经营活动,必须对生产能力做到心中有数,否则无法做出正确的决策。

(2) 是实现企业经营目标的基础。发现生产中有哪些薄弱环节,从而为改建、扩建、技术改造提供方向。

(3) 为提高企业的经济效益,也必须测定企业的生产能力。可以了解生产中各项要素之间的关系是否协调,各种资源是否合理利用,生产能力有多大,采用什么措施,可以得到什么结果,从而为企业提高经济效益制定具体的措施。

(二) 生产能力的核定单位

由于企业种类的广泛性,不同企业的生产能力核定单位会有所不同。对于调制型和合成型的制造企业而言,以产出量为计量单位比较明确。对于流程型企业,以企业年处理原料的数量作为生产能力的计量单位比较合理。但是对于服务行业的生产能力核定,以投入量作为生产能力计算单位就更方便。这类企业的生产能力有一个显著特点,就是能力不能存储,比如一架飞机有150个座位,某个航班上有100位乘客,多余的50个座位的能力只能放空,而不能存储起来放在高峰期使用。这时以飞机座位数量作计量单位,而不是以运送的客流量为计量单位就比较合理。这是服务行业企业和一些产出量巨大而不易把握的工业企业用投入量作为企业能力计量单位的共同特征。

(三) 核定生产能力的步骤

(1) 确定企业的经营方向。需要考虑市场的需求和本企业的内部条件,并且先进水平可通过专业化、协作、改组、联合等方法得到提高,也可借助企业的外部力量来扩大企业的生产能力。

(2) 做好核定生产能力的思想动员、组织准备、资料准备。由管理人员、技术人员、工人组成的三结合小组来完成生产能力的测定工作。

(3) 从基层开始,自下而上地核定各生产单位的生产能力。先计算单台设备或班组(生产线)的能力,然后逐步计算各生产单位(车间、工厂)的生产能力。通过这种方式可以发现企业内部的薄弱环节和富裕环节,拟定措施消除薄弱环节、调节富裕环节的组织技术措施,使企业的生产能力核定建立在可靠先进的基础之上。

(四) 设备组(流水线)生产能力的计算

1. 当设备组只生产某一种产品时,它的生产能力计算公式为:

$$M_{组}=\frac{F_e S}{t}$$

式中:$M_{组}$——设备组的生产能力,单位为件;F_e——单台设备计划期(年)有效工作时间,单位为小时;S——设备组的设备数,单位为个;t——单位产品的台时定额,单位为小时/件。

当 $S=1$ 时,公式为 $M_{组}=\frac{F_e}{t}$,即设备组只有一台设备时,设备组的生产能力就是这一台设备的生产能力。

2. 设备组生产多种产品时的能力计算,通常采用代表产品法和假定产品法

(1) 代表产品法

代表产品法是从多种产品中选一个代表产品,以它为标准来确定生产能力。对于大批生产,品种数少,可用代表产品法计算设备组的生产能力。代表产品是结构与工艺有代表性,且产量与劳动量乘积最大的产品。其计算步骤为:

第一步,选择代表产品,即产量与台时定额乘积最大者。

第二步,将各种产品的计划产量换算为以代表产品表示的总产量 $Q_{总}$:

$$Q_{总}=\sum_{i=1}^{n}Q_i k_i \qquad k_i=\frac{t_i}{t_{代}}$$

式中:$Q_{总}$——以代表产品表示的计划总产量,单位为台或件;Q_i——第 i 种产品的计划产量,单位为台或件;k_i——第 i 种产品的换算系数;t_i——第 i 种产品的台时定额,单位为小时;$t_{代}$——代表产品的台时定额,单位为小时。

第三步,计算以代表产品表示的生产能力:

$$M_{代}=\frac{S F_e}{t_{代}}$$

式中:$M_{代}$——代表产品表示的设备组生产能力;S——设备组内设备的数量;F_e——计划期设备组有效工作时间;$t_{代}$——代表产品的台时定额。

第四步,计算设备负荷系数 α:

$$\alpha=\frac{M_{代}}{Q_{总}}$$

当 $\alpha<1$ 时,计划产量大于生产能力;反之,生产能力大于计划产量。

第五步,计算具体产品的生产能力:

$$M_i=Q_i \alpha$$

式中:M_i——第 i 种产品的生产能力,单位为台或件。

例 6.1 某厂生产甲、乙、丙、丁四种产品,它们的结构、工艺相似,各产品年计划产量分别为 400 件、1 000 件、600 件、200 件,在铣床组的台时定额分别为 18 小时、60 小时、30 小时、90 小时。该铣床组共有 30 台机床,采用两班制生产,设备停修率为 10%。试求该铣床组用代表产品表示的年生产能力。

解题步骤和结果如表 6-1 所示。

表 6-1 代表产品法求解过程及结果

产品名称	计划产量	台时定额	换算系数	换算为乙的产量	代表产品生产能力	负荷系数	各具体产品生产能力
①	②	③	④=③/60	⑤=②×④	⑥	⑦=⑥/∑⑤	⑧=②×⑦
甲	400	18	0.3	120	1 872	1.088	435
乙	1000	60	1	1 000			1088
丙	600	30	0.5	300			653
丁	200	90	1.5	300			218
合计	2 200			1 720	1 872		2 394

其中:

$$M_{代} = \frac{SF_e}{t_{代}} = \frac{30 \times (365-105) \times 2 \times 8 \times (1-10\%)}{60} = 1\,872$$

(2) 假定产品法

对于多品种、中小批量生产,则只能以假定产品的产量来表示生产能力。假定产品是按各种具体产品工作量比重构成的一种实际上不存在的产品。其计算步骤为:

第一步,计算假定产品的台时定额:

$$t_{假} = \sum_{i=1}^{n} t_i \theta_i$$

式中:$t_{假}$——假定产品的台时定额;n——产品品种数;θ_i——第 i 种产品的产量在企业计划总产量中的比;t_i——第 i 种产品的台时定额。

第二步,计算用假定产品表示的设备组生产能力和负荷系数 α。

$$M_{假} = \frac{SF_e}{t_{假}} \qquad \alpha = \frac{M_{假}}{\sum_{i=1}^{n} Q_i}$$

式中:$M_{假}$——用假定产品表示的设备组生产能力;S——设备组设备的数量;Q_i——第 i 种产品的计划产量。

第三步,将 $M_{假}$ 换算为各具体产品表示的生产能力。

$$M_i = M_{假} \theta_i \qquad 或者 \qquad M_i = Q_i \alpha$$

式中：M_i——第 i 种产品的生产能力。

例 6.2 某厂生产 A、B、C、D 四种产品，已知各产品的台时定额分别为 25 小时、25 小时、40 小时、15 小时及计划产量分别为 900 台、600 台、300 台、1 200 台，该设备组有车床 16 台（均在运转中），两班制生产，设备停修率为 15%。试计算该设备组以假定产品表示的生产能力。

求解过程见表 6-2。

表 6-2 假定产品法求解生产能力步骤及结果

产品名称	计划产量	台时定额	产量比重	假定产品台时定额	假定产品生产能力	负荷系数	各具体产品生产能力
①	②	③	④=②/∑②	⑤=③×④	⑥	⑦=⑥/∑②	⑧=⑥×④ ⑧=②×⑦
A	900	25	0.3	7.5	2 514	0.838	754
B	600	25	0.2	5			502
C	300	40	0.1	4			251
D	1 200	15	0.4	6			1 007
合计	3 000			22.5	2 514		2 514

其中：

$$M_{假} = \frac{SF_e}{t_{假}} = \frac{16 \times (365 - 105) \times 2 \times 8 \times (1 - 15\%)}{22.5} \approx 2\,514$$

需要指出的是，生产能力的核算过程是一个动态的过程，生产计划每做一次调整都需要重新核定生产能力的状况，直到 α 接近于 1 时，计划与能力基本平衡。

（五）生产单位能力的确定

生产单位能力是按设备组的生产能力综合平衡后确定的，在设备组之间存在不平衡时，主要考虑生产单位中的主要设备组，以它的能力作为本单位的生产能力，如果存在低于主要设备组生产能力的薄弱环节时，应对薄弱环节采取措施，使其和主要设备组生产能力达到平衡。

（六）企业生产能力的确定

企业生产能力是在各生产单位能力综合平衡的基础上确定的。综合平衡首先要以主要生产单位的生产能力作为企业生产能力的依据，主要生产单位可以是产品劳动量较大，在生产中经常出现瓶颈的关键车间，也可以是设备价值最高的关键设备所在的车间，因为关键设备价值高，难以替代。也有的观点认为，以最小车间生产能力来确定，因为企业的生产能力受制于最小车间的能力。因此，需要具体问题具体分析,在主要生产单位的能力确定后,其他生产单位需以主要生产单位为基准,调整自己的生产能力,使之与主要生产单位的能力相协调与平衡。

三、生产能力计划

(一) 生产能力计划的分类

生产能力是实现企业经营目标的物质保证,企业停留在现有的生产能力利用上是不够的,应当制订一套积极发展生产能力的计划。

生产能力计划按计划期长短可分为:长期生产能力计划、中期生产能力计划、短期生产能力计划。

制订生产能力计划的目的是保证生产计划的实现。

企业长期生产能力计划是为了确保经营目标所规定的盈利计划,考虑了长期需求预测、产品开发计划、现有生产能力。长期生产能力计划是为了确保长期生产计划的实现,考虑到产品自制和外协情况,规定企业扩大生产能力所需的投资。它必然受到企业资金的限制,所以生产能力计划不仅要与生产计划相平衡,还要与资金相平衡。必要时需对外协计划、生产计划、资金计划加以修改,但利润计划必须充分保证。

长期生产能力计划分为:

1. 扩张型生产能力计划

产品的市场前景看好,为了满足未来市场不断增长的需求,有计划地扩大其生产能力。

一次扩张策略:即企业一次性购买设备,增加人员来扩大生产能力。其优点:能较快形成生产能力,生产能力增长快。缺点:需要短期筹集大量资金;风险较大。

逐步扩张策略:多次投入资金,购买设备,逐步增加人员来扩大生产能力。其优点:风险较小;资金筹集容易。缺点:生产能力增长相对缓慢,容易失去市场机会,造成机会损失。

2. 收缩型生产能力计划

当企业产品不能适应市场需求,经营状况不佳。此时企业可考虑采用以下两种策略:

转产策略:利用现有生产能力(设备、人员等)转而生产其他产品。

退缩策略:逐步退出那些已经没有发展前途的行业和产品市场。例如,格兰仕集团,1978年创建,把一家生产鸡毛掸子的小厂,变成世界微波炉大王。从1992年进入家电领域以来,格兰仕专注于制造,通过实施专业化和规模化战略,将微波炉的价格降低了一半以上。从羽绒制品到微波炉的转变就属于退缩策略。

长期生产能力计划工作的步骤为:预测产品的市场需求;计算为满足需求所需投入的设备与劳动力数量;合理配置可获得的设备与劳动力;考虑生产能力的余量——设计能力大于预计需求。

中期生产能力计划是在长期生产能力计划和年度生产计划的基础上制订的。它同样受到资金来源、物资供应、人员素质等因素影响,应当通过修改基建计划、技术改造计划、职工招聘和培训计划、订货计划、资金计划、协作计划等,保证年度生产计划实现。

短期生产能力计划主要根据中期生产能力计划和月度生产计划,采取必要的技术组织措施,充分挖掘和利用现有生产能力,保证生产计划实现。

(二) 短期生产能力计划

短期生产能力计划与短期作业计划相平衡。短期生产能力计划的任务是把生产能力核算细化到短期(日、周或天)计划内生产的产品或零部件所需要的总工时(或称为负荷),并与计划期内的实际生产能力(人或设备的有效工时)进行比较,作出决策,保证按期生产或推迟计划完工期以符合生产能力的要求。

1. 人的生产能力

它是人在作业期间实际从事作业的时间,可由下式求得:

$$\text{计划期内某生产单位人的实际生产能力} = \text{换算人数} \times \text{实际工作时间} \times \text{出勤率}$$

2. 设备的生产能力

设备生产能力的计算与人的生产能力计算类似。具体说,可以用下式表示:

$$\text{设备能力} = \text{设备台数} \times \text{计划期内的实际工作时间} \times \text{开动率}(y)$$

开动率 $0 < y < 1$。在实际轮班制(两班或三班)的生产中,设备的工作时间与人的工作时间差别很大。进行设备负荷平衡时究竟采用人的生产能力还是设备的生产能力,要根据实际情况来选择。

3. 负荷的计算

负荷是依据标准工时计算的。计算方法是先按标准工时计算各品种、各工作中心的负荷,然后再按工作中心和各生产单位汇总。

例 6.3 设某企业在一个月的时间里要完成 A、B、C 三种零件的加工,加工数量分别为 300 件、500 件和 200 件,这三种零件需经过甲、乙、丙三台机器的加工,现有甲 3 台、乙 1 台、丙 2 台,单台设备能提供的台时数为 25(天)×8(小时/天)×90%=180(小时),故每台设备的生产能力为甲机械=3×180=540(小时)、乙机械=1×180=180(小时)、丙机械=2×180=360(小时)。各零件在各台设备加工的标准工时如表 6-3 所示。要求分别计算各品种负荷、各设备负荷,并绘制甘特负荷图。

表6-3 按品种分类的负荷计算表

产品	工序	使用设备	标准工时(h/件)	负荷(h)
A(300)	1	甲	0.32	96
A(300)	2	乙	0.24	72
A(300)	3	甲	0.18	54
A(300)	4	丙	0.15	45
B(500)	1	乙	0.34	170
B(500)	2	丙	0.08	40
B(500)	3	甲	0.25	125
C(200)	1	甲	0.43	86
C(200)	2	丙	0.25	50

(1) 分品种的负荷计算。根据生产作业计划规定要生产的品种和生产量,可以计算出各品种、各设备的负荷,如表6-3所示。生产量分别乘上各设备每一零部件每道工序加工的标准工时,就可得出每个产品的负荷。

(2) 各工作中心的负荷计算。表6-4是把表6-3所得出的负荷,按各台设备整理而成。

表6-4 按设备分类的负荷计算表

设备	产品	工序	负荷(h)	负荷合计(h)
甲	A	1	96	361
甲	A	3	54	361
甲	B	3	125	361
甲	C	1	86	361
乙	A	2	72	242
乙	B	1	170	242
丙	A	4	45	135
丙	B	2	40	135
丙	C	1	50	135

(3) 甘特负荷图。甘特负荷图也称为工时积木表,在单件生产或批量生产中,要用一种设备加工多种产品,就需要明确工作中心的能力与工作内容和负荷之间的关系(是超负荷,还是欠负荷)。根据表6-4,对重要设备或关键工作中心,通过绘制甘特负荷图,其能力与负荷的相应关系就可一目了然。图6-1便是表

6-4的图示结果。由图6-1可以看出,对于设备乙,负荷超过能力,而对于设备甲和丙,负荷低于能力。

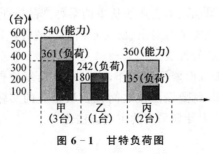

图6-1 甘特负荷图

(三) 能力与负荷的平衡

进行设备负荷核算的目的是为了发现生产任务与生产能力之间的不平衡状况,以便采取有效措施,尽可能地使计划任务落实和生产能力得到充分利用。这就是能力与负荷的平衡。调整方法和原则如下:

1. 短期调整

这是针对作业计划进行的一种应急调整方法。具体来讲包括以下几种方式:

(1) 提高设备的利用率和生产效率。在负荷比能力大时,首选方案就是增加班次,提高设备的利用率。当工作班次已满负荷不能增加时,可以合理安排设备维修计划,减少设备停工检修的时间,提高时间利用率。也可采用改进工艺、降低工时定额、提高生产效率的方式,从内涵发展上扩大生产能力。

(2) 利用外部资源方式。当生产能力短期不足时,采用外协、外购方式解决供需矛盾也是提高生产能力的一种途径。如许多制造企业在生产能力不足时,将大量的零部件转让给外协加工厂生产,或购买其他厂的零部件,自己进行组装出产成品。

(3) 利用库存调节方式。当企业生产的产品具有季节性时,用库存来调节能力与需求量之间的缺口是比较常用的方法,即淡季多生产一些储存起来,以弥补旺季生产能力的不足。如空调、电风扇、时装等,往往旺季和淡季的销售量相差很大,旺季时生产能力不足,淡季时生产能力过剩。

如果上述方法仍不能完全解决能力不足的问题,就要改变作业进度,使部分作业延期。但对延期到什么时间应该有所计划,所以短期调整基本上是在现有人员和设备能力范围内进行的一种调整。

2. 长期调整

这是根据长期计划中的产品品种或生产量的目标,为保证相应人员和设备能力所进行的调整。长期调整也分为两种情况:

(1) 生产能力小于市场需求,通过技术改造等措施扩大生产能力,即为扩张型生产能力计划。

(2) 生产能力大于市场需求,则要考虑开发新产品以充分利用能力,同时经过周密的市场分析,如果确认本企业所从事的某种产品行业是即将衰退的行业或扭亏无望的产品时,企业要考虑退出、出售亏损部门或转产,即执行收缩型生产能力计划,在收缩中求得新的发展。

能力计划是一项细致而繁重的工作,它是一个反复检查的动态过程,时效性很强。要真正发挥作用,就要设法使之简化。从企业的实际运作状况来看,采取措施消除瓶颈环节是能力计划采用的主要方法之一。

四、学习曲线

工厂的生产能力是不断变动的。不但在增加设备和人员后会提高生产能力,即使不增加设备和人员,当人们提高了熟练程度后,也会提高生产能力。实践证明,这种生产能力的提高,存在着某种规律性。在积累了一定的资料后,可以相当准确地对以后的生产改进程度做出估计。

(一) 学习曲线的概念

所谓学习效应,是指当一个人或一个组织重复地做某一产品时,单位产品所需劳动时间会随着产品生产数量的增加而逐渐减少,然后才趋于稳定,如图 6-2 所示。它包括两个阶段:一是学习阶段,单位产品的生产时间随产品数量的增加逐渐减少;二是标准阶段,学习效应可忽略不计,可用标准时间进行生产。

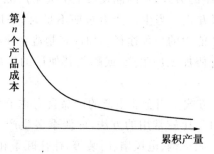

图 6-2　直角坐标系中的学习曲线

将累积产量与单位成本的关系作成点图,可以得到图 6-2 所示曲线。它所表示的是单位产品的直接劳动时间和累积产量之间的关系。类似的表示学习效应的概念还有"制造进步函数(manufacturing progress function)"和"经验曲线(experience curve)",但它们所描述的不是单位产品直接劳动时间与累积产量之间的关系,而是单位产品的附加成本与累积数量直接的关系。这两种曲线的原理与学习曲线是相同的,因此这里只介绍学习曲线。学习曲线主要有两种学习效应:个人学习和组织学习。所谓个人学习效应,是指当一个人重复的做某一产品时,由于动作逐渐熟练,或者逐渐摸索到一些更有效的作业方法后,做一件产品所需的工作时间(即直接劳动时间)会随着产量累积数量的增加而减少。组织学习是指管理方面的学习,指一个企业在产品设计、工艺设计、自动化水平提高、生产组织以及其他资本投资等方面的经验积累过程,也是一个不断改进管理方法、提高人员作业效率的过程。图6-2所示的曲线,可以是组织学习的结果,也可以是个人学习的结果,还可以是两种学习结果的叠加。

学习效应在劳动投入要素和成本中最为常见。随着生产产品单位数量的增加,得到一个单位产出量所必要的劳动小时数会因一系列原因而下降,这些因素包括工人对工作任务的熟悉程度提高,工作方法和工作流程的改进,废品和重复工作数量的减少,以及随着工作重复次数的增多对技术工人需要的减少等。如果随着工人对生产过程越来越熟悉,废品和浪费越来越少,那么单位原材料成本也会形成学习曲线效应。但并非所有的投入要素及相关成本都存在学习过程。例如,单位运输成本一般不会随产量的持续增加而下降。

(二)学习曲线产生的背景

第二次世界大战中,美军在军用飞机生产中发现了一种很有意义的规律:每当一种型号飞机的累积产量翻一番时,它的生产成本就下降20%。这就是说,生产第二架飞机的成本只有第一架的80%;生产第四架的成本为第二架的80%;生产第一百架的成本为第五十架的80%;等等。后来在其他工业领域中(如汽车、石油化工、半导体、合成橡胶)也发现了类似的现象。虽然不同的产品成本下降的速率不同,但每当产品产量翻一番时,产品成本按同样的百分比有规律递减的现象都是相似的。

(三)学习曲线的应用

学习曲线这种现象给生产计划工作提供了一个重要的分析工具。它说明,随着产量的增加,在不需要人员和设备的情况下就使生产能力按一定的速率增加。这种规律可帮助企业较精确的估计对生产能力的需求,制定相应的能力计划。当今的企业需要经常性地进行产品的重新组合,当一个新产品准备上马时,确切地估计对生产能力的需求就成了一个十分重要的问题,为此就有必要考虑到新产品投入生产时的学习效应问题。过去,不少企业在这个问题上有过深刻的教训:当一个新产品的样机和小批量试生产刚刚完成,就根据做样机和小批量试生产时所耗费的生产能力、人工工时等数据来估计对未来生产能力的需求,而忽略了可能的学习效应,从而购置了过多的生产能力,导致能力富余,给企业带来了沉重的负担。现在它已是许多企业估算成本和交货期,以及为订货产品报价的常用方法。

学习效应也可以帮助企业制订产品的成本计划。根据学习效应,可估计随着累积产量的增加成本降低的可能性,从而制订更加有竞争力的价格策略。此外,根据学习效应理论,当一个企业竞争策略的重点放在低成本上时,为了维持一定的利润,必须有足够的产量,这些企业通常总是尽快增加产量,以使得成本降至学习曲线的低点。

学习效应可以防止竞争对手进入自己的市场。例如,在电子元器件工业,开发一种集成电路的成本是昂贵的,因此产品最初的价格往往很高,但随着产品累积生产数量的增加,成本会迅速下降,从而价格也降下来,这对于先开发产品、先进入市场的企业十分有利。而后来的参入者一开始就必须以低价格在市场上出现,对他们来说,刚开始生产的成本是很高的,这种学习阶段的价格低于成本的损失,只能由他们自己承担。

学习曲线如果使用不当也会有风险。这里指管理人员往往容易忘记环境动态变化的特性,在这种情况下,环境变化中的不测因素有可能影响学习规律,从而给企业带来损失。一个著名的事例是道格拉斯飞机制造公司被麦克唐纳(McDonnell)兼并的事例。道格拉斯曾根据学习曲线估计他的某种新型喷气式飞机成本能够降低,于是对顾客许诺了价格和交货日期,但飞机在制造过程中不断地修改工艺,致使学习曲线遭破坏,也未能实现成本降低,因此遇到了严重的财政危机,不得不被兼并。

案例 6-1

唐纳德·道格拉斯(1892年4月6日—1981年2月1日)全名唐纳德·维尔斯·道格拉斯,是道格拉斯飞行器公司的创办人。道格拉斯只用2年时间就拿到了麻省理工大学的航空学学位。随后,他为许多飞机制造公司工作过,并于1920年在加利福尼亚州开创了自己的工厂。正是在这个工厂里,道格拉斯开始制造第一架飞机:一个富有的冒险家大卫·戴维斯出资4万美元要求道格拉斯帮他制造一架可以不停留横跨美国的飞机。之后,道格拉斯开始为美国海军制造鱼雷轰炸机。

1936年,他研制出了后来被称为第一架现代客机的DC-3飞机,该飞机系列的C-47军用飞机曾在第二次世界大战中发挥了重要作用。

20世纪50年代,道格拉斯的公司是商业客机制造的领头羊。道格拉斯致力于DC-8飞机的研制,并于1965年制造了双引擎DC-9客机。不过,财务上的困境最终使道格拉斯的公司于1967年与圣路易斯的麦克唐纳飞机公司合并,这也是现在麦道飞机的来源。

企业生产通常是批量生产,批量的大小有规模经济的作用;批次之间有学习效应作用。要处理好批量与批次之间的关系。

学习效应在生产过程中已得到广泛应用,工人和管理人员都会随着经验的增多而提高效率。随着过去累积生产量的不断上升,生产成本会逐步下降。飞机制造、船舶制造和电器等产品的生产都表现出学习效应。

学习效应不会自发产生,应当有意识地加以引导。它通常是累计时间或产量的函数,并且一般不会遗忘,通常竞争对手也不能从你的学习效应(主要指劳动技能的提高)中获益。

(四)学习曲线的建立

要利用学习曲线进行定量分析,最有效的方法是将它表示成数学解析式。可以用指数来表示学习曲线中各变量之间的关系:

$$k_n = k_1 \cdot n^b$$

式中:k_n——生产第 n 台产品的直接人工工时;n——生产的台数;k_1——生产第一台产品的直接人工工时;b——幂指数,$b=\lg r/\lg 2$,r 指学习率。

例如,对于学习率为 80% 的学习曲线:$b=\lg 0.8/\lg 2=-0.322$。

常见学习率下的 b 值见表 6-5。

表 6-5 常见学习率下的 b 值

学习率(r)	50	60	70	80	90
b	-1	-0.737	-0.515	-0.322	-0.152

例 6.4 已知生产第一台产品的工时为 10 000 h,学习率为 80%,求第八台产品的工时。

解:按学习率 80%,查表得 $b=-0.322$

由此第八台产品的工时为:$k_8 = 10\,000 \times 8^{-0.322} = 5\,120 \text{(h)}$

一批产品的生产周期是由这批产品的总工时推算出来的,在学习曲线下的产品生产总工时是每台产品生产工时的总和。即:

$$H_n = k_1(1 + 2^b + \cdots + m^b)$$

当 n 足够大时,可假设 H_n 是连续函数,于是:

$$H_n = \int_1^n k_1 x^b \mathrm{d}x = \frac{k_1(n^{b+1}-1)}{b+1}$$

例 6.5 已知生产第一台产品所花费的工时为 1 000 h,学习率为 80%,每周的生产能力为 480 h。问:生产第 20 台时需用多少周?

解:按学习率 80%,查表得 $b=-0.322$

生产 20 台的总工时为:

$$H_{20} = \frac{1\,000(20^{1-0.322}-1)}{1-0.322} = 9\,764.5 \text{(h)}$$

生产 20 台所要时间为:

$$T_{20} = \frac{9\,764.5}{480} = 20.3 \text{(周)}$$

(五) 学习率的估计

在生产某种产品的开始阶段,由于有许多因素干扰,大多数企业收集不到反映学习效应的数据。经过一段时间的生产,生产状况渐趋稳定,开始收集资料,并根据公式 $r=2^b, b=\dfrac{\lg(k_n/k_m)}{\lg(n/m)}$ 计算学习率。学习率大(接近于1)表示学习进步缓慢;相反,学习率小,表示学习进步快,即单台产品的加工工时随累计产量的增加很快地降低。

例6.6 已知生产第10件的成本为3 000元,生产第30件的成本为2 000元,求:

(1) 该产品的学习率;

(2) 如果生产第1台产品的成本是6 952元,那么生产第100台产品的成本是多少?

解:该产品的学习率为: $b=\dfrac{\lg(2\,000/3\,000)}{\lg(30/10)}=-0.365, r=2^{-0.365}=0.78$

第100台产品的成本:由 $k_n=k_1 n^b$ 知, $k_1=6\,952$,由此, $k_{100}=6\,952\times 100^{-0.365}=1\,294.5$(元)

如果没有上述资料,即在某种产品未开始生产之前就想估计学习率,这种估计通常带有较强的主观性。在这种情况下有两种估计方法,一是根据本企业过去生产过的类似产品进行估计,如果工艺比较类似,就认为具有相同的学习率。二是把它看作与该产业平均学习率相同。无论采用哪种方法,在实际生产开始、积累了一定数据之后,都需要对最初的估计加以修正。这里有几个需注意的问题:

(1) 盲目的接受产业平均学习率有时是很危险的,因为对于不同的企业,有时会有相当不同的学习率。

(2) 影响各企业学习率的主要因素之一是看生产运作是以设备速率为基础,还是以人的速率为基础。在以设备速率为基础的生产运作中,直接劳动时间减少的机会较有限。因为在这种情况下,产出速度主要取决于设备能力,而不是人的能力。在一个生产运作系统中,以人的速率为基础的生产运作所占的比例越大,直接劳动时间中所反映出来的学习效应也就越强。

(3) 影响学习率的另一个因素是产品的复杂性。简单产品的学习率不如复杂产品那么显著。复杂产品在它的整个寿命周期中通常有更多的机会来改进工作方法、改变材料、改变工艺流程等。也就是说,复杂产品的组织学习率通常更高,特别是在没有相似产品生产经验的情况下,学习率更高。

(4) 资本投入的比率也会影响学习率。这是指自动化程度的提高或设备的改善会使直接劳动时间减少,从而使学习曲线发生一定变化。因此,当根据过去类似产品的经验估计学习率时,必须考虑到资本投入比率的影响。

(六) 学习曲线的讨论

学习曲线存在的条件是生产的产品保持不变。当产品发生变动后,制造成本和工时降低的趋势中断,要从新的起点开始新的学习过程。研究结果也表明,这种学习过程是企业自觉努力的结果,而不是自发的偶然现象。

原来认为,学习曲线现象是工人在重复操作过程中提高了熟练程度所致,后来发现,工人的因素在降低工时与成本的过程中只起一小部分作用,主要的原因在于改进了生产方法、生产工具和物料的利用;改进了产品设计和实施标准化;提高了机械化和自动化程度;改善了车间平面布置和物料流程;改善了管理工作等的综合效果。

学习曲线告诉我们,生产中永远有潜力可挖,但同时也应看到,取得这种效果的代价是使生产系统刚性化,它会使生产系统越来越缺乏适应变化和更新产品的能力。因此,只有当产品定型,需求增长时,才有必要利用学习曲线预估产品工时和成本,即估计生产能力的增长趋势,并以此促进各部门提高生产效率。同时也要注意,不能过分地追求效率的提高,否则会丧失适应市场变化的能力,反而会给企业进一步的发展带来困难。

第二节 综合生产计划

生产运作计划是企业管理活动的首要职能,是组织和控制企业生产运作活动的依据,是企业所有生产运作活动的基础。故生产运作计划在生产运作管理活动中占有极其重要的地位。

一、生产计划的分类

生产计划是企业经营计划的重要组成部分,是企业对其生产任务作出的统筹安排。

从计划期的时间长短上,可把生产计划分为:长期计划、中期计划和短期计划(图 6-3)。

不同层次计划的特点如表 6-6 所示。

战略层计划即企业经营计划,战术层计划包括综合计划(生产计划大纲)、主生产计划、粗能力需求计划等,作业层计划包括物料需求计划、车间作业计划、最终装配计划、细能力需求计划等。

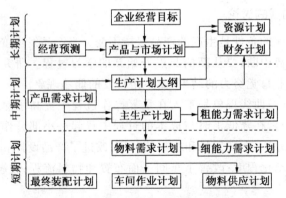

图 6-3 生产计划系统结构示意图

表 6-6 不同层次计划的特点

比较指标 \ 类别	长期计划（战略层）	中期计划（管理层）	短期计划（作业层）
计划总任务	制定总目标 获取所需的资源	有效利用现有资源 满足市场需求	适当配置生产能力 执行厂级计划
管理层次	高层	中层	低层
计划时间	3～5年或更长	1～1.5年	小于6个月
详细程度	非常概略	概略	具体、详细
决策变量	产品线 工厂规模 设备选择 供应渠道 劳工培训 生产、库存管理系统 类型选择	工厂作业时间 劳动力数量 库存水平 外包量 生产速率	生产品种 生产数量 生产顺序 生产地点 生产时间 物料库存 控制系统

综合计划（Aggregate Plan），又称中期生产计划、生产计划大纲。一般按年份编制（1年或生产周期长的产品2～3年）。解决问题：总体安排计划期内产出内容、产出量、人力规模、库存水平、外包量等。

主生产计划（Master Production Schedule，MPS），根据综合生产计划规定的任务和实际的顾客订货合同制订，规定每一具体最终产品（成品、外销类半成品）在每一具体时间段内的出厂数量，是生产计划系统的核心。主生产计划的期限一般为季度或月度，故有些企业又称之为季、月度投入产出计划。

综合计划与主生产计划如表6-7和表6-8所示。

表 6-7 某公司综合计划

产量(台)	1月	2月	…	12月
产品 A	2 000	3 000	…	4 000
产品 B	6 000	6 000	…	6 000

表 6-8 某公司主生产计划

产品 \ 月 周次	1月				2月				…	12月			
	1	2	3	4	1	2	3	4		1	2	3	4
A1 型产量		320		320		480		480	…		640		640
A2 型产量	300	300	300	300	450	450	450	450	…	600	600	600	600
A3 型产量	80		80		120		120		…	160		160	
合计	2 000				3 000				…	4 000			

请注意,综合计划体现的是产品总量,而不是具体每种产品的数量。如表 6-7 某公司的综合生产计划反映的是该公司生产 A 产品的总量,而不是计划生产多少 A1、A2 或 A3 型产品。而主生产计划反映的就是每种具体产品生产的数量,如表 6-8 中详细地列出了 A1、A2 或 A3 三种型号产品的生产产量。

物料需求计划(Material Requirements Planning,MRP),确保生产 MPS 所规定最终产品所需全部物料(原材料、零件、部件等)及其他资源能在需要的时候供应给生产车间。

能力需求计划分为粗能力需求计划(Rough Cut Capacity Planning)和细能力需求计划(Capacity Requirements Planning)。粗能力计划又被称为产能负荷分析,细能力计划又被称为能力计划。

粗能力计划是指在闭环 MRP 设定完毕主生产计划后,通过对关键工作中心生产能力和计划生产量的对比,判断主生产计划是否可行。细能力计划是指在闭环 MRP 通过 MRP 运算得出对各种物料的需求量后,计算各时段分配给工作中心的工作量,判断是否超出该工作中心的最大工作能力,并做出调整。

粗能力计划和细能力计划的主要区别为:

参与闭环 MRP 计算的时间点不一致,粗能力计划在主生产计划确定后即参与运算,而细能力计划是在物料需求计划运算完毕后才参与运算。粗能力计划只计算关键工作中心的负荷,而细能力计划需要计算所有工作中心的负荷情况。粗能力计划计算时间较短,而细能力计划计算时间长,不宜频繁计算、更改。

车间作业计划(Production Activity Planning,PAP),将零件的加工按工序分解,把各零件各工序的加工任务以任务调度单和工票的形式下达车间。

最终装配计划(Final Assembly Schedule,FAS),即将加工完毕的零件、部件、组件进行总装。

二、综合计划

（一）主要指标

综合计划的指标主要包括：

（1）产品品种指标：企业在计划期内出产的产品品名、规格、型号等。是关于"生产什么"的决策。

（2）产品产量指标：企业在计划期内的产品生产数量。是关于"生产多少"的决策。如表6-9。

（3）质量指标：一是产品本身的技术标准和质量要求：如自行车的负载量、正常使用寿命、表面光洁度。二是产品生产的工作质量：合格品率，一等品率，废品率等。

（4）产值指标：用货币表示的产量指标，体现企业在计划期内生产活动的总成果。如表6-10。

表6-9　2016年工业产品产量计划表

产品名称（型号及规格）	计算单位	今年预计		计划年度					备注
		全年预计	1~9月份	全年	1季度	2季度	3季度	4季度	
甲产品	台	550	450	600	140	150	160	150	
乙产品	台	—	—	50	30	—	20	—	
维修配件	套	80	60	100	—	50	—	50	

表6-10　2016年工业产值计划表

单位：万元

项目	上年预计	计划年度					计划年为上年预计达到的%	备注
		全年	1季度	2季度	3季度	4季度		
总产值（不变价格）	1 318.58	1 559.92	360	400	400	400	118	
主要产品商品产值	1 054.00	1 247.10	350	300	300	300	119	
生产维修配件产值	108.00	135.00	60		75		125	
修理产值	94.50	105.00		55		50	111	
商品产值（现行价格）	1 018.45	1 211.96	290	305	315	302	119	
净产值（现行价格）	347.33	409.85	100	100	110	100	118	

产值指标包括：

商品产值：计划期内出产的可供销售产品的价值，即企业在计划期内生产的可供外销的成品、半成品、工业性作业的价值。反映企业在计划期内向社会提供的商品数量，是企业收入的主要来源，按照现行价格计算。

总产值：计划期内完成的以货币计算的生产活动总成果的数量，包括劳动者为自身创造的价值、劳动者为社会创造的价值、生产资料的转移价值。总产值＝商品产值＋来料加工的来料价值＋期末在制品结余额－期初在制品结余额。是企业在计划期内生产总成果的货币体现，反映企业的生产水平和生产规模，按照不变价格计算。

净产值：计划期内通过生产活动新创造的价值，包括劳动者为自身创造的价值、劳动者为社会创造的价值。反映企业在生产和节约两方面的工作成果，表明企业向社会提供国民收入的多少，是衡量企业经济效益的重要指标。

商品产值、总产值和净产值的关系如表 6-11 所示。

表 6-11 三种产值对照表

总产值	商品产值	净产值	外单位来料加工产品的加工价值
			对外承做的工业性作业价值
			企业产品中新创造的价值
		企业产品中原材料的价值	
	外单位来料加工产品的原材料价值		
	企业在制品、自制工具、模具等期末期初结存量差额价值		

(5) 产品出产期指标：为保证交货期规定的产品出产日期。

(二) 综合计划的编制步骤和滚动式计划方法

1. 编制步骤

(1) 确定计划期内的市场需求。需求信息主要来源于用户的直接订单、市场需求预测和未来的库存计划。

(2) 统筹安排，拟定初步计划方案。在这一阶段主要是制订不同的方案，并从中按一定的标准选择一个满意的方案。

(3) 综合平衡分析，确定综合计划指标。综合平衡的内容主要包括年度生产任务与生产能力的平衡、年度生产任务与物资的平衡、年度生产任务与劳动力的平衡及年度生产任务与成本财务的平衡。

(4) 讨论修正，批准实施。

2. 滚动式计划的编制方法

生产任务中不确定部分所占的比重越来越大，只能靠预测安排计划。而一旦接到订货,交货期又十分紧迫。近年来,企业引进了许多方法,其中滚动式计划法(图6-4)用得比较广泛。

图6-4 滚动式计划方法示意图

滚动式计划方式也称"滑动式计划"或"连续计划",是一种编制具有灵活性的、能够适应环境变化的长期计划方法。其编制方法是:在已编制出的计划的基础上,每经过一段固定的时期(例如一年或一个季度,这段固定的时期被称为滚动期)便根据变化了的环境条件和计划的实际执行情况,从确保实现计划目标出发对原计划进行调整。每次调整时,保持原计划期限不变,而将计划期顺序向前推进一个滚动期。将计划期不断向前延伸,连续编制计划的方法。例如,2015年编制了2016年至2020年五年期计划,2016年又根据新情况对原计划加以修订补充,编制出2017年至2021年新的五年期计划,以此类推,不断向前滚动。优点是计划可以比较切合实际,相互衔接协调。

采用滚动计划法,可以根据环境条件变化和实际完成情况,定期地对计划进行修订,使组织始终有一个较为切合实际的长期计划作指导,并使长期计划能够始终与短期计划紧密地衔接在一起。

(三)综合计划策略

在制订综合生产计划的时候,管理人员需要首先回答下面的问题:

(1)库存是用于吸纳计划期内需求的变化吗?

(2)需求变动是通过劳动力数量的变动或采用超时或减时工作来吸纳的吗?

(3)是否通过转包方式来维持需求增长时的劳动力的稳定?

(4)是用改变价格或其他因素来影响需求吗?

对这些问题的回答便是制订计划的策略,主要有两种基本的决策思路:

(1)稳妥应变型:根据市场需求制订相应的计划调节人力水平、加班或部分开工、利用库存调节、外包外协、延迟交货。

(2)积极进取型:影响、改变需求,制订相应的计划。如调整价格、刺激淡季需求、导入互补产品。

如图6-5所示,通过导入互补性产品,更好地利用生产能力,使企业全年生产工作量季节性波动变小。

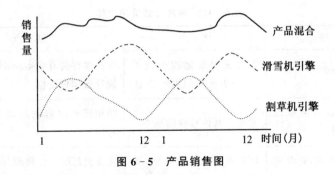

图 6-5 产品销售图

案例 6-2

阿根廷鲍吉斯—罗易斯公司的泳装生产计划

鲍吉斯—罗易斯公司（Porges—Ruiz）是阿根廷的一家泳装生产厂商。泳装是一个很受季节影响的企业，销售旺季一般在夏季的三个月，该公司的泳装产品有 3/4 销往海外。多年来鲍吉斯—罗易斯公司一直采用传统方式来安排泳装生产，即聘用临时工，生产大量存货来应付需求大幅度上升。但这种方式带来的问题很多。一方面，由于公司提前几个月就将泳装生产出来，其款式不能适应变化的需求情况；另一方面，在这繁忙的三个月，顾客的抱怨、产品需求告急、时间安排变动及出口使得管理人员大为烦恼。为此该公司对生产工作时间进行了改革，使生产能力与需求同步，以提高适应性，不仅降低了成本，同时也增强了员工对顾客的责任心。

鲍吉斯—罗易斯公司的解决办法是在维持工人的正常的每周 42 小时工作的报酬的同时，相应改变生产计划，从 8 月到 11 月中旬改为每周工作 52 小时（南美洲是夏季时北半球是冬季）。等到高峰期结束，到第二年 4 月每周工作 30 小时。在时间宽松的条件下，进行款式设计和正常生产。

这种灵活的调度使该公司的生产占用资金降低了 40%，同时使高峰期生产能力增加了一倍。由于产品质量得到保证，该公司获得了价格竞争优势，因而销路很广，扩大到了巴西、智利和乌拉圭等国。

综合计划的这两种基本的思路涉及很多具体的策略，表 6-12 比较了这些策略的优缺点。

运作经理在制订综合计划时，根据每种策略的优缺点，选择一个最有利的方案，即在满足需求的条件下，选择成本最低的方案。可采用单一策略或混合策略（采用两个或两个以上的策略来制订综合计划。如超市可同时采用调整人力水平、库存的策略）。而两种极端的选择体现为：追踪策略和均衡策略。

表 6-12 综合计划策略比较

策略	优点	缺点
改变库存水平	人力资源变化较小或不变，没有突然的生产变动	存在库存持有成本、需求上升时，短缺导致销售受损
通过聘用或暂时解雇改变劳动力数量	避免了其他选择的成本	聘用或暂时解雇及培训成本相当可观
通过超时或减时来改变生产率	同需求变动保持一致，无需雇佣及培训成本	需支付超时工作报酬，使工人疲劳，可能不能满足需求
转包	有一定的弹性并使公司产出平衡	失去质量控制；减少利润；未来市场受损
利用非全日制雇员	较全日制工人节省成本且更有弹性	更换率及培训成本高，质量下降，计划较难
调整价格	设法利用过剩的生产力，折价可以吸引更多顾客	需求存在不确定性，很难精确保持供求平衡
延迟交货	避免超时工作，使产量稳定	顾客须愿等待，但信誉受损
不同季节产品或服务混合	可充分利用资源；保有稳定的劳动力	需要公司专业生产之外的技术和设备

追踪策略是指每个计划期内的产量都要与需求预测相匹配。这种策略可以通过多种方法来实施。如，管理人员可通过招聘或解聘雇员来调整用工数量，还可以通过加班、轮休、招聘临时工或分包来调节产量。很多服务型企业倾向于采用追踪策略，因为它们很难或根本不可能采用持有库存的方法，如教育、医疗和建筑业等。

均衡策略是指在每个计划期内使每日产量保持一致。丰田和日产这些公司，它们将产量保持在一致的水平上，利用产成品库存数量的增减来调节需求和生产之间的差距或安排员工从事其他工作。它们认为保持稳定的员工队伍会得到质量更高的产品，实现更低的员工流动率和缺勤率，也使更多的员工能够努力实现企业目标，同时员工变得更有经验，制订和检查计划更容易，设备调整准备费用及设备停机故障更少。当需求比较稳定时采用均衡策略会取得良好的效果。

（四）综合计划制订的方法

1. 图表法

这种方法的基本原理是一次考虑多个因素，便于计划人员直观地将需求预测和现有能力进行比较。这是一种反复试验的方法，并不能保证得到最优的生产计划。

综合计划的成本主要包括：员工雇佣和解雇成本；加班工资；兼职员工的工资；库存费用；设备引进技术改造的成本；外包成本；缺货损失；质量损失。其评价标准即成本最低。

基本编制步骤为：确定每个时期的需求量；确定正常工作时、超时工作时以及实行转包时各自的产量；确定用工成本，聘用和暂时解聘成本及库存持有成本；考虑公司对职员和库存水平的政策和社会因素；比较各计划方案，选择成本低的方案。

例 6.7 威克公司是屋顶材料生产厂家，做了屋瓦需求的月预测。表 6-13 列出了 1～6 月份的情况。日需求量可通过期望需求除以月工作日数求得。每月日产量如图 6-6 所示，平均需求=50 件/天。

表 6-13 1～6 月份需求预测表

月份	预测需求（件）	生产日数（日）	每日需求（件）
1	900	22	41
2	700	18	39
3	800	21	38
4	1 200	21	57
5	1 500	22	68
6	1 100	20	55
合计	6 200	124	

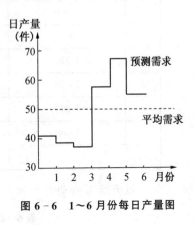

图 6-6 1～6 月份每日产量图

现有三个可以满足需求的计划：

计划 1：库存方案。在 1～6 月维持一个固定的劳动力水平（每天生产 50 件）。通过库存调节需求变化。

计划 2：转包方案。保持一稳定的能满足最低需求（3月）的劳动力水平（每天生产 38 件），通过转包来满足超过此水平的需求。

计划 3：人力资源方案。通过新雇或暂时解雇一些员工以满足每个月实际需求。

成本信息如表 6-14 所示。

表 6-14　成本信息表

成本项	数值
库存持有成本	5 元 (件/月)
转包成本	10 元/件
平均工资	5 元/小时 (40 元/日)
加班工资	7 元/小时 (8 小时以上)
生产每单位产品的工时	1.6 小时/件
提高生产率的成本 (培训和新聘)	10 元/件
降低生产率的成本 (解聘)	15 元/件

对计划 1 的分析：

库存方案：每天生产 50 单位产品，有稳定的劳动力，无超时工作或闲余时间，没有转包。前 3 月存货，后 3 月逐步销尽存货。开始存货为 0，计划结束时存货也为 0，如表 6-15 所示。其成本如表 6-16 所示。

表 6-15　库存方案存货变化表

月份	产量 (50 件/天)(件)	预测需求量(件)	月存货(件)	期末库存(件)
1	1 100	900	200	200
2	900	700	200	400
3	1 050	800	250	650
4	1 050	1 200	−150	500
5	1 100	1 500	−400	100
6	1 000	1 100	−100	0
				1 850

每天所需劳动力 = 50×1.6/8 = 10(人)

表 6-16　库存方案成本计算表

成本	计算结果(元)
库存持有成本	9 250 (1 850×5)
正常工作报酬	49 600 (10×40×124)
总成本	58 850

对计划 2 的分析：

转包方案：所需劳动力能满足最低需求水平 (3 月份) 的生产即可。每天生产 38 件产品，则需要 7.6 个工人。每月其余需求由转包来实现。计划 2 没有库存持有成本。其成本如表 6-17 所示。

每天所需劳动力＝38×1.6/8＝7.6(人)
本企业完成量＝38×124＝4 712(件)
转包量＝6 200－4 712＝1 488(件)

表 6-17　转包方案成本计算表

成本	计算结果(元)
职工工资	37 696(7.6×40×124)
转包	14 880(1488×10)
总成本	52 576

对计划 3 的分析：

人力资源方案：根据需要新雇或暂时解雇一些员工，使生产能力能满足各月的实际需求。表 6-18 列出了有关计算及计划 3 的总成本。

表 6-18　人力资源方案成本计算表

月份	预计需求量（件）	基本生产成本（需求量×1.6×5）	增产额外成本（新增雇员）(元)	减产额外成本（裁员）(元)
1	900	7 200	—	
2	700	5 600		3 000
3	800	6 400	1 000	—
4	1 200	9 600	4 000	
5	1 500	12 000	3 000	
6	1 100	8 800		6 000
		49 600	8 000	9 000
总成本		666 000		

由此可以看到，计划 2 的成本最低，是最优的方案。

2. 线性规划的运输问题方法

如果将综合计划看成是一种为满足预测数量而进行的生产能力分配问题，则可以根据线性规划的运输问题求解。线性规划的运输问题和图表方法不一样，它不是一种反复试验法，而是在成本最低的条件下制订出最优生产计划。这种方法也具有灵活性，它可以在每个计划期内计算出正常产量和加班产量、外协数量、加班时间及每个计划期的库存量。

线性规划的运输问题方法暗含的基本假设为计划期内正常生产能力、加班生产能力以及外协量均有一定的限制;计划期的预测需求量是已知的;全部成本都与产量呈线性关系。在计算过程中考虑的成本项目主要有以下四种:正常成本、加班成本、外协成本和库存成本。手工计算时需在如表6-19的表格上进行。

表6-19 计算表格

计划方案		计划期			未用生产能力	总生产能力
		1	2	3		
单位计划期	期初库存	0	h	$2h$		
1	正常生产	r	$r+h$	$r+2h$		
	加班生产	c	$c+h$	$c+2h$		
	外协生产	s	$s+h$	$s+2h$		
2	正常生产	×	r	$r+h$		
	加班生产	×	c	$c+h$		
	外协生产	×	s	$s+h$		
3	正常生产	×	×	r		
	加班生产	×	×	c		
	外协生产	×	×	s		
需求		D_1	D_2	D_2+I_2		

表6-19是一个包括三个单位计划期的表格。表中每行表示一个计划方案,如第一行表示期初库存,每个单位计划期内都包括三种生产方式(正常生产、加班生产和外协生产)下的生产量,用以满足此计划期和以后各计划期内的需求。表中最后两列表示未用生产能力和总生产能力,每一计划期内的生产量要小于未用生产能力。表格中间部分每一单元格中右上角方格中的数字代表单位产品的相应生产成本,包括生产成本和库存成本。如第1单位计划期,正常生产成本为r,如果第1单位计划期生产的产品在第2单位计划期才销售,则成本为$r+h$,各符号的说明见表后;"×"表示不能用当期生产的产品来补充以前的需求,即不允许暂缓交货。如果允许暂缓交货,那么就需要将赶工费用、信誉损失和年销售额的损失之和作为暂缓交货的费用。

具体实施步骤如下:

(1)将总生产能力列的生产能力数字放到"未用生产能力"一列。

(2)在第1列(即第1单位计划期)寻找成本最低的单元。

(3) 尽可能将生产任务分配到该单元,但不得超出该单元所在行的未用生产能力和所在列的需求。

(4) 在该行的未用生产能力中减掉所占用的部分为余下的未用生产能力(注意剩余的未用生产能力绝不可能是负数,如果是负数,说明在该生产能力的约束条件下无可行解,必须增加生产能力)。如果该列仍然有需求尚未满足,重复步骤(2)~(4),直至需求全部满足。

(5) 在其后的各单位计划期重复步骤(2)~(4),注意在完成一列后再继续下一列(不要几列同时考虑)。

表 6-19 中,h 为单位计划期内单位产品的库存成本;r 为单位产品的正常生产成本;c 为单位产品的加班生产成本;s 为单位产品的外协成本;D_t 为 t 期需求量;I_t 为 t 期库存量。

例 6.8 某电脑生产厂家,生产某型号电脑的需求预测、有关成本和生产能力数据如表 6-20 至表 6-22 所示。期初库存为 400 台,所期望的期末库存为 300 台。请用线性规划的运输问题方法来制订生产计划。假设该厂家采取的经营策略不允许延期交货和库存缺货。

表 6-20 需求预测

月份	4	5	6	7
需求(台)	1 600	2 400	3 000	1 500

表 6-21 成本数据

单位产品正常生产成本	80 元
单位产品加班生产成本	130 元
单位产品外协成本	140 元
单位产品库存成本	4 元/月

表 6-22 生产能力数据

月份	正常生产(台)	加班生产(台)	外协(台)
4	1 600	250	500
5	2 000	250	500
6	2 100	250	500
7	1 800	250	500

计算结果如表6-23所示。

表6-23 计算结果

计划方案		计划期				未用生产能力	总生产能力
		4月	5月	6月	7月		
单位计划期	期初库存	400　0	4	8	12	0	400
4月	正常生产	1 200　80	400　84	88	92	0	1 600
	加班生产	130	134	250　138	142	0	250
	外协生产	140	144	148	152	500	500
5月	正常生产	×	2 000　80	84	88	0	2 000
	加班生产	×	130	250　134	138	0	250
	外协生产	×	140	144	148	500	500
6月	正常生产	×	×	2 100　80	84	0	2 100
	加班生产	×	×	250　130	134	0	250
	外协生产	×	×	150　140	144	350	500
7月	正常生产	×	×	×	1 800　80	0	1 800
	加班生产	×	×	×	130	250	250
	外协生产	×	×	×	140	500	500
总需求		1 600	2 400	3 000	1 800	2 100	10 900

解：首先将各行生产能力数据填入"总生产能力"、将每单位计划期的需求量填入总需求与月份对应的单元格中(在7月的需求中，包括预期的期末库存在内)；将有关单位产品的成本数据填入矩阵中第一格右上角中。然后从4月开始，对每月重复(2)~(4)步骤，过程中填写"未用生产能力"单元。检查最后作出的方案是否可行的原则是：未用生产能力不能为负数，每一行的生产任务总额(包括未用生产能力)应等于该行的总生产能力，每一列的生产任务总额等于该列的需求。

上例最终作出的生产计划如表6-24所示。

根据表6-23,该计划的总成本是各单元生产任务乘以单元单位成本之和，即：

4月份：$400 \times 0 + 1\,200 \times 80 + 400 \times 84 + 250 \times 138 = 164\,100$(元)

5月份：$2\,000 \times 80 + 250 \times 134 = 193\,500$(元)

6月份：$2\,100 \times 80 + 250 \times 130 + 150 \times 140 = 221\,500$(元)

7月份：$1\,800 \times 80 = 144\,000$(元)

总成本为723 100元。

表 6-24　某电脑生产计划

月份	正常生产(台)	加班生产(台)	外协(台)
4	1 600	250	
5	2 000	250	
6	2 100	250	150
7	1 800		

线性规划的运输问题方法首先由 E. H. 鲍曼在 1956 年提出。虽然这种方法在分析库存费用、加班费用和外协费用方面比较有效,但并不适用于非线性条件或者负变量的情况。因此,当需要考虑其他因素时,如招聘和解聘,便需要用到更为一般的线性规划求解方法。

第三节　主生产计划

一、主生产计划的概念

主生产计划(MPS)是对综合计划的进一步细化。它属于中短期计划,是把综合计划具体化为可操作性的实施计划,是协调企业日常生产生活的中心环节。其目的是确定企业生产的最终产品的出产数量和出产时间。最终产品是指对于企业来说最终完成的,可以直接用于消费的产成品,它也可以作为其他企业的部件或配件。主生产计划是物料需求计划(MRP)的输入部分之一,与传统的产品出产进度计划在计划时间单位上略有不同,产品出产进度计划一般以月为计划时间单位,而主生产计划通常以周为单位。

主生产计划的任务是根据年度综合计划的要求,对企业内部每个生产单位在较短时间内的生产任务作详细的安排,并明确实现的方法,从而保证企业按品种、数量、质量、期限全面完成生产任务,为企业均衡生产创造条件,使生产活动取得良好的经济效益。

制订主生产计划的内容包括:首先,对综合计划分解和细化;其次,当一个方案制订出来以后,需要与所拥有的资源(设备能力、人员、加班能力、外协能力等)平衡,如果超出了资源限度,就须调整原方案,直到得到符合资源约束条件的方案,或得出不能满足资源条件的结论。在后者的情况下,则需要对综合计划作出调整或者增加资源。所以,主生产计划的制订是一个反复试行的过程。最终的主生产计划需要得到决策机构的批准,然后作为物料需求计划的输入条件。

二、主生产计划的制订程序

主生产计划制订的步骤包括计算现有库存量、确定主生产计划产品的生产量与时间、计算待分配库存等。为简便起见,暂不考虑最终产品的安全库存。

(一) 计算现有库存量(POH)

现有库存量是每期的需求被满足后手头仍有的、可利用的库存量,计算公式为:

$$I_t = I_{t-1} + P_t - \max(F_t, CO_t)$$

式中,I_t——t 期末现有库存量;P_t——t 期生产量;F_t——t 期预计需求量;CO_t——t 期顾客订货量。

上式中之所以减去预计需求量和顾客订货量之中的大数,是为了最大限度地满足需求。

(二) 决定 MPS 的生产量和生产时间

主生产计划的生产量和生产时间应保证现有库存量是非负值的,一旦现有库存在某周有可能为负值,应立即通过当期的主生产计划量补上,这是确定主生产计划的生产量和生产时间的原则之一。具体的确定方法是:当本期期初库存量与本期订货量之差大于 0,则本期主生产计划量为 0;否则,本期主生产计划量为生产批量的整数倍,具体是一批还是若干批,要根据二者的差额来确定。

(三) 计算待分配库存(ATP)

待分配库存是指销售部门在确切时间内可供货的产品数量。待分配库存的计算分两种情况:其一是第一期的待分配库存量等于期初的现有库存量加本期的主生产计划量减去直至主生产计划量到达前(不包括该期)各期的全部订货量;其二是以后各期只有主生产计划量时才存在待分配库存量,计算方法是该期的主生产计划量减去从该期至下一主生产计划量到达期以前(不包括该期)各期的全部订货量。

例 6.9 某工业阀门制造厂要为其生产的 A 型号产品制订一个 MPS,年度生产计划根据市场营销部门的预测,该产品在 4 月份和 5 月份的需求及顾客订货情况如表 6-25 所示。已知 3 月底的库存为 45 个,每次的生产批量为 80 个。要求尽量使用现有库存,编制 MPS。

表 6-25　需求预测、顾客订货量

期初库存:45	4月				5月			
生产批量:80	周次				周次			
安全库存:0	1	2	3	4	5	6	7	8
需求预测	20	20	20	20	40	40	40	40
顾客订货	23	15	8	4	0	0	0	0

根据前述步骤计算,其 MPS 如表 6-26 所示。

表 6-26　主生产计划

期初库存:45	4月				5月			
生产批量:80	周次				周次			
安全库存:0	1	2	3	4	5	6	7	8
需求预测	20	20	20	20	40	40	40	40
顾客订货	23	15	8	4	0	0	0	0
现有库存量	22	2	62	42	2	42	2	42
MPS 量	0	0	80	0	0	80	0	80
ATP 量	7		68			80		80

在前例中,假设该企业接收到该产品的 4 个订单,如表 6-27 所示。根据前面计算的主生产计划量和各期的待分配库存量,按照订货的先后顺序来安排,企业可满足前 3 个订单的要求,第 4 个订单可以与客户协商在第 6 周交货,否则只好放弃。当接受了新订单 1、2、3 后,MPS 变为表 6-28 所示。

表 6-27　新订单

订单序号	订货量(个)	交货时间(周序号)
1	5	2
2	38	5
3	24	3
4	15	4

表 6-28 接受前 3 个订单后的主生产计划

期初库存:45	4月				5月			
生产批量:80	周次				周次			
安全库存:0	1	2	3	4	5	6	7	8
需求预测	20	20	20	20	40	40	40	40
顾客订货	23	20	32	4	38	0	0	0
现有库存量	22	2	50	30	−10	30	−10	30
MPS 量	0	0	80	0	0	80	0	80
ATP 量	2		6			80		80

三、粗能力计划分析

主生产计划的初步方案是否可行,需要根据资源约束条件来衡量,资源约束条件主要是指生产能力的约束。通常用粗能力计划来检查主生产计划方案的可行性。

粗能力计划主要用于核定瓶颈工作中心、人力和原材料资源是否支持 MPS。与年生产计划的能力核定不同的是,粗能力计划是在全年生产能力核定的基础上,进一步检查每月或每周关键工序(瓶颈工序)的工时能否支持 MPS 计划。

第一步,使用标准工时来计算每一产品在各关键工序所需的直接劳动时间。仍以上例说明,见表 6-29。

表 6-29 关键工序作业时间

工序 产品	甲	乙
A	2 h	3 h
B	1.5 h	2.5 h
C	4 h	3.5 h

其中,甲和乙两个关键工序给出了标准工时,生产的产品分别为 A、B、C 三种。同时给出 A、B、C 三种产品在 4 月和 5 月的 MPS 方案,如表 6-30 所示。

第二步,决定关键工序能否承受主生产计划所规定的生产量。利用资源清单来计算 MPS 初步计划的需求资源,从而作出决定。

表 6-30　A、B、C 三种产品的主生产计划

产品	周次								总计
	1	2	3	4	5	6	7	8	
A			80			80		80	
B	50			50	50	100		50	
C	30	30	30	30	30	30	30	30	

计算 MPS 需求资源的过程如下：

（1）用 MPS 中每一项目的每周生产量乘以关键工序的能力需求。

例如第 6 周甲工序的负荷为：$80\times2+100\times1.5+30\times4=430$（台时）。

（2）汇总标准机时，与可用资源进行比较，目的是找出不能承受主生产计划的那些资源。汇总后所需标准机时如表 6-31 所示。

表 6-31　标准机时汇总

工序	周次								总计
	1	2	3	4	5	6	7	8	
甲	195	120	280	195	195	430	120	355	
乙	230	105	345	230	230	595	105	470	

将所需机时和可用资源进行比较，如果该主生产计划所需的全部直接劳动时间在企业所拥有的总劳动时间内，同时也符合企业生产经营中其他约束条件，则认为该主生产计划是可行的，否则就要采取相应的对策措施或修改主生产计划。

综上所述，MPS 的编制过程一般采用"试验法"进行，先作出一个初步的计划方案，检查是否符合综合计划与资源约束条件的要求；如若不满足，再进行调整，直到合适为止。因此，MPS 的制订过程是一个反复测算平衡的过程。

思考与练习题

一、单项选择题

1．企业在计划期内，考虑现有的生产技术条件和计划年度内能够实现的各种技术组织措施而计算的生产能力是（　　）。

A．设计能力　　　B．查定能力　　　C．设备能力　　　D．计划能力

2．企业利用现有的生产能力生产其他相关品种产品的策略是（　　）

A．一次扩张策略　　　　　　　B．逐步扩张策略

C．转产策略　　　　　　　　　D．退缩策略

3. 企业中短期扩大生产能力通常不会考虑的策略是(　　)。
   A. 提高设备利用率和生产效率　　B. 利用外部资源方式
   C. 增加固定资产数量　　D. 利用库存调节方式
4. 企业计划生产 A、B、C、D 四种产品,各产品计划年产量与单位台时定额分别如下,则代表产品为(　　)。
   A. 50/20　　B. 100/30　　C. 125/40　　D. 170/30
5. 确定企业生产的最终产品的出产数量和出产时间的计划是(　　)。
   A. 主生产计划　　B. 生产能力计划
   C. 综合生产计划　　D. 物料需求计划
6. (　　)是指当一个人或一个组织重复地做某一产品时,做单位产品所需要的时间会随着产品生产数量的增加而逐渐减少,然后趋于稳定。
   A. 经验效应　　B. 学习效应　　C. 规模效应　　D. 时间效应
7. 在生产计划的产值指标中,反映企业在计划期内通过生产活动新创造的价值的产值指标是(　　)。
   A. 商品产值指标　　B. 净产值指标
   C. 总产值指标　　D. 生产产值指标
8. 学习曲线表示单位产品的成本或直接劳动时间与(　　)之间的关系。
   A. 利润　　B. 累积作业时间
   C. 累积产量　　D. 总成本

二、多项选择题

1. 加工装配式生产能力的计量单位有(　　)。
   A. 具体产品　　B. 代表产品
   C. 假定产品　　D. 设备组生产能力
2. 生产计划中的产值指标包括(　　)。
   A. 商品产值　　B. 总产值　　C. 净产值　　D. 年产值
3. 在进行综合计划决策时,其众多的方法和手段的基本思路可分为下列哪几类(　　)。
   A. 稳妥应变型　　B. 综合应变型
   C. 积极进取型　　D. 效率至上型
4. 降低库存的策略有(　　)。
   A. 减小批量　　B. 订货时间尽量靠近需求时间
   C. 订货量尽量靠近需求量　　D. 使生产速度与需求变化吻合
   E. 缩短生产—配送周期

三、判断题

1. 为了使设备得到充分利用,企业应经常保持其最大生产能力。(　　)

2. 我们通常所说的"某企业年产电视机多少台",是按假定产品计算的。
（　　）
3. 用改变库存水平的策略处理非均匀需求,对劳务性生产也适用。（　　）
4. 学习效应是指当重复做某一产品时,做单位产品所需的时间会随着产品数量的增加而逐渐减少,直至为零。（　　）
5. 企业利用现有的生产能力生产其他相关品种产品的策略属于退缩策略。
（　　）
6. 企业的计划可以分成战略层计划、战术层计划和作业层计划。（　　）
7. 待分配库存是指营销部门用来答应顾客在确切的时间内供货的产品数量。（　　）
8. 滚动计划是一种动态编制计划的方法。（　　）
9. 在以设备速率为基础的生产运作中,直接劳动时间减少的机会较有限。
（　　）
10. 电脑制造中的学习效应比飞机制造中的学习效应强。（　　）
11. 学习率小表示学习进步缓慢,学习效应弱。（　　）

四、名词解释
1. 生产能力
2. 学习效应
3. 综合计划
4. 主生产计划

五、简答与论述题
1. 简要说明学习效应及学习曲线,并写出学习曲线的数学表达式。
2. 什么是学习效应和学习曲线？
3. 简述综合生产计划与主生产计划的概念以及二者的区别。
4. 大量大批生产产品出产进度安排的方法有哪些,并简要介绍之。
5. 生产作业计划与生产计划有何不同？

六、计算题
1. 某车工组有18台车床,生产A、B、C和D四种结构、工艺相似的产品,每台车床全年有效工作时间为3 840小时,各种产品的计划年产量分别为100台、70台、180台和150台,各产品的单位产品的车床台时消耗定额分别为100小时、150小时、200小时和80小时,试用代表产品法校核该车床组的生产能力。
2. 仍以上述数据为例,用假定产品法核算该车工组的生产能力。
3. 某集团要制订其年度牛奶生产计划,首先做了牛奶的市场需求预测,结果如表6-32所示,生产的成本费用如表6-33所示,生产能力如表6-34所示。

表 6-32 年需求预测表

单位：打

季度	1	2	3	4	合计
需求	30 000	80 000	130 000	30 000	270 000

表 6-33 成本费用表

类别	成本费用
单位产品库存成本	0.1 元/季度
单位产品正常生产成本	0.3 元
单位产品加班生产成本	0.5 元
单位产品外协成本	0.8 元

表 6-34 生产能力表

单位：打

季度	1	2	3	4
正常生产	60 000	60 000	60 000	60 000
加班生产	10 000	10 000	10 000	10 000
外协	20 000	20 000	20 000	20 000

根据以上数据，制订综合计划，在满足需求的条件下寻找总成本最小的方案，并求此时的总成本。

根据预测，该需求状况可以保持 3 年，3 年后企业将转产，因此要求期末库存为 0。问：生产计划又将是如何的？

4. 王琦是一家家具公司的运作经理，他得到了下列需求预测数据（表 6-35）。

表 6-35 需求预测数据

单位：件

7 月	8 月	9 月	10 月	11 月	12 月
1 000	1 200	1 400	1 800	1 800	1 600

假设缺货费用是 100 元/件，库存持有成本为 25 元/件·月，期初库存、期末库存均为 0，请根据增加的费用来评价下列两种计划：

计划 A：每月产量保持在 1 000 件的水平上（能够满足最低需求数量），多余的订单采用外包的形式解决，外包费用为每件 60 元。

计划 B：每月产量保持在 1 300 件的水平上，但可以改变员工数量。招聘费用为每增加 100 件产品需要付出 3 000 元，解聘费用为每减少 100 件产品需要付出

6 000 元。

问：哪种计划好？为什么？

5. 计划员李某要完成物料号为 203001 的喷墨打印机的主生产计划报表,已知期初库存为 160 台,生产批量为 100 台,安全库存量为 0,需求和订货信息如表 6-36 所示,问：李某该如何制订此产品的主生产计划？

表 6-36　203001 喷墨打印机的需求和订货信息

时段(月)	1	2	3	4	5	6	7	8	9	10	11	12
需求预测(台)	60	60	60	60	60	60	60	60	60	60	60	
订货量(台)	110	80	50	70	50	60	110	150	50		50	20
现有库存量(台)												
MPS 量(台)												
ATP 量(台)												

第七章 生产作业计划

本章内容要点

期量标准

厂级生产作业计划的编制

车间内部生产作业计划的编制

　　生产作业计划是企业生产计划的具体执行计划。这种具体化表现在将生产计划规定的产品任务在空间、时间和计划单位等方面进行分解，即在空间上，要把生产计划中规定的生产任务，细分到车间、工段、班组、设备和个人；在时间上，要把年、季生产计划细分到月、旬、周、日、轮班、小时；在计划单位上，要把成台（套）产品细分为零件、组件和工序。因此，生产作业计划的任务是按照企业生产计划的时、量、期及产品的工艺要求，将生产资源最适当地配置到各个产品的任务中去，形成各作业单位在时间周期上的进度日常计划，这样既完成了品种、质量、数量、期限等生产计划，又使资源得到了充分均衡的利用。为此，生产作业计划的主要工作内容应是明确企业各级生产单位所拥有的生产资源、分配任务负荷、平衡负荷与生产能力、编制日历进度计划、监督检查各种生产准备工作及生产作业进度控制调度等。在编制生产作业计划过程中的主要决策问题包括：确定不同产品的生产顺序、确定某一产品的生产批量及确定生产进度日程等。

　　企业的生产作业计划制订过程中的重点、难点以及所用方法同企业所属生产类型密切相关。本章首先讨论不同生产类型生产作业计划中所涉及的期量标准，然后讨论厂级生产计划和车间作业计划的编制，最后就生产作业计划中的难点即作业排序问题进行讨论。

第一节　期量标准

期量标准又称作业计划标准,是为了合理组织企业生产活动,在生产产品或零部件数量和生产期限方面规定的标准。期量标准中的"期"就是时间,"量"就是数量,它是在具体编制生产作业计划中的一种主要依据。合理的期量标准对于提高生产过程的组织水平,实现均衡生产,改善生产的经济效益都有积极的作用。

生产类型不同,制定期量标准的内容和方法也不相同。大量大批生产类型的期量标准有节拍、流水线工作指示图表、在制品定额等;成批生产类型的期量标准有批量、生产间隔期、生产周期、生产提前期、在制品定额等;单件小批生产类型的期量标准有产品生产周期、生产提前期等。

一、流水线标准工作指示图表

流水线标准工作指示图表又称流水线标准计划。该计划详细规定了流水线上每个工作地的工作制度。一般步骤为:计算各工序的工作地需要量和工作地负荷;配备工人,计算工人工作负荷,并保证工人工作负荷尽可能充分;编制标准工作指示图表。

对于连续流水线,因为同期化程度高,每个工作地的工作制度基本一致,所以只需规定整个流水线的工作制度即可。图7-1是连续流水线标准工作指示图表的示意图。

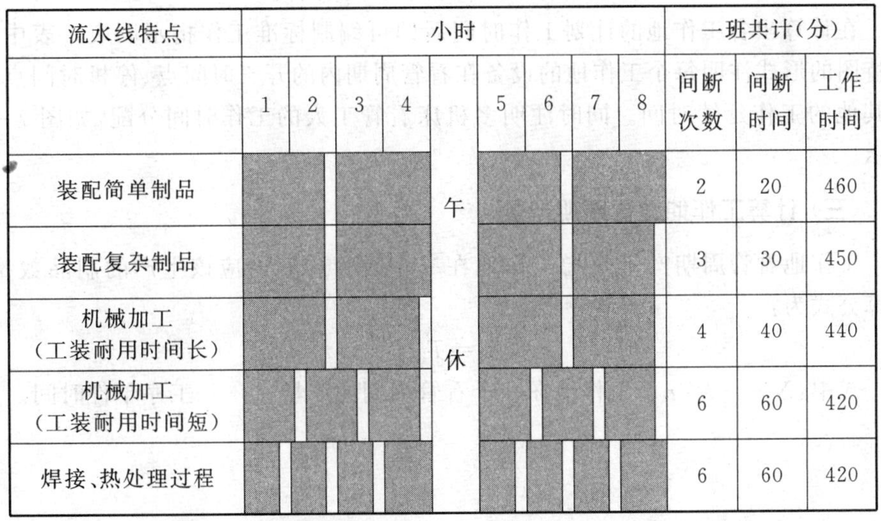

流水线特点	小时									一班共计(分)		
	1	2	3	4		5	6	7	8	间断次数	间断时间	工作时间
装配简单制品					午休					2	20	460
装配复杂制品										3	30	450
机械加工 (工装耐用时间长)										4	40	440
机械加工 (工装耐用时间短)										6	60	420
焊接、热处理过程										6	60	420

注:深色表示工作时间,空格表示间断时间。

图7-1　连续流水线标准工作指示图表

对于间断流水线,因其同期化水平相对较低,各工序时间与节拍不相等,所以需分工序规定每个工作地的工作时间程序,确定标准计划时间,计算工作地看管周期产量。

(一) 确定看管周期

看管周期是为间断流水线规定的一个工作循环时间标准。在看管周期内,各工序的产量相等。速度快的工序完成规定产量后即停下来,人员和设备剩余时间可以安排其他工作。

为了便于组织管理,看管周期一般取与流水线工作班时间成整数倍的数值,如 1 h、2 h、4 h、8 h 等。确定看管周期要考虑到的因素包括:制品的特点、工作地之间的距离等。制品的体积大、价值高则看管周期短,反之则长;工作地之间距离大,则看管周期长,反之则短。

(二) 计算工作地的计划工作时间

工作地计划工作时间是指工作地在看管周期的工作延续时间,计算公式如下:

$$T_i = TK_i$$

式中:T_i——工作地 i 的计划工作时间;T——看管周期;K_i——第 i 个工作地的负荷系数。

如图 7-2 中,看管周期为 100 分钟,01、02、04、05 号工作地的负荷系数为 100%,故这几个工作地的计划工作时间为 100 分钟,而 03、06 号工作地的负荷系数为 50%,故这两个工作地的计划工作时间为 50 分钟。

在计算出各工作地的计划工作时间后即可编制标准工作指示图表。表中用甘特图的形式注明每个工作地的设备在看管周期内的开工时间点、停机时间点以及其他的工作延续时间。同时注明多机床看管工人的工作时间分配,如图 7-2 所示。

(三) 计算工作地看管周期产量

工作地看管周期产量是指工作地在一个看管周期内应该生产的制品数量。计算公式为:

$$N_i = T_i / t_i$$

式中:N_i——第 i 个工作地在一个看管周期的产量;t_i——工序单件时间。

<table>
<tr><td colspan="4">流水线名称</td><td>工作班次</td><td>日产量(件)</td><td colspan="2">平均节拍(分)</td><td colspan="2">运输批量(件)</td><td colspan="3">运输节拍(分)</td><td colspan="3">每班看管次数</td><td colspan="3">看管周期</td></tr>
<tr><td colspan="4">变速叉轴</td><td>2</td><td>200</td><td colspan="2">4</td><td colspan="2">1</td><td colspan="3">4</td><td colspan="3">4</td><td colspan="3">100分钟</td></tr>
<tr><td rowspan="2">工序号</td><td rowspan="2">看管期任务(件)</td><td rowspan="2">时间定额(分)</td><td rowspan="2">工作地号</td><td rowspan="2">工作地负荷(%)</td><td rowspan="2">工人号</td><td rowspan="2">工人去处</td><td colspan="10">看管期内工序间流动在制品变化图</td><td rowspan="2">最大流动在制品(件)</td><td rowspan="2">看管期末流动在制品(件)</td></tr>
<tr><td>10</td><td>20</td><td>30</td><td>40</td><td>50</td><td>60</td><td>70</td><td>80</td><td>90</td><td>100</td></tr>
<tr><td>1</td><td>25</td><td>8</td><td>01
02</td><td>100</td><td>1
2</td><td></td><td colspan="10" rowspan="5">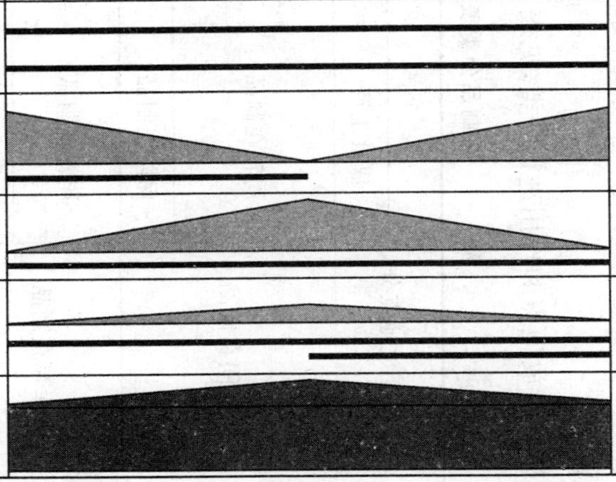</td><td>—</td><td>—</td></tr>
<tr><td>2</td><td>25</td><td>2</td><td>03</td><td>50</td><td>3</td><td>06</td><td>13</td><td>13</td></tr>
<tr><td>3</td><td>25</td><td>4</td><td>04</td><td>100</td><td>4</td><td></td><td>13</td><td>0</td></tr>
<tr><td>4</td><td>25</td><td>6</td><td>05
06</td><td>100
50</td><td>5
3</td><td>03</td><td>5</td><td>0</td></tr>
<tr><td colspan="7">$\sum_{i=1}^{m} Z_i$</td><td>18</td><td>13</td></tr>
</table>

图 7-2 间断流水线标准工作指示图表（工序间流动在制品变化图）

二、在制品定额

在制品是指从原材料投入到成品入库为止，处于生产过程中所有尚未完工的毛坯、零件、部件和产品的总称。在制品定额就是在必要的时间、地点和具体的生产技术组织条件下，为保证有节奏的均衡生产所必需的在制品的数量。在生产过程中保持一定数量的在制品，是保证正常生产的客观需要。但在制品过多，不仅占用大量的生产资金，影响企业的经济效果，并且占用厂房空间，还会掩盖生产管理工作中的各种矛盾和缺点，阻碍生产管理工作水平的进一步提高。因此必须合理确定在制品定额。

在制品可按其存放地点和作用进行分类，见表7-1。

表7-1 在制品分类表

	按存放地点分	按作用分	
		成批生产	大量生产
在制品	车间在制品	周转在制品	工艺在制品
			运输在制品
			工序间流动在制品
		保险在制品	车间保险在制品
	库存在制品	周转在制品	库存周转在制品
			车间之间运输在制品
		保险在制品	库存保险在制品

（一）工艺在制品

工艺在制品是指处在流水线各道工序、各个工作地，正在加工、装配和检验的在制品。它取决于流水线的工序的数目和每道工序的工作地数目，以及每个工作地同时加工的零件数，其计算公式如下：

$$Z_1 = \sum_{i=1}^{m} S_i g_i$$

式中：Z_1——工艺在制品（件）；m——工序数目；S_i——i道工序的工作地数；g_i——i道工序工作地上同时加工的零件数。

（二）运输在制品

运输在制品是指放置在运输装置上在工序间运送的在制品；其数量取决于运输方式及批量、运输间隔期、零件体积以及存放地点等。

当采用传送带、悬链等连续输送装置时,可按下式计算:
$$Z_2 = QL/l$$
式中:Z_2——运输在制品(件);L——运输装置长度(米);l——两件制品放置距离(米);L/l——挂钩或托架数;Q——运输批量。

采用小车等间断运输工具时,按下式计算:
$$Z_2 = n_d/T_{in}$$
式中,n_d——零件每日产量;T_{in}——零件发送间隔期。

(三)工序间流动在制品

工序间流动在制品也叫周转在制品,是由于间断流水线相邻两工序生产率不同而形成的在制品。工序间流动在制品是不断变动的。若前道工序生产率高于后道工序,则工序间的在制品将逐步增加;当前道工序生产率低于后道工序时,则前道工序必须提前加工积存一定数量的在制品,以便后道工序能不停歇地加工,逐渐将积压的在制品加工完。最大流动在制品可按下式计算:

$$Z_{\max}(i-j) = t_s\left(\frac{S_i}{t_i} - \frac{S_j}{t_j}\right)$$

式中:$Z_{\max}(i-j)$——i 和 j 工序最大流动在制品(件);t_s——相邻两工序同时工作时间(分);S_i——前工序的工作地数目;S_j——后工序的工作地数目;t_i——i 工序的单件时间(分);t_j——j 工序的单件时间(分)。

如图 7-2 所示,工序间流动 WIP 的变动情况,其最大量计算:
$$Z_{\max}(1-2) = 50 \times (2/8 - 1/2) = -13(件)$$
$$Z_{\max}(2-3) = 50 \times (1/2 - 1/4) = 13(件)$$
$$Z_{\max}(3-4) = 50 \times (1/4 - 2/6) = -5(件)$$

(四)保险在制品

保险在制品是为了防止前工序(或前车间前道流水线)出现生产故障造成的零件供应中断而设置的在制品。数量的多少应根据故障出现的概率和排除故障需要的时间及要求的保险程度而定。例如:成批生产为 3~5 天,大量生产为 2~4 小时的生产量。

保险在制品有的设在工序之间,有的设在流水线之间,有的设在车间之间(在制品仓库内)。

(五)车间内部在制品储备量

在大量流水线生产条件下,车间内部在制品储备量需分类计算。计算公式为:
$$Z_{in} = Z_1 + Z_2 + Z_3 + Z_4$$
式中:Z_{in}——在制品储备量;Z_1——工艺在制品(件);Z_2——运输在制品

(件)；Z_3——工序间流动在制品(件)；Z_4——保险在制品(件)。

在成批生产条件下,车间内部的各种在制品是在不断变化的,因此,不需分类计算。车间内部在制品储备量只是指月末的在制品数量。这是由于在制品成批投入,至月末尚未完工出产而形成的在制品。

$$Z_{in} = QT_0/R = n_d T_0$$

式中:Q——批量(件)；T_0——零件的生产周期(天)；R——生产间隔期(天)；n_d——每日平均出产量(件,$n_d = Q/R$)。

由上式可见,车间内部在制品的批数取决于 T_0/R 和具体的投入出产日期。有三种情况(如图 7-3):

(1) $T_0 < R$,月末可能有一批,也可能没有,这时取决于月末最后一批投入出产的日期；

(2) $T_0 = R$,任何时间都有一批在制品；

(3) $T_0 > R$,T_0/R 即为月末车间在制品的批数。

(六) 库存周转在制品

库存周转在制品是为了使车间(或流水线)之间协调工作而设置的在制品。由于前后两相邻车间(或流水线)生产率不同或工作班次不同或批量、间隔期不同或投入生产的时间不衔接而形成的在制品,如图 7-4 所示。

库存周转在制品最大储备量 $Z_{\max}$ 可用下式计算:

$$Z_{\max} = Q_{前} + Z_4$$

式中:$Q_{前}$——前车间出产批量(件)或每次进货批量；Z_4——库房保险在制品。

库存周转在制品平均储备量 Z 可用下式计算:

$$Z = Q_{前}/2 + Z_4$$

三、批量和生产间隔期

批量是一次投入(或产出)同种制品(产品或零部件)的数量。生产间隔期或叫生产重复期,是前后两批同种制品投入(或产出)的间隔时间。生产间隔期是批量的时间表现,而批量则是生产间隔期的产量表现,其关系可用下式表示:

$$批量 = 生产间隔期 \times 平均日产量$$

从上式看出,在生产任务已定的情况下,批量和生产间隔期只要有一个确定后,另一个也就相应确定了。

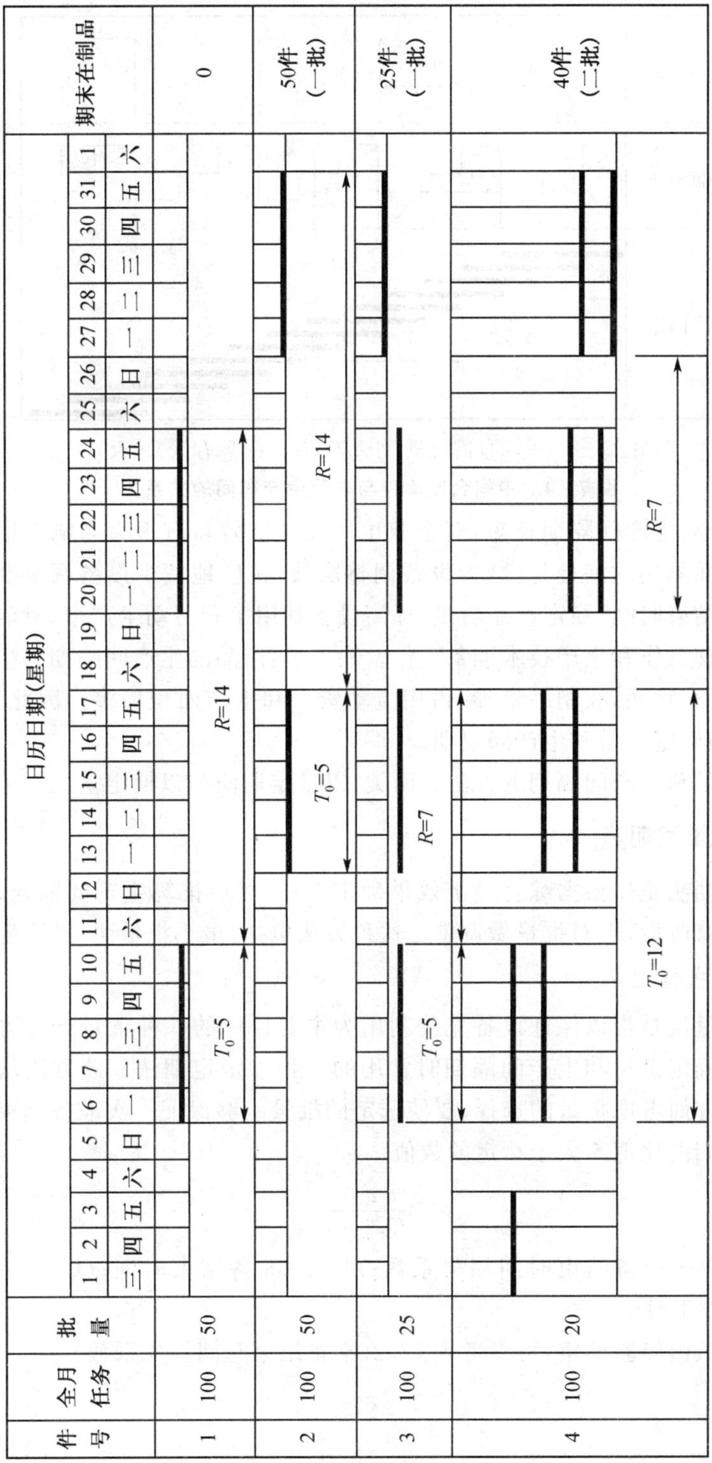

图 7–3 期末在制品的形成规律

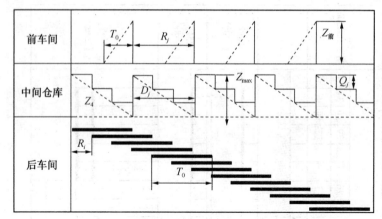

图中：Q_j——平均日需要量(件/天)；D_j——库存天数(天)。

图 7-4 中间仓库库存与前后生产车间的关系

批量大小、生产间隔期长短，对企业生产和经济效益有很大影响。增大批量或延长生产间隔期的好处是：减少设备调整次数，相应地减少设备调整费用和减少生产准备结束时间，稳定产品质量，提高设备利用率和劳动生产率，有利于简化生产组织管理工作和生产技术准备工作。缺点是：产品的生产间隔期和生产周期延长，推迟了交货期，在制品增加，占用流动资金和生产面积增多。因此，要权衡利弊，合理地确定批量和生产间隔期。

确定批量和生产间隔期的方法有两类：以量定期法与以期定量法。

（一）以量定期法

以量定期法是先根据综合经济效果确定批量，然后推算生产间隔期，对间隔期做适当的修改后，再对批量做调整。这种方法包括：最小批量法、经济批量法。

1. 最小批量法

最小批量法是指以保证设备充分利用为主要目标的一种批量计算方法。最小批量法是确定批量和生产间隔期时常用的一种以量定期法。此方法从设备利用和生产率方面考虑批量的选择，要使选定的批量能够保证一次准备结束时间对批量加工时间的比值不大于给定的数值。

$$\delta \geq \frac{t_{ad}}{Q_{\min} \cdot t}$$

式中：δ——准备结束时间损失系数；t_{ad}——准备结束时间；$Q_{\min}$——最小批量；t——单件工时。

损失系数由经验确定，可参考表 7-2（准备结束时间损失系数）。

表 7-2

零件体积	生产类型		
	大批	中批	小批
小件	0.03	0.04	0.05
中件	0.04	0.05	0.08
大件	0.05	0.08	0.012

设备调整系数的大小，一般应根据企业生产规模、设备性能、工艺特点的不同而选择，一般应在 0.02～0.12 之间。

最小批量法的缺点是：

（1）从设备利用观点看，批量越大越好。但批量过大，将增加占用资金的数量，在经济上未必有利。而最小批量法规定了允许的最小批量，而未规定允许的最大批量，因此最小批量法可能导致盲目加大批量，从经济上看并不完全合理。

（2）δ 数值不很明确。大、中、小件如何划分，大、中、小批又如何划分，每一类规定的数值也缺乏必要的经济依据。

2. 经济批量法

经济批量法是从使生产费用中与批量有关的费用最小的观点出发制订批量的。在产品的生产费用中，与批量直接有关的费用有两部分：一部分是调整费用。批量越大，为完成一定生产任务所需设备调整次数越少，分摊到每个产品的调整费用也越少，并且还可以提高设备利用率和生产效率，降低产品成本。另一部分是产品的存储费用。当制品的批量增大时，就会增加在制品的储存数量，积压资金，占用更多的仓库面积，从而增加存储费用和提高产品成本。所以调整费用与存储费用两者相互矛盾，经济批量就是这两种费用的总和为最小时的批量，见图 7-5。

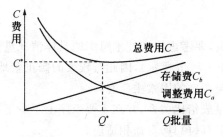

图 7-5 经济批量图示求法

假设用 C_a 表示设备调整费用，则：

$$C_a = A \frac{D}{Q}$$

式中：A——设备一次调整费用；D——计划期产量；Q——批量。
用 C_b 表示存储费用，则：

$$C_b = s\frac{Q}{2}$$

式中：s——单位产品存储费用，$s=ph$，p 为单位产品价格，h 为单位资金、单位时间占用费。

因此，与批量相关的综合费用为：

$$C = C_a + C_b = A\frac{D}{Q} + s\frac{Q}{2}$$

对 Q 求导可得经济批量为：

$$Q^* = \sqrt{\frac{2AD}{ph}}$$

确定批量的步骤，一般按以下程序进行：

（1）确定各种零件计划期需要量。

（2）进行零件分类。

用最小批量法时，零件需按结构工艺特征（齿轮、轴套、箱体等）分类，因最小批量法主要考虑单件工序时间和设备调整时间的比值，这两项主要取决于零件的结构工艺特征。用经济批量法时，主要考虑费用问题，零件应按价格大小进行 A、B、C 分类。

（3）计算批量

当用最小批量法时，应从按结构工艺特征分类的各类零件中，选出代表性零件，根据其单件工时定额和设备调整时间计算其最小批量。

当用经济批量法时，A 类零件应计算每一种零件的批量，B 类零件应计算其大部分零件的批量，C 类零件只选几种代表零件计算批量即可。即使这样，计算工作量仍比较大，最好采用电子计算机进行 A、B、C 分类和计算批量，可以取得准确、快捷的效果。

（4）修正批量

对计算得到的批量，要考虑生产技术组织的具体情况进行修正。由于总费用曲线底部比较平坦（如图 7-5 所示），因此有较大的修正余地，而不致对经济效果有很大影响。修正时应考虑的因素主要有：

①批量应与日产量成倍比关系，并在主要工序上不少于半个班的产量。

②批量大小应与工具（模具）寿命相适应。

③批量大小应与生产面积、设备、容积相适应。

④毛坯批量应大于加工批量，加工批量应大于装配批量，最好成整数倍。

⑤经过修正后，得到标准的批量，再根据标准批量确定生产间隔期。批量和间隔期可适当合并，不要种类太多，以简化生产的计划组织工作。

（二）以期定量法

对于某些生产条件不太稳定的成批生产企业，要精确地计算批量和按标准批量组织生产是困难的，因此可采用以期定量法。

以期定量法的基本原理是，先将零件按复杂程度、工艺特点、价值大小等因素分类；然后主要是凭经验确定各类零件的生产间隔期。价值大的零件按短间隔期投产，价值小的间隔期长。例如小件可一个季度投一次，并根据生产技术组织条件的实际情况予以修正；最后根据间隔期和生产零件的工时定额、批量和所开班次确定各类零件的批量。当生产任务变动时，生产间隔期不变，只调整批量。

以期定量法的优点是：①简便易行，对产量多变的适应性强。当产量增减时，只调整批量，不需调整生产间隔期。因此，在中小批量生产类型的企业，或在企业内外条件变化大的情况下，这种方法比较适用。但是，这种方法缺乏数量分析，经济效果考虑不够。因此，对计划产量大、单位产品价值高、生产周期长的产品，可先用经济批量法计算出经济批量对应的生产间隔期，然后以此为标准，在标准生产间隔期表中，选用与其相近的生产间隔期，以便收到既考虑经济效益又简化生产管理的双重效果。②由于生产间隔期与月工作日数之间互成倍数或约数，批量又是根据生产间隔期制定的，因此就保持了各种必要的比例关系，易于保证产品与零部件生产的成套性，有利于组织均衡生产。

四、生产周期

生产周期是指从原材料投入到成品产出所经过的全部日历时间。缩短生产周期可以加速资金周转，对于改善企业的经营状态和经济效益具有重大意义。

在连续生产的企业中，如化工厂、制糖厂、冶炼厂、轧钢厂等，其产品的生产周期是根据从原材料投入开始到成品产出所经过的全部时间直接计算的。

在间断生产的企业中，如机械厂、电子产品生产厂等，其生产周期按零件工序、零件加工过程和产品分别进行计算。

（一）零件工序生产周期

1. 一件制品的工序生产周期

一件制品的工序生产周期即该制品该工序的实际加工时间和工序准备和结束时间之和，通常可用该工序的工时定额来表示。

2. 一批零件的工序生产周期

该批零件在一道工序上的实际加工时间、工序准备时间之和：

$$T_{oi} = \frac{Qt_i}{SF_eK_t} + T_{pi}$$

式中：T_{oi}——一批零件第 i 道工序的生产周期，单位为天；t_i——单件工序时间，单位为分钟；Q——零件批量，单位为个或件等；S——同时完成该工序的工作中心数，单位为个；F_e——每日有效工作时间总额，单位为分钟/天；K_t——工时定额完成系数；T_{pi}——第 i 道工序的准备结束时间，单位为天。

大批、大量生产时，通常按流水生产线的方式组织生产。当按流水生产线的方式组织生产时，由于流水生产线的特定要求，零件的工序生产周期即为流水生产线的节拍；当按成批生产的组织方式时，其工序生产周期可按一批零件的工序生产周期计算公式进行计算。

（二）零件加工过程的生产周期

零件加工过程的生产周期，是指零件从投入时刻起至加工完毕的时间长度，除取决于各道工序的生产周期外，在很大程度上还取决于零件在工序间的移动方式及工序转换时间和等待时间。

一个零件加工过程的生产周期即该零件的各工序的生产周期与各工序的转换时间和等待时间之和。

一批零件加工过程生产周期的计算公式为：

$$T_o = \sum_{i=1}^{m} T_{oi}\lambda + (m-1)*t_d$$

式中：T_o——一批零件加工过程的生产周期，单位为天；m——工序数目；t_d——零件在工序之间移动的平均间断时间，单位为天；λ——平行系数。

平行系数主要为了考虑平行移动或平行顺序移动方式，工序之间可能平行进行的程度。可根据车间历史资料按零件的价值和工序数分类选取，一般顺序移动方式的系数为 1.0，平行顺序移动的系数采用 0.5~0.8。

大批、大量生产的零件生产周期即该零件的工序数与节拍的乘积。工序的转换时间和等待时间可忽略不计。

例 7.1 机加工车间生产一批车轴 50 根，每天 2 班，每班工作 8 小时，工序间平均间隔时间为 1 天，平行系数取 0.8，共 6 道工序，如表 7-3 所示。试计算生产周期。设 S_i（每道工序工作地数）=1，K_t（工时定额完成系数）=1。

表7-3 工序表

工序	工序名称	机床名称	单件工时(分)	准备终结时间(天)	备注
1	粗车	车床	72	1	
2	精车	车床	48	2	
3	铣	铣床	68	1	
4	钻孔	钻床	50	1	
5	热处理	热处理车间			热处理需3天
6	研磨	磨床	90	2	

解：根据一批零件的工序生产周期计算公式和一批零件加工过程的生产周期计算公式进行计算即可。

(三) 产品的生产周期

产品的生产周期包括毛坯准备、零件加工、部件组装、成品装配、油漆入库为止的全部日历时间。产品生产周期的具体长度可通过网络图确定。图7-6是用网络图确定产品的生产周期的示意图。

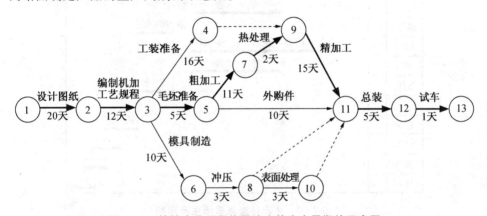

图7-6 某批产品用网络图确定的生产周期的示意图

根据关键路线可以计算出产品的生产周期，图中粗箭线构成的路线为关键路线，计算可知：该批产品从毛坯开始至试车结束的生产周期为39天(毛坯准备5天+粗加工11天+热处理2天+精加工15天+总装5天+试车1天=39天)。

若始于设计图纸，则其周期为71天(设计图纸20天+编制机加工艺规程12天+生产周期39天=71天)。图7-7是运用生产进度表(甘特图)形式制定的产品生产周期图表。

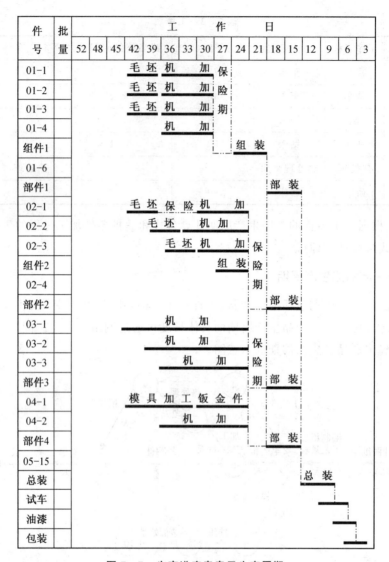

图 7-7 生产进度表表示生产周期

五、生产提前期

生产提前期是指制品(毛坯,零、部件产品)在各工艺阶段投入或产出的日期比成品产出的日期应提前的时间。前者称为投入提前期,后者称为出产提前期。产品装配出产日期是计算提前期的起点,生产周期和生产间隔期是计算提前期的基础。

提前期的确定方法有两种:一种是图表法,通过绘制产品生产周期图表来确定提前期与生产周期、保险期的关系,如图 7-8、图 7-9 所示。另一种是根据公式进行计算。

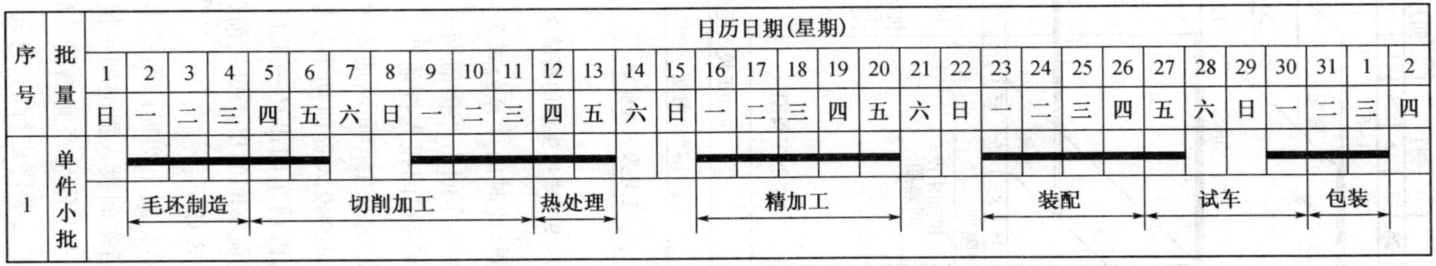

序号	批量	日历日期(星期)																														
		1	2	3	4	5	6	7	8	9	10	11	12	13	14	15	16	17	18	19	20	21	22	23	24	25	26	27	28	29	30	31	1	2
		日	一	二	三	四	五	六	日	一	二	三	四	五	六	日	一	二	三	四	五	六	日	一	二	三	四	五	六	日	一	二	三	四
1	单件小批	毛坯制造					切削加工						热处理			精加工						装配						试车				包装		

图 7-8 单件、小批生产的提前期

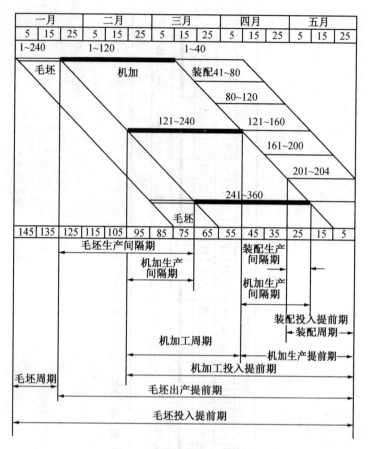

图 7-9 成批生产的提前期

如果前后工艺阶段批量相同,此时的计算公式为:

某车间投入提前期＝本车间出产提前期＋本车间生产周期

某车间出产提前期＝后车间投入提前期＋保险期

当前后工艺阶段(车间)的批量与生产间隔期不等时(一般是前车间的批量为后车间的批量的若干倍),各车间的投入提前期不受影响,因而计算公式不变;但出产提前期的计算则有所不同,因前车间出产一批可供后车间若干批之用,即前后车间的生产间隔期不等,会使前车间的出产更提前(因前车间批量大、生产间隔期长),在这种情况下,其计算公式如下:

某车间投入提前期＝本车间出产提前期＋本车间生产周期

某车间出产提前期＝后车间投入提前期＋保险期＋

(本车间生产间隔期－后车间生产间隔期)

生产提前期的计算是按反工艺顺序进行的,首先根据订货交货期限,决定装配车间的出产日期,因此装配车间的出产时间也就是成品的出产时间,故装配车间的出产提前期为零。根据装配车间的生产周期确定装配车间投入提前期,然后计算加工车间的出产提前期和投入提前期,以此类推,一直计算到毛坯车间的投入提前期为止。

例7.2 某工厂成批生产一种产品A,经过毛坯、机加工、装配三个工艺阶段,各阶段保险期为2天,部分期量标准如表7-4所示。试将表7-4中的数据填全。装配车间出产日期=成品出产日期。

表7-4 生产提前期计算

期量标准	毛坯	机加工	装配
批量(件)	400	200	100
生产间隔期(日)	40	20	10
生产周期(日)	20	10	10
出产提前期(日)			
投入提前期(日)			

根据前后工艺阶段(车间)的批量与生产间隔期不等时的计算公式,反工艺顺序计算,可得装配车间出产提前为0,投入提前期为10,机加工车间产出提前期为22,投入提前期为32,毛坯车间出产提前期为54,投入提前期为74。

流水生产线的提前期须根据是单独的流水线还是前后具有串行关系的流水线群进行计算。单独流水线的投入提前期即该流水线的节拍与该流水线的所有工位数的乘积;前后具有串行关系的流水线群的总投入提前期即为该流水线群各条流水线的工作时间之和;某条流水线群的总投入提前期即为该条流水线及其后各条流水线的工作时间之和(参见图7-10)。连续流水生产线工件在工序(位)间转换时间可以不计,间断流水生产线的生产提前期则应充分考虑工件在某些工序(例如铸造、热处理等)间转换所需要的时间。

流水线序号	流水线1	流水线2	流水线3	流水线4	流水线5
流水线工作时间	8分钟	8分钟	6分钟	8分钟	6分钟
生产提前期					6分钟
				14分钟	
			20分钟		
		28分钟			
	36分钟				

图7-10 流水线提前期

第二节　厂级生产作业计划的编制

厂级生产作业计划的编制，主要是厂部生产管理部门根据企业季度生产计划任务，规定各车间月份的生产作业计划任务。

一、规定车间生产任务的计划单位

在化工、冶炼、印染、纺织等连续生产的工业企业中，车间的生产任务直接用车间产品的实物单位（吨、米、件等）作为计划单位。

在机械或电子等加工装配性工业企业中，厂部规定车间生产任务常用的计划单位有以下几种：

（一）成台份计划单位

成台份计划单位的特点是以装配所需的整套零件作为统一的计划单位。各车间都有负责生产该产品的零件分工明细表。因此同一种产品的一台份对各车间所包含的内容是不同的。厂部规定车间生产任务时只规定产品名称、规格、型号、生产台份数，并按台份规定统一的投入生产日期，而不考虑其中各种零件实际生产所需要的日期。

这种计划单位的优点是：厂部编制计划比较简单、车间安排生产的机动性大、成套生产的责任心比较强。缺点是：计划过粗、大部分零件要积压很长时间才能投入装配，占用了大量流动资金，经济效果受到一定影响。

（二）成套部件计划单位

成套部件计划单位就是以某种部件所包含的全套零件作为计划单位。各车间、工段有负责生产该部件的零件分工明细表。厂部按产品装配工艺过程的顺序规定各成套部件的投入生产日期。

这种计划单位的优点是：既考虑了装配的顺序，减少了等待时间和资金的积压，又可保证部件生产的成套性。缺点是不同部件中的同类型零件不能集中生产。影响劳动生产率的提高和经济效果的改善。

（三）零件组计划单位

零件组计划单位的特点，是将产品中的零件按结构、工艺和生产组织的特征（例如投入装配的时间相近）分为许多同类型的零件组。在规定车间生产任务时，就以这种同类型零件组作为计划单位，即按零件组规定投入生产日期和数量。

零件组计划单位的优点是：能满足组织同类型零件成批生产的要求，有利于扩大批量，提高生产效率，与成套产品或成套部件计划单位比，积压的资金也比较少,经济效果较好。缺点是零件分类编码比较复杂,计划组织工作量很大,产品成套比较困难,要求管理水平比较高。一般只有在采用成组技术组织生产时,才选择零件组作为计划单位。

(四)零件计划单位

零件计划单位是以产品的每种零件价为计划单位。厂部按零件规定车间的生产任务。

零件计划单位的优点是,零件在车间之间的衔接比较紧凑。每种零件都有交接期,当生产进度出现问题时,厂部对情况掌握较清楚,能及时调整和控制,缺点是零件品种繁多,按零件编计划工作量很大,因而只适用于生产条件较稳定的大量、大批生产的企业。

以上四种计划单位,都必须以零件作为基础。在编制计划之前,必须由设计部门根据产品结构和装配系统将产品进行分解,当产品按成套部件计划单位分解时,产品先按部件展开,然后将部件展开成组件与零件,并按部、组、零件顺序列出产品零件明细表;当按零件组计划单位展开时,是将产品中的零件按结构、工艺和生产组织的特征分为许多同类型的零件组,并以严格、规范的管理来组织产品的整个生产过程,这种零件组是跨部、组件的零件集合。

二、规定车间生产任务的方法

规定车间生产任务的方法取决于车间的生产组织形式和生产类型。企业中有的车间可能以产品为对象组织生产。例如某机床厂是以钻床车间、镗床车间等等来划分车间的。这时可将企业的生产任务按车间的产品分工直接分配给车间。但一般一种产品不可能完全封闭在一个车间内进行生产,而必须经过几个车间,这时就要根据企业的生产计划,为每个车间规定每一种产品零部件的出产量和出产期,以保证各车间互相衔接,进行有节奏的均衡生产。规定车间生产任务常用的方法有以下几种:

(一)在制品定额法

在大量大批生产条件下,产品品种、工艺比较稳定。车间之间的协调衔接是靠在制品进行周转的,因此,生产中只要能按在制品定额保持一定数量的在制品,就能保证车间的衔接平衡。

用在制品定额法规定车间的生产任务,须从装配车间开始按反工艺顺序计算:

$$某车间产出量=后车间投入量+该车间外售量+$$
$$(库存半成品定额-期初库存半成品预计结存量)$$

某车间投入量＝该车间产出量＋该车间可能产生的废品数量＋
(车间在制品定额－期初车间在制品预计结存量)

例 7.3 某厂大量、大批生产 A 产品，计划规定五月份需出产成品 1 000 台，假定各车间的废品率均为 10%(废品率＝废品量/投入量)，无外销半成品，各车间有关数据见表 7-5，求该月各车间的计划出产与投入量。

表 7-5 在制品定额法例题

车间	出产量 (台)	车间之间半成品定额 (台)	车间内部在制品定额 (台)	四月底预计结存量		投入量 (台)
				在制品 (车间内,台)	半成品 (车间之间,台)	
成品装配	1 000	—	100	56	—	1 160
机加工	1 120	60	160	74	100	1 340
毛坯加工	1 140	400	76	100	600	1 240

解：成品车间的投入量根据 $X_{成投}=1\,000+10\%\times X_{成投}+100-56$ 计算可知为 1 160 台，机加工车间的出产量＝$1\,160+0+60-100=1\,120$(台)，投入量根据 $X_{机投}=1\,120+10\%\times X_{机投}+160-74$ 计算可知为 1 340 台，毛坯车间的出产量和投入量的计算类似，结果如表 7-5 所示。

(二) 累计编号法(提前期法)

在多品种成批生产条件下，产品轮番上下场，在制品数量变动很大，不可能用在制品定额法来控制生产，而只能用提前期标准和装配车间平均日产量推算出各车间计划期应当完成的产量。

为了便于控制车间之间的衔接，各车间投入生产的数量常用累计数表示。累计数是从计划年度开始生产某种产品的第一台算起，并顺序地给每台产品都编上一个号。利用这种累计编号和提前期可以方便地确定车间的生产任务。其计算公式如下：

某车间产出累计号数＝装配车间成品产出累计号数＋
该车间产出提前期日数×装配车间平均日产量

某车间投入累计号数＝装配车间成品产出累计号数＋
该车间投入提前期日数×装配车间平均日产量

某车间计划期出产量＝期末出产累计号数－期初出产累计号数
某车间计划期投入量＝期末投入累计号数－期初投入累计号数

用上述公式算出的数字，还应根据批量加以修正成为批量的整倍数。

例 7.4 某厂 9 月份生产作业计划规定产品 A 计划出产 100 台，到 8 月底，A 产品在装配车间已累计出产到 156 号，投入到 176 号；加工车间已累计出产到 186

号,投入到 200 号。装配车间平均每日产量为 4 台,装配生产周期为 5 天,加工生产周期为 6 天,两车间保险期为 2 天。试求 9 月底各车间的出产累计号和投入累计号及 9 月份各车间的出产量和投入量。(装配阶段为最后工艺阶段)

解:第一步,求出各阶段生产提前期。

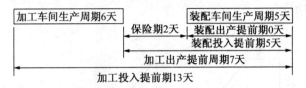

图 7 - 11　图表法求解生产提前期

第二步,计算各车间 9 月底出产、投入累计号数。列表计算如表 7 - 6 所示。

表 7 - 6　投入产出累计号数

单位:台

日　期		8 月	9 月
装配车间	出产累计号	156	156＋100＝256
	投入累计号	176	256＋(4×5)＝276
加工车间	出产累计号	186	256＋(4×7)＝284
	投入累计号	200	256＋(4×13)＝308

第三步,计算各车间 9 月份出产量和投入量。

装配车间:出产量＝100(台)

投入量＝276－176＝100(台)

加工车间:出产量＝284－186＝98(台)

投入量＝308－200＝108(台)

(三) 生产周期法

在单位小批生产条件下,生产任务多半都是一次性的,或不定期重复。这时规定车间生产任务既不可能用在制品定额法,也不可能用累计编号法,而只可能用生产周期法。

生产周期法就是根据产品的装配系统和工艺过程、工时定额、车间生产能力等资料用网络计划技术绘制出产品的生产周期网络图(图 7 - 6)或进度表(图 7 - 7),然后按照确定的生产周期和各项活动的开始和结束时间,并适当考虑保险期后,就可规定有关车间生产任务的投入、产出期。

(四) 订货点法

对于品种繁多、价值不大、耗用为随机性的零件,如标准件、通用件等,前述三种规定车间生产任务的方法均不合适,而应当采用订货点法。

订货点法就是对每种零件规定合理的批量,车间生产出一批后即存入库房内,供其他车间领用,当领到一定数量时,仓库立即向有关部门提出订货,生产车间即将下一批制品投入生产,当前一批的库存即将用完时,下一批正好产出入库。(如图 7-12 所示)

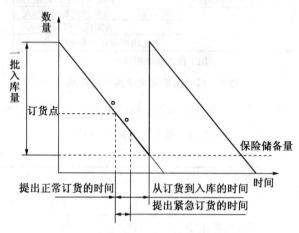

图 7-12 订货点法示意图

订货点可用以下公式计算:

$$订货点 = 从订货到入库的时间 \times 每日需要量$$

有的企业为了管理方便起见,同一种零件用三个或多个箱子存放。把一批零件以订货点为准分为两部分,在属于订货点库存量的箱子上做上明显标记。当领料领至订货点库存量箱子时即提出订货,若在订货点库存量时尚未订货,则应提出紧急订货。

(五)材料需要量计算法

材料需要量计算法是运用计算机管理信息系统确定车间材料需要量的一种方法。

该法的简单原理是,将产品的零件明细表和对应的工艺规程作为固定信息存储在计算机中,同时计算机内还有记录各种零件库变动情况和原材料库存情况的文件。先根据零件的工艺规程所对应的毛坯的材料、工艺、形状和尺寸等,可以求得单个零件所需要的对应规格的原材料;当将生产计划规定的产品或备件的需要量作为流动信息输入计算机后,计算机根据零件明细表和逻辑关系即可自动算出各种零件的总需要量。然后,再对照库存记录,计算出实际的需要量。根据该种零件的订货批量和提前期,对照车间的生产能力负荷情况,即可确定有关车间生产该种零件的时间和数量。

当订货批量不固定时,也可根据相近时期内需要补充的数量,集中成一批作为计划订货量。向车间提出的订货,是否能按期到货,取决于车间的生产能力和设备负荷情况。因此,当确定提出订货投入日期后,要与车间生产能力进行平衡。当生产能力不能满足要求时,须改变需要量计划。当生产能力满足要求时,即可向生产车间发出生产指令和订单。

这一原理和方法同样被用于 MRP II 和 ERP 系统的开发中。

第三节　车间内部生产作业计划的编制

一、各种生产方式作业计划的特点

各行各业的产品和工艺千差万别,但就其车间内部的生产方式来看,基本上可以归纳为流水生产、成批生产、单件生产三种方式。由于这三种生产方式在需求条件和生产技术特点方面存在着很大差别,因而其生产作业计划的方法也各不相同。

（一）流水线生产方式

流水线以向市场大量并稳定地供应廉价产品为目的。从本世纪初流水线出现以来,绝大多数都是单一品种的。但近几年来,多品种的流水线生产线越来越多。它们多半以生产一种或若干种产品为基础,同时派生出许多种不同型号、不同规格、不同颜色的产品,以适应市场需求的多样性。流水线生产产品的销售方式,过去是生产者决定生产什么就卖什么。正如流水线生产的创始人福特汽车公司的第一任总经理老福特所说:"不管顾客需要什么颜色,我所供应的就是黑色汽车。"这个时代已经过去,现在世界上产量最大的丰田汽车公司已经可以在一条流水线上同时生产几十种不同型号、不同规格、不同颜色的汽车,并且各种数量和时间是根据用户的订单决定的,最低的起订点为五辆。这就是流水线生产方式的新变化。

流水线生产方式虽然发生了惊人的新变化,但其基本特征仍然保留着。例如,流水线上产品的加工程序是预先制定的,并且各道工序、各个工作地的工作内容和工时经过严格的平衡,流水线所用的一切设备都按照工艺顺序排列,当变换品种时,所花的准备时间对生产能力的影响应当很小等等。

从对生产作业计划编制工作的影响来看,可以把流水线分为三类:

1. 连续流水线

如化工、冶炼、轧制、制糖生产线,啤酒、饮料、食品罐头灌装线,机械、电子产品装配线、自动线等等。由于全线各道工序都是严格协调、联动工作的,生产速度基本上由输送加工对象的传送带所决定。因此对于这类生产线不必编制标准化作业计划。只要将全月生产任务按日、按轮班分配即可。

2. 间断流水线

加工量并不太大的机械加工流水线，而且由于全线各道工序的工作时间并不完全同步，许多工序不可避免地发生周期性的间断。所以其生产作业计划采用按看管期制订的标准计划来规定其每日、每时、每个工作地的任务。看管期标准计划的形式见图 7-2 所示。

3. 多品种流水线

连续流水线和间断流水线又都可以分为单品种和多品种流水线。多品种流水线的产生组织和计划比单品种流水线复杂得多。大体上有两种方式：一种是若干品种按预先制订的标准计划在流水线上轮番生产。如机械加工、铸造、锻造、冲压、食品加工、制药等流水线，较多地采用轮番上场的流水线生产方式。另一种是若干品种在流水线上混合在一起同时生产，即混合流水生产线。混流生产方式较多地应用于多品种的装配流水线，在机械加工流水线中也得到一定程度的应用。

（二）成批生产方式

成批生产方式，是指一个工作地点，产品轮番上场，但其轮番变化的频率较多品种混合流水线低。每耗费一次准备时间，随后便可连续地生产一定数量的同一种产品。通过作业准备，变更工作程序，从而进行多品种生产。成批生产方式在各种不同类型的工厂中都是普遍存在的。大量生产的机械厂，虽然其最终产品是大量流水线生产的，但其零部件加工可能是成批生产的。在按订货生产的工厂中，虽然最终产品是单件的，但往往可以将该产品或各种不同产品中通用化、标准化的零部件或同类零件组织集中生产或成组加工。在化工、冶金、轻工等许多行业中，同一台或同一组设备，往往在不同时间内生产不同品种的产品。因此，规定车间生产任务时，无论是采用在制品定额法、累计编号法、生产周期法、订货点法或计算法，都可能形成车间内部的成批生产方式。

成批生产方式产生的根本原因有两条：一是多种生产对象具有结构工艺的相似性，可以在同一设备或生产线上加工，且设备或工作地或生产线的生产速度高于一种产品生产任务所要求的速度，因而才有可能在该种设备(工作地或生产线上)上轮番地生产多种产品。所以成批生产方式组织和计划的特点是在工作地或生产线上成批地生产多种产品；二是与流水线生产方式不同，成批生产方式或交换品种时，所耗费的准备时间一般都比较长，为了提高成批生产方式的经济性，必须注意提高产品的系列化、通用化和标准化程度，以扩大成组批量而减少轮换次数，改进设备和工艺装备，减少设备调整和准备时间，合理地确定批量和投入的顺序，以减少工序之间的在制品数量和设备的空闲时间。

（三）单件生产方式

在一些重型机器厂、设备修理车间或新产品试制车间，某些工艺品的生产，某些服装的生产,宇航设备的生产,大型船舶的生产等,基本上都属于单件生产方式。单件生产方式作业计划的特点是:生产者难以预测订货者所需要的产品品种和规格,在接受订货前也无法进行生产技术准备。所以从订货到交货必然有一个提前期。由于订货品种很多,且很少重复,因而生产过程中不可能建立成品库存,但可以建立某些原材料库存和某些零部件的半成品库存。这些特点就决定了单件生产方式的生产作业计划必须与生产技术准备计划密切衔接起来。车间内部的生产任务安排,则必须根据设备负荷情况和生产任务本身的特性,进行合理的作业排序和组织实施。

二、多品种混流生产作业的编制

组织多品种混流生产,就是在同一条生产线上生产多种产品,并在每一生产时期和生产阶段,将各种产品按照一定的逻辑规律编排投产顺序,使生产过程中各道工序、各条加工生产线、装配线的产品产量、品种、工时、设备负荷等达到全面均衡。不仅要求加工工序、检验工序、运送工序平稳准时地生产,而且要求产品包装、发运、执行交货合同、外协厂供应材料毛坯、外购件的品种数量、交货期也要平稳而准时,完全消除忙闲不均、突击赶工、生产和供应的波动现象,从而大幅度地节省人力、物力、财力,提高生产品种、数量、工时和设备负荷的均衡性。从根本上防止生产失调,大大提高生产率。多品种混流生产方式机动灵活,适应性强,在生产、订货发生变动的情况下,也能及时地选定新的最优生产方案。混流生产的计划方法,是以逻辑数学为理论基础,以电子计算机为主要工具的一种现代化科学管理方法。在实际生产中,对一些简单的多品种混流生产问题,也可采用人工计算的办法。下面引用某风动工具厂提供的资料,来说明多品种混流生产的计划方法。

该厂某班组混流生产 14 种零件,具体零件名称和月产量如表 7-7 所示。

(一)编排投产顺序

运用第四章所述的生产比倒数法编排投产顺序。

1. 计算生产比和生产比倒数

编定各个品种折算产量中的最大公约数,就可算出各个品种的生产比。表中的最大公约数为 1 000,则各个品种的生产比(X_i)分别为:

$$X_A : X_B : X_C : X_D : X_E : X_F = 8 : 6 : 5 : 4 : 3 : 1$$

$$\sum_{i=1}^{n} X_i = 8 + 6 + 5 + 4 + 3 + 1 = 27$$

式中:$\sum_{i=1}^{n} X_i$——多品种产品生产的一个循环流量。

表7-7 多品种混流生产的计划方法

序号	产品号	件号	零件名称	月产量	生产比产量	代号和分组
1	7655	211	钎卡螺栓	8 000	8 000	A
2	7655	318	调压阀	5 500	6 000	B_2
3	7655	322	长螺杆	6 250	6 000	B_2
4	7655	315	水管接头体	5 000	5 000	C
5	7655	2 501	蝶形螺母	3 800	4 000	D_3
6	7655	2 504	锥形胶管接头	4 000	4 000	D_3
7	7655	207	钎卡	4 000	4 000	D_3
8	FY-200A	309	气管接头	3 000	3 000	E_3
9	FY-200A	1	油管头	2 500	3 000	E_3
10	FY-200A	3	壳体	3 000	3 000	E_3
11	D-4	9	活塞	1 000	1 000	F_4
12	D-4	12	导套	1 000	1 000	F_4
13	D-4	14	压套	1 000	1 000	F_4
14	D-9	2	柄体	1 000	1 000	F_4

各品种生产比倒数 m_i 分别为：

$$m_A : m_B : m_C : m_D : m_E : m_F = \frac{1}{8} : \frac{1}{6} : \frac{1}{5} : \frac{1}{4} : \frac{1}{3} : 1$$

2. 运用生产比和生产比倒数来编排投产顺序

计算过程如下：

(1) 先从全部品种中选出比倒数最小的品种 A，作为循环流程第一个投产的品种写入表 7-7 第一行最后一栏内。

(2) 将已经选入的品种 A 的生产比倒数 m_A 变为 $m_A + m_A$，即 $1/8 + 1/8 = 2/8$，写入第二行，接着从第二行中选出生产比倒数最小的品种 B 作为循环流程中第 2 个投产的品种。

(3) 将刚选入的品种 B 的生产比倒数 m_B 改变为 $m_B + m_B = 2/6$，写入第三行，再从中选出生产比倒数最小的品种 C 作为第三个投产产品。

(4) 同样将 m_C 改变为 2/5 写入第四行，从中选出生产比倒数最小的品种，A 和 D 的生产比倒数相同。这时选原先已被选入的 A 作为第四个投产品种。

(5) 将已更新过的 A 的生产比倒数 2/8 再加 1/8 等于 3/8 写入第五行，再从中选出生产比倒数最小的产品，即选出 D 产品作为第五个投产品种……以后各品种的投产顺序均照此计算,直至一个循环流程的产量达到 27 个为止。此时各品种的生产比倒数 m_i 均已变为 1。最后得到的 6 组 14 个零件的投产顺序如表 7-8 第 27 行所示。

表 7-8 生产比倒数法安排投产顺序演算过程

计算过程	品 种						投产顺序
	A	B_2	C	D_3	E_3	F_4	
1	1/8*	1/6	1/5	1/4	1/3	1	A
2	2/8	1/6*	1/5	1/4	1/3	1	AB
3	2/8	2/6	1/5*	1/4	1/3	1	ABC
4	2/8*	2/6	2/5	1/4	1/3	1	ABCA
5	3/8	2/6	2/5	1/4*	1/3	1	ABCAD
6	3/8	2/6*	2/5	2/4	1/3	1	ABCADB
7	3/8	3/6	2/5	2/4	1/3*	1	ABCADBE
8	3/8*	3/6	2/5	2/4	2/3	1	ABCADBEA
9	4/8	3/6	2/5*	2/4	2/3	1	ABCADBEAC
10	4/8*	3/6	3/5	2/4	2/3	1	ABCADBEACA
11	5/8	3/6*	3/5	2/4	2/3	1	ABCADBEACAB
12	5/8	4/6	3/5	2/4*	2/3	1	ABCADBEACABD
13	5/8	4/6	3/5*	3/4	2/3	1	ABCADBEACABDC
14	5/8*	4/6	4/5	3/4	2/3	1	ABCADBEACABDCA
15	6/8	4/6*	4/5	3/4	2/3	1	ABCADBEACABDCAB
16	6/8	5/6	4/5	3/4	2/3*	1	ABCADBEACABDCABE
17	6/8*	5/6	4/5	3/4	3/3	1	ABCADBEACABDCABEA
18	7/8	5/6	4/5*	3/4*	1	1	ABCADBEACABDCABEAD
19	7/8	5/6	5/5	4/4	1	1	ABCADBEACABDCABEADC
20	7/8	5/6*	1	1	1	1	ABCADBEACABDCABEADCB
21	7/8*	6/6	1	1	1	1	ABCADBEACABDCABEADCBA
22	8/8	1*	1	1	1	1	ABCADBEACABDCABEADCBAB
23	1*		1	1	1	1	ABCADBEACABDCABEADCBABA
24			1*	1	1	1	ABCADBEACABDCABEADCBABAC
25				1*	1	1	ABCADBEACABDCABEADCBABACD
26					1*	1	ABCADBEACABDCABEADCBABACDE
27						1*	ABCADBEACABDCABEADCBABACDEF

3. 平衡生产能力，核算关键设备的负荷

某班组关键设备平衡结果，见表7-9。

表7-9 生产能力平衡表

设备名称	设备可供台时（班）	工序	月产量（件）	班定额（件）	折合班次	班次合计	压缩后班次		平衡结果
							压缩	合计	
X52 铣床	48	211-1工序	8 000	800	10	42.5		42.5	+5.5
		211-5工序	8 000	800	10				
		332-2工序	6 000	800	7.5				
		322-3工序	6 000	800	7.5				
		FY-200A-5工序	3 000	400	7.5				
C616 车床	48	318-1工序	6 000	200	30	54	12%	48	平
		309-2工序	3 000	240	12.5				
		2504-1工序	4 000	350	11.5				
Z3040×16 钻床	48	318-2工序	6 000	800	7.5	54.5	10%	49.05	-1.05
		318-5工序	6 000	500	12				
		318-6工序	6 000	300	20				
		318-7工序	6 000	400	15				
合计	144					151		139.55	

4. 编制混流生产线的生产作业进度表

根据投产顺序编制生产作业计划，每个循环流程批量可以根据循环次数来确定。本例中若循环一次，则各组批量为1 000。生产作业进度表见表7-10。

三、成批定期轮番生产作业计划的编制

有些企业产品方向相对稳定，产品品种多，在一定时间内不断重复和交替生产若干种零件。过去采用"在制品定额法"编制这种类型的生产作业计划，具有一定的可行性。当月度生产计划改为滚动计划后，编制生产作业计划的时间紧迫，工作量大，各月生产量不平衡，往往会打破正常的生产秩序。为了适应这种情况，提高计划编制效率，创造有节奏的生产条件，需要探索新的计划编制方法。下面结合某冲压件厂的实际情况，介绍一种成批定期轮番生产作业计划的编制方法。

表7-10 生产作业进度表

单位：件

代号	零件号	月产量	1	2	3	4	5	6	7	8	…	…	25	26	27	28	29	30	31
A	7655 211	8 000	1 000			1 000				1 000									
B_2	318 322	6 000 6 000		1 000 1 000				1 000 1 000											
C	315	5 000			1 000														
D_3	2501 2504 207	4 000 4 000 4 000					1 000 1 000 1 000												
E_3	509 FY-200A 1 3	3 000 3 000							1 000 1 000 1 000					1 000 1 000					
F_4	D-4　9 　　12 　　14 D-9　2	1 000 1 000 1 000 1 000													1 000 1 000 1 000 1 000				

(一) 生产能力平衡

核算与平衡生产能力,是编制生产作业计划必不可少的一项工作。具体步骤如下:首先根据工艺文件规定,将全部零件与所用设备进行归类分组,分别计算出各设备组可提供的台时定额;按照年度生产纲领和最高储备定额,计算出各零件的年产量,按各零件、工序和工时定额计算并汇总出所需的各设备组的台时定额;将设备组可提供的有效台时与生产所需的各设备组的台时定额进行平衡。最后,确定设备组的负荷。并与设备组的有效台时进行平衡,见表 7-11。

(二) 确定生产零件的轮番方式

确定轮番方式,就是确定零件的生产间隔期。为了便于生产组织与管理。轮番方式一般分为三种:季度轮番,双月轮番和月轮番。根据 ABC 分类法的原理,以零件价值量为标准,并考虑生产条件的可能性,确定每个设备组各种零件生产的轮番方式。A 类定为月轮番生产;B 类定为双月轮番生产;C 类定为季度轮番生产。A 类零件价值约占全部零件价值的 80% 左右。

先安排 A 类件,定为月轮番生产,然后,对季度和双月轮番生产的零件,按月进行分配,即初步确定投入期(月)。分配后按月度最大生产批量进行月度设备负荷的平衡,必要时进行调整。以保证各月负荷的均匀性。例如,160 吨冲床生产的零件划类和分配情况见表 7-12。

(三) 确定生产零件的投入量

成批定期轮番计划的特点,就是零件生产的投入期(月)固定不变,只要批量不超过经过负荷平衡的最大批量,设备能力就是足够的。这样,各月零件生产的品种就可相对稳定。

在年度生产纲领没有大变动的情况下,各月生产零件的投入量(Q_i)是根据库存最高储备定额水平来确定的,其基本原理见图 7-13 所示。这样,月度滚动生产计划虽然有一定幅度的波动,但可以通过库存储备量的吸收和缓冲来适应。月度生产作业计划的编制,不直接受月度滚动生产计划的约束,就可以提前编制计划,提高工作效率。但是,月度生产作业计划的变动会影响到各月作业量大小的变化,需要采取其他措施来解决。

(四) 合理安排作业顺序

在成批轮番生产中,一种设备往往承担多种零件或不同工序的任务,在设备能力和零件工时定额已经确定的情况下,作业分配要考虑经济合理的问题。也就是说,要合理安排加工顺序,找出一个最优的方案。例如,250 吨冲床和 160 吨冲床生产一批零件的有关数据见表 7-13。

表 7-11 生产能力需求表

序号	代号	零件名称	台份量	年产量	40T冲床			100T冲床			250T冲床		
					工序号	台时定额	台时	工序号	台时定额	台时	工序号	台时定额	台时
1	A	离合器弹簧片	6	90 000	30	0.234 1′	351	40	0.117′	176			
2	B	离合器固定片	1	15 000				20	0.13′	33			
3	C	离合器分离叉	1	12 000	40 50	0.4′	80				20 30	0.80′	160
4	D	钩板	1	12 000	20 30	0.22′	44						
5	E	左、右角板	2	30 000							20 50	1.70′	426
6	F	车厢前支架	2	30 000							20 30	0.85′	415
7	G	加固板	1	15 000									
8	H	挡泥板支架	2	30 000	20	0.08′	80	20	0.2′	50			
9	I	转向节背盖	4	60 000	30	0.1′	40						
10	J	防尘垫护盖	2	24 000									
11	K	58加固板	1	15 000	70	0.24′	60				20 30 40	1.1′	275
		合计					656			259			1 276

表 7-12 设备组的台时定额平衡表

序号	零件名称	台份量成本（元）	轮番方式	月最大批量（件）	投入期(月)与负荷(工时)					
					第一月	第二月	第三月	第四月	第五月	第六月
1	右角板	2.78	双月	2 500	16		16		16	
2	左角板	2.78	双月	2 500	16		16		16	
3	驾驶室前支架	2.91	双月	5 000		50		50		50
4	后挡泥板	5.80	月		8	8	8	8	8	8
5	副钢板支架	6.02	月		33	33	33	33	33	33
6	调整偏心	2.34	双月		29		29		29	
7	齿板	2.18	双月			13		13		13
8	喷管后部	0.35	季		17			17		
9	副拉手	0.53	季			9			9	
10	托架夹板	0.56	季				14			14
11	左加强板	0.19	季		7			7		
12	右加强板	0.18	季		7			7		
13	支架左侧板	2.17	双月		7		7		7	
14	支架右侧板	2.17	双月		7		7		7	
	合计				147	113	130	135	125	118

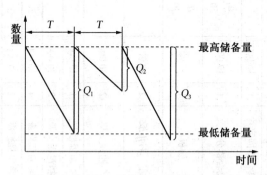

图 7-13 零件生产的投入量与库存最高储备定额水平的关系

表 7-13　一批零件的有关加工数据表

代号	零件名称	160吨冲床加工时间	250吨冲床加工时间
A	副钢架支板	① 37 小时	② 21 小时
B	后挡泥板	① 12 小时	② 7 小时
C	驾驶室前支板	① 22 小时	② 28 小时

如果按表 7-13 的顺序，所需生产周期为 99 小时，如图 7-14(a)所示。若按"求最短加工时间顺序法"排列生产顺序，则生产周期仅需 87 小时，节约 12 小时，如图 7-14(b)所示。

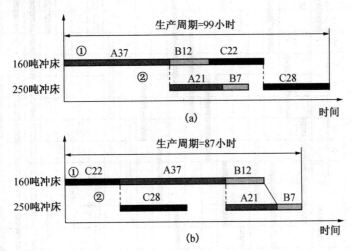

图 7-14　不同顺序安排的生产周期比较

（五）编制生产作业日历进度表

在年度生产大纲基本不变、月度滚动计划变动幅度不超过库存储备量缓冲允许范围时，可以编制标准的生产作业日历进度表。由于采用季、双月、月三种轮番方式，因此，就需要编制六种标准作业计划。所谓标准计划，这里是指零件投入期和出产期是标准的。

表 7-14 列举了三种零件工作进度表的例子。它们按不同的生产间隔期在同一生产线上成批、定期轮番生产，表的下部还绘制了机床设备负荷平衡表，从表中可以看到设备负荷基本是饱满和均衡的。

表7-14 三种零件的工作进度安排表

零件编号	装配每日需用量		批量	工序编号	机床编号或工作地名称	每班产量	每批需用班数	工 作 日 1 2 3 4 5 6 7 8 9 10 11 12 13 14 15 16 17 18 19 20
0001	70	生产间隔期10天	700	1	06号铣床	175	4	
				2	01号车床	70	10	
		生产周期15天		3	热处理车间	/	3日	
				4	15号磨床	70	10	
				5	钳工组	115	6	
0005	100	生产间隔期10天	1 000	1	01号车床	500	2	
				2	钳工组	165	6	
				3	15号磨床	125	8	
		生产周期18天		4	06号铣床	125	8	
				5	07号刨床	100	10	
				6	电镀车间	/	3日	
				7	X光试验室	/	3日	
0203	50	生产间隔期10天	600	1	06号铣床	75	8	
				2	01号车床	75	8	
				3	钳工组	75	8	
		生产周期20天		4	07号刨床	100	6	
				5	热处理车间	/	3日	
				6	X光试验室	/	3日	
综合平衡					06号铣床			
					01号车床			
					15号磨床			
					07号刨床			

四、作业排序方法

管理人员在编制作业计划时经常遇到以下问题：有几项不同的任务，如几种不同的工件要在一台或一组设备上加工，每种工件都有各自的加工时间和完成时间（即交货期）的要求。由于这些工件不能同时在同一台设备上加工，而只能按一定的顺序依次加工，所以管理人员在做出作业计划后要解决的一个问题就是如何安排这些工件的加工顺序。这就是作业排序问题。

所以说，排序（Sequencing）是决定在某些机器或者某些工作中心上先开始哪个作业的过程。

在日常生活中，经常可以遇到各种排序问题，凡是与此同时有多个不同的任务要完成，就有作业计划和作业排序问题。如几批不同的工件需要加工、需要向几位顾客提供服务、几个问题需要处理、病人等待就医、顾客在超市出口处等待付款、顾客在银行等待服务、飞机等待着陆等等，都有作业计划和作业排序问题。研究排序问题有助于合理确定作业能力和服务能力，目的是以尽可能少的设施获得最大的效益。

排序不等于作业计划（Scheduling），排序确定各个工件在设备上加工的先后顺序，而作业计划不仅包括确定工件的加工顺序，还包括确定机器加工每个工件的开始时间和完成时间。在排序的基础上再给定每一个工件的加工开始和结束时间，这样就构成一个完整的作业计划。因此，作业排序和作业计划的实质是要解决如何按照时间的先后，将有限的人力、物力资源分配给不同的任务，使预定的目标最优化。

（一）作业排序优先级规则

优先级规则（Priority Rules）是指在进行作业排序时使用的规则。这些规则可能很简单，仅根据某一数据对作业进行排序，比如加工时间、交货日期或者到达的顺序，也可能根据几个数据来进行排序。下面列出最常用的10个规则：

(1) 先到先服务（First Come, First Served, FCFS）规则。这一规则是指按照订单到达的先后顺序进行加工。

(2) 最短作业时间（Shortest Processing Time, SPT）规则。这一规则是指首先加工所需时间最短的作业，然后是第二短的，依次类推。此规则也称为 SOT（Shortest Operating Time）。

(3) 最早交货期（Earliest Due Date, EDD）规则。这一规则是指将交货期最早的作业优先安排，而交货期要求晚一些作业则排到后面加工。交货期指的是整个作业的交货期。

(4) 最早开始日期，即交货日期减去作业的正常提前期（Earliest Start Date,

ESD)规则。这一规则是指将最早开始的作业放在第一个进行。

（5）剩余松弛时间(Slack Time Remaining, STR)规则。剩余松弛时间是交货期前的剩余时间与剩余的加工时间的差值。这一规则是指剩余松弛时间最短的作业优先进行。

（6）每个作业的剩余松弛时间(STR/OP)规则。这一规则是指 STR/OP 最短的作业优先进行。STR/OP 的计算方法如下：

$$STR/OP = \frac{交货期前的剩余时间 - 剩余的加工时间}{剩余的作业数}$$

（7）关键比率(Critical Ratio, CR)规则。关键比率是用交货日期减去当前日期的差值，再除以剩余的工作日数计算得出。关键比率最小的订单优先执行。

（8）排队比率(Queue Ratio, QR)规则。排队比率是用计划中剩余的松弛时间除以计划中剩余的排队时间计算得出的。排队比率最小的订单优先执行。

（9）后到先服务(Last Come, First Served, LCFS)规则。该规则经常作为默认规则使用。因为后到的订单放在先到的上面，操作人员通常是先处理上面的订单。

（10）随机排序或随机处置规则。这是指主管或操作人员通常随意选择他们喜欢的作业先执行。

（二）作业排序方案的评价标准

（1）满足顾客交货日期或者下游工序的交货期。

（2）流程时间最短。流程时间也称为产出周期或产出时间，是指作业在整个流程中的时间。

（3）在制品库存量(WIP)最小。

（4）机器或者人员空闲时间最短。

（三）作业排序方法

作业排序方法主要分三种情况：一台设备 n 种作业的排序方法；两台设备 n 种作业的排序方法；m 台设备 n 种作业的排序方法。下面分别予以介绍。

1. 一台设备 n 种作业的排序方法

设有 7 种产品（零件）要在一台设备上加工，每种产品都有预定的交货期和工时定额（见表 7-15）。

表 7-15 7 种产品预定的交货期和给定的工时定额

零件编号	A	B	C	D	E	F	G
工时定额(天)	1	2	3	3	4	6	7
交货日期(天)	13	10	10	27	11	6	9

由于单台设备同时不能加工两种以上产品,因此,这类作业的合理排序,实质上是解决如何安排能使耽误交货期的时间最少的问题。在组织装配用的零件按期配套生产等情况下,这种合理排序方法是有实际意义的。

假定有两种方案,一种是按计划交货日期的先后来安排,如表7-16。结果有五种产品要耽误,不能按时交货,共耽误38天;另一种完工日期尽可能等于交货日期的零件加工优先安排,如表7-17。结果只有三种产品不能按时交货,共耽误20天。显然,后一种安排为优。由此可以看出,合理安排加工顺序的重要性和规律性。

表7-16 按计划交货日期的先后安排加工

零件加工顺序	1	2	3	4	5	6	7
零件编号	F	G	B	C	E	A	D
该零件所需加工时间(天)	6	7	2	3	4	1	3
计划交货日期(天)	6	9	10	10	11	13	27
完工日期(天)	6	13	15	18	22	23	26
延误时间(天)	0	4	5	8	11	10	0

表7-17 尽可能等于交货日期的零件优先安排加工

零件加工顺序	1	2	3	4	5	6	7
零件编号	F	B	C	A	E	G	D
该零件所需加工时间(天)	6	2	3	1	4	7	3
计划交货日期(天)	6	10	10	13	11	9	27
完工日期(天)	6	8	11	12	16	23	26
延误日期(天)	0	0	1	0	5	14	0

在一般情况下,设第 n 加工顺序号产品的加工时间为 t_i,其完工日期为 d_n,计划交货日期为 D_n,则:

$$d_n = \sum_{i=1}^{n} t_i$$

根据上述计算公式安排产品的加工顺序,应当将 $d_n - D_n = 0$ 的产品优先安排,而将 $d_n - D_n > 0$ 的产品靠后安排。最后安排计划交货日期较迟的产品,这样有可能使最后安排的产品的 $d_n - D_n > 0$ 或者 d_n 与 D_n 尽量相接近。安排产品的加工顺序时,使 $d_n - D_n$ 尽可能等于零,即能满足计划交货日期的要求。该值大于零,表明不能按期交货;如果小于零较多,表明提前完成的时间太多,同样不合理。

假设有四种产品(零件)在一台设备上加工,该种设备(如冲床)在加工一种零件后,若要加工另一种零件就要更换工艺装备(如冲模)和重新调整设备。因此,就要有一个工艺性的中断转换时间。不同的前后产品零件所需中断转换时间常常是不同的。工艺性中断时间见表 7-18。从表 7-18 可知,不同的加工顺序,中断时间的总和也不同。应该找到一个合理的加工顺序,使中断时间的总和最小。由于每种零件所需的加工时间是额定的,与加工顺序无关。因此,找到中断时间最短,也就是总的加工时间最短。

表 7-18 不同的前后产品零件具有不同的中断转换时间

转换时间 先加工 \ 后加工	A	B	C	D
A	0	1	3	2
B	3	0	2	3
C	1	2	0	4
D	5	3	2	0

按表 7-18 所提供的数据,安排几种不同的加工顺序所需的工艺性中断时间总和,见表 7-19。

表 7-19 不同加工顺序组合所需的工艺性中断时间总和比较

零件加工顺序	所需工艺性中断时间总和
A—B—C—D—A	1+2+4+5=12
A—B—D—C—A	1+3+2+1=7
A—C—B—D—A	3+2+3+5=13
A—C—D—B—A	3+4+3+3=13
A—D—C—B—A	2+2+2+3=9
A—D—B—C—A	2+3+2+1=8

通过以上六种加工顺序的安排,对其工艺性中断时间总和的比较,可得出最优的加工顺序安排是 A—B—D—C。

这四种零件在该设备上的加工顺序的排列方案,根据排列公式,共有 4! = 4×3×2×1=24 个。这一类问题从数学模型的形式上看,与运筹学中的"货郎问题"近似,因此也可以利用"货郎问题"的解法,求出最优的加工顺序。

2. 两台设备 n 种作业的排序方法

在两台设备上生产 n 种产品时,可按最小值规则进行合理的作业排序。例如:有 ABCDE 五种零件均需在车床上加工,再在铣床上加工。各种零件在两种设备上加工所需的工时见表 7-20。

表 7-20 加工工时

单位：小时

设备	A	B	C	D	E
M_1 车床(t_{ai})	6	8	12	3	7
M_2 铣床(t_{bi})	11	8	5	3	4

按最小值排序的规则如下：

(1) 从 M_1、M_2 各工序的 t_{ai}、t_{bi} 中，找出最小值。如果最小值属于 M_1 行的一个，则该零件最先加工；如属 M_2 一行的，则该零件最后加工。若零件在 M_1、M_2 上的加工时间相等时，两者任取其一排列。

(2) 将已排列的零件剔除，其余零件重复上述步骤，直到排序结束。

按上述规则，四个零件的作业排序如表 7-21 所示。

表 7-21 最小值排序的规则过程

序号	机床	工时	A	B	C	D	E	排序
1	M_1	t_{ai}	6	8	12	(3)	7	D
	M_2	t_{bi}	11	8	5	3	4	
2	M_1	t_{ai}	6	8	12	3*	7	D E
	M_2	t_{bi}	11	8	5	3*	(4)	
3	M_1	t_{ai}	6	8	12	3*	7*	D C E
	M_2	t_{bi}	11	8	(5)	3*	4*	
4	M_1	t_{ai}	(6)	8	12*	3*	7*	D A C E
	M_2	t_{bi}	11	8	5*	3*	4*	
5	M_1	t_{ai}	6*	(8)	12*	3*	7*	D A B C E
	M_2	t_{bi}	11*	8	5*	3*	4*	

注：表中 * 数字是重复出现的数字，可省略。

由图 7-15 可见，四个零件最优排序的总加工时间为：3+6+8+12+7+4=40（小时）。顺便指出，若第一步取 $t_{bi}=3$（小时），那么 D 产品应安排最后加工，则排列加工顺序改为 ABCED，总加工时间仍为 40 小时。

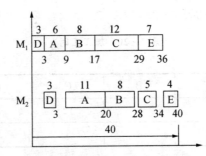

图 7-15 零件最优排序的甘特图

3. m 种设备 n 种作业的排序方法

假设某厂有四批零件依次在四种设备上加工,产品结构不同,各种设备加工工时不等,有关数据见表 7-22。

表 7-22 四批零件依次在四种设备上加工工时

单位:小时

产品	设备			
	m_1	m_2	m_3	m_4
A	8	12	8	6
B	6	9	4	14
C	10	7	5	7
D	4	3	10	10

进行作业排序的具体方法如下:

(1)按照加工顺序,把设备分成前半部和后半部。若设备为奇数,则中间设备的工时平分到前、后两部分的数值上,也可不平分即分别加到前、后两部分的数值上。有关数据列成表 7-23 的形式。

表 7-23 四批零件依次在四种设备上加工的排序规则

产品	前半部 m_1'	设备				后半部 m_2'
		m_1	m_2	m_3	m_4	
A	20	8	12	8	6	14* ③
B	15* ②	6	9	4	14	18
C	17	10	7	5	7	12* ④
D	7* ①	4	3	10	10	20

(2)进行作业排序。排序的规则是:在前半部和后半部的列内选择最小数或接近最小数(如有两个以上时,则选头或尾两个机床加工工时之和最小者,尤其要

优先选头或尾一个机床加工工时最小者)。如果这个数在前半部的列内,就在该数右旁做"﹡"的标记,表示这个数所在行的产品应排在第一;如果这个数在后半部的列内,就在该数的右旁做"﹡"的标记,表示这个数所在行内产品应排在最后。继续在余下的前半部或后半部的数值中选出最小值或接近最小值,分别做出"﹡"的标记,同时也可直接在所确定的数字和"﹡"旁加注序号,一直到排序结束为止。

根据上述排序规则,最后得到的作业排序为 D－B－A－C。

(3) 总加工时间的计算为 54 小时。如图 7－16 所示。

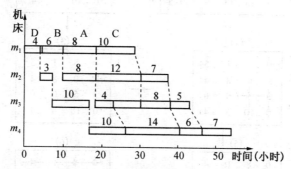

图 7－16　用甘特图计算总加工时间

在一般情况下,采用上述方法得到的排序方案,大多数情况下并不是最优的,而是可行的较为满意的方案。

五、生产任务分配

作业顺序只是解决生产任务加工先后顺序的优化方案问题。在日常生产中还有一类问题,就是生产的经济效益并不取决于任务加工的先后顺序,而取决于任务如何分配。生产任务分配方案不同,生产的经济效益就不同。生产任务分配问题简便的求解方法,是由匈牙利数学家奎涅克(C. Konig)提出的匈牙利法。

例如,有 4 项任务可分配给 4 个小组加工,但各小组完成各项任务所需的工时不同(见表 7－24),应如何分配任务,才能使总的加工时间最少、效率最高?

表 7－24　各小组完成各项任务所需的工时不同

小组 任务	A	B	C	D
Ⅰ	2	10	5	7
Ⅱ	15	4	14	8
Ⅲ	13	15	12	10
Ⅳ	5	15	13	9

求解方法：

(1) 行缩减。各行元素均减本行中的最小元素（即工时最少的元素），使每行都有零元素[如图 7-17 中矩阵(1)→(2)]。

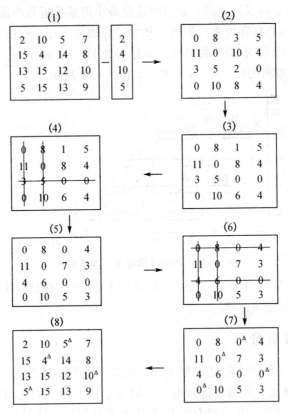

图 7-17 奎涅克算法过程示意图

(2) 列缩减。没有零的列，各元素均减去本列中的最小元素。使每列都有零元素。本例中第三列各元素均减 2[如图 7-17 中矩阵(2)→(3)]。

(3) 用最少的行线或列线划去零。若行划线和列划线总数等于任务数 n，则该矩阵有最优解。若不等于 n，如本例中用三条划线即可划去矩阵中所有的零[如图 7-16 中矩阵(4)]，再进行第(4)步。

(4) 未被划到的各元素，减去其中最小的元素，在本例中最小的元素为 1，而所划行线与列线交叉处的元素，加上该最小元素，得到一新的矩阵[如图 7-16 中矩阵(5)]。

(5) 回到第(3)步，用最少的行线或列线，划去矩阵中的零。第(3)、第(4)步循环进行，直至行划线与列划线总数与任务数 n 相等。本例中，$n=4$，有 4 条划线时即有最优解[如图 7-17 中矩阵(6)]。

(6) 从零最少的行或列开始依次分配任务。本例中第 2 行只有一个零，0_{IIB}，先将任务 B 分配给第 II 组；第 4 行只有一个零，0_{IVA}，将任务 A 分配给第 IV 组；第 4 列只有一个零，0_{IIID}，将任务 D 分配给第 III 组；最后将剩下的任务 C 分配给第 I 组[如图 7-17 中矩阵(7)]。

得最优分配方案为：I(C)、II(B)、III(D)、IV(A)。

最小总工时为：5+4+10+5=24(小时)。

思考与练习题

一、单项选择题

1. 一条流水线共有 40 个工位，其中 8 个是空工位，那么此流水线至少有多少工艺在制品，有多少运输在制品？（   ）
   A. 40,40   B. 40,32   C. 32,32   D. 32,40

2. 5 个零件在 2 台设备上流水生产，工序时间见表 7-25，则根据约翰逊法则得到的最小加工周期为（   ）

表 7-25　各工序加工时间

	J_1	J_2	J_3	J_4	J_5
设备 1	3	2	5	7	1
设备 2	4	3	6	2	4

   A. 18   B. 19   C. 20   D. 21

3. 大量大批生产企业编制厂级生产作业计划时，适用于（   ）。
   A. 在制品定额法   B. 累计编号法
   C. 生产周期法   D. 订货点法

4. 产品从投入时刻起至加工完毕为止的时间长度称为（   ）。
   A. 零件工序生产周期   B. 零件加工生产周期
   C. 产品生产周期   D. 大量生产周期

5. 对 ABC 分类法的应用，下列说法正确的是（   ）。
   A. 对 A 库存没有优先处理权
   B. 尽可能减少 A 类物资的库存
   C. 尽可能增加 B 类物资库存
   D. A，B，C 三类物资中，应重点管理 C

6. 下列说法错误的是（   ）。
   A. 企业生产的品种越少，规模越大，则所建的生产单位的专业化水平越高

B. 一般来说,单件、小批生产类型不宜采用对象化原则

C. 生产作业计划一般只规定企业及车间较长计划期生产产品的品种、质量、数量和期限。

D. 期量标准是对在生产过程中的被加工对象所规定的时间和数量方面的标准

7. 经济批量是指(   )。

A. 物料总价值最低时的批量

B. 存储费和生产调整费之和最低的批量

C. 价格最优惠、质量最好时的批量

D. 效益最好,种类费用最低时的批量

8. 加工对象从投产起到它完工时止所经历的日历时间称为(   )。

A. 生产周期   B. 生产提前期   C. 投入提前期   D. 产出提前期

9. 通过哪项活动可将生产计划任务最终落实到操作工人身上?(   )

A. 流程设计   B. 能力计划

C. 生产大纲   D. 排序和车间生产作业计划

10. 不同的生产组织方式或生产类型所采用的期量标准不同,大量大批生产采用的期量标准是(   )。

A. 生产周期   B. 节拍   C. 批量   D. 生产间隔期

11. 生产调度的依据是(   )。

A. 生产作业计划   B. 主生产计划

C. 生产大纲   D. 产能计划

二、多项选择题

1. 期量标准是制订生产作业计划的依据,不同的生产类型要制定不同的期量标准。成批生产类型要制定的期量标准是(   )。

A. 批量   B. 生产间隔期   C. 生产提前期   D. 生产周期

E. 在制品定额

2. 期量标准是制订生产作业计划的依据,不同的生产类型要制定不同的期量标准。大量大批生产类型要制定的期量标准是(   )。

A. 批量   B. 生产间隔期   C. 生产周期   D. 节拍

E. 在制品定额

三、判断题

1. 在制品定额是指在必要的时间、地点和具体的生产技术组织条件下,为了保证有节奏的均衡生产所必需的在制品占用数量。   (   )

2. 在成批生产中,批量=平均日产量×生产周期。   (   )

3. 作业排序与编制作业计划是相同的概念。   (   )

4. 经济批量法是一种以最低的费用,取得最佳的经济效果为目标的制定目标的方法。 (   )

5. 工艺在制品是由于间断流水线相邻两工序生产率不同而形成的在制品。
 (   )

6. 运输在制品是指放置在运输装置上在工序间运送的在制品。 (   )

7. 在成批生产条件下,若生产周期为5天,生产间隔期为16天,则月末肯定会有一批在制品。 (   )

8. 流水线上相邻两工序由于生产效率不平衡而形成的在制品称为保险在制品。 (   )

四、名词解释

1. 订货点法
2. 期量标准
3. 运输在制品
4. 工艺在制品

五、简答与论述题

1. 简述ABC分类法的工作原理与分类的具体方法。
2. 请解释工艺在制品、运输在制品和工序间流动在制品的含义。
3. 编制厂级生产作业计划时,可供选择的计划单位有哪几种?
4. 简要说明厂级生产作业计划在规定车间生产任务时的计划单位有哪些?
5. 成批定期轮番生产作业计划的编制包括哪些步骤?
6. 多品种混流生产作业计划的编制包括哪些步骤?

六、计算题

1. 6零件在2台设备上流水加工,工序时间见表7-26,试排出加工顺序使总加工周期最短,并求此时总加工周期。

表7-26 工序时间表

	J_1	J_2	J_3	J_4	J_5	J_6
M_1	4	6	8	3	5	7
M_2	10	5	2	12	7	3

2. 某工厂成批生产一种产品A,经过毛坯、机加工、装配三个工艺阶段,各阶段保险期为2天,部分期量标准如表7-27,试将表中的数据填全(成品出产日期=装配车间出产日期)。(请列出计算过程)

表 7-27　各工艺阶段期量标准表

期量标准	毛坯	机加工	装配
批量（台）	600	200	100
生产周期（日）	10		5
生产间隔期（日）		20	10
出产提前期（日）	65		
投入提前期（日）		23	

3. 在某成批生产类型企业，已知 A 产品 9 月份生产计划任务为 200 台，产品依次经过毛坯车间、加工车间和装配车间进行生产，产品在各车间的生产周期依次为 18 天、15 天和 8 天，各车间之间的保险期为 2 天，装配车间平均每日产量为 10 台，已知各车间 8 月底出产（投入）累计数如表 7-28。

表 7-28　8 月底各车间出产和投入累计数

	装配车间	加工车间	毛坯车间
出产累计数（台）	1 250	1 310	1 520
投入累计数（台）	1 300	1 500	1 670

试用提前期法求 9 月份各车间的投入与产出任务数。

4. 某厂大量、大批生产 A 产品，计划在 9 月份生产产成品 1 400 件，假设各车间的废品率均为 10%，且无外销半成品，各车间有关数据见表 7-29。求该月各车间的计划出产和投入量。

表 7-29　各车间在制品情况统计表

单位：件

车间	库存半成品定额	车间在制品定额	8 月底预计库存量	
			在制品	半成品
装配	—	50	28	—
机加工	30	80	20	50
毛坯	200	38	58	300

5. 某厂某产品中有两个零件 A 和 B，其中 B 件必须在产品总装前 3 天投入部装，总装共需 5 天（含 1 天保险期）。B 件共有 10 道工序，经工序平衡后，其工序时间分别为 6 分、6 分、12 分、6 分、18 分、6 分、6 分、12 分、6 分、6 分；另外，考虑到工序转换和工序等待，加工过程须有保险期 3 天。

A 件则有 6 道工序，其工序时间分别为 12 分、6 分、6 分、18 分、6 分、6 分。

其最后一道工序结束后须与 B 件第四道工序进行组合加工,该件工序转换和工序等待共有保险期 2 天。单班制生产,每班用于生产的时间为 7 小时。请回答下列问题:

(1) 简述单件、小批生产的组织方式;

(2) 简述大批量生产的组织方式;

(3) 单件、小批生产的 A 件毛坯投入提前期;

(4) 大批量生产的 A 件毛坯投入提前期;

(5) 设生产节拍为 6 分/件,单班制生产,每班用于生产的时间为 7 小时,若顾客要求整批提货 280 件/批,则 A 件毛坯投入生产后,隔多少天后顾客可提到这一批货?

第八章 生产控制

本章内容要点

生产控制的作用和内容

生产控制的功能

生产控制的方法

第一节 生产控制的作用和内容

在生产计划的实际执行过程中,由于受到各种因素影响,计划与实施之间必然会产生差异。这种差异主要表现在生产进度的快慢、生产数量的多少、人员与设备的忙闲不一等,以至不能完成计划和按期交货。

为保证完成企业的生产计划,实现企业的经营目标,取得良好的经济效益,必须对企业的生产活动进行有效的控制。

所谓生产控制,就是按生产计划的要求,组织生产作业计划的实施,全面地掌握企业的生产情况,了解计划与实际之间发生的差异及其原因,及时调整生产进度,调配劳动力,合理利用生产设备,控制物料供应和储存,以及厂内外的运输工作,并统一组织力量,做好生产服务工作(如图 8-1)。换句话说,生产控制是指为使生产达到预定的目标,而依据有关的计划和标准,对生产活动进行监督、检查、发现偏差、进行调节和校正等一系列活动的总称。生产控制主要内容包括:生产调度、产前准备、生产作业现场控制等内容。

生产控制的任务不仅要保证生产过程中物质流畅通,同时还要保证信息流畅通。只有保证信息流畅通,才能及时发现问题,分析原因,采取措施,有效地解决问题,保证生产活动正常进行。

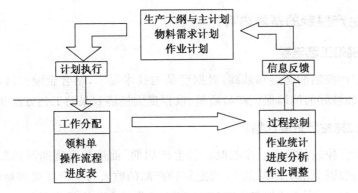

图 8-1　生产控制流程示意图

一、生产控制的主要作用

（一）生产控制是保证企业生产经营活动得以持续进行的重要环节

通过对生产过程有效控制，组织企业均衡、连续生产，有效利用人、财、物等各类资源，逐步减少原材料、在制品、产成品的库存量，建立合理的库存储备，以提高企业适应市场需求变化的能力。

（二）生产控制是解决生产问题的重要手段

按照生产作业计划的要求，组织企业的生产活动，经常检查计划的执行，掌握在制品在各个工艺阶段的投入和生产的动态，解决生产中出现的问题，保证如期完成各项生产任务。

（三）生产控制是调节生产的有效工具

在生产过程中，协调生产与各项生产准备工作的关系，进行各环节的平衡衔接，防止在生产过程中出现阻塞或脱节的现象，保障生产正常进行。

（四）生产控制是实现生产作业计划的有效手段

通过计量、统计、比较，组织生产信息的传递和反馈，掌握计划与实际的偏差，并使偏差及时得到校正。

（五）生产控制推动管理工作的改善和计划水平的提高

生产控制通过收集和处理生产过程中的信息而展开工作。这些信息从不同侧面反映了生产运行及其组织管理状况。当这些信息反映出某些决策失误或计划不当时，就能及时反馈到计划部门，为计划的修正和下期计划的制订提供依据，从而推动管理工作的改善和计划水平的提高。

二、生产控制的基本内容

(一) 确定工艺流程

这是生产控制的起点和基础,根据产品的技术要求,结合企业实际的生产技术条件,选择最好的能够保证产品质量、取得最大经济效果的工艺方法和流程。

(二) 安排生产进度计划

这是生产控制的前提。按照既定的生产周期、批量和交货期限的要求,在生产能力平衡和资源落实的基础上,确定每种产品的收入与生产日期和每道工序完成的目标日程,把作业计划落实到每一机台、工作地和每个操作者。

(三) 下达生产指令

这是生产控制的重要手段。根据产品进度计划规定的投入日程,提前下达生产准备指令,及时把设备调整好,把工艺资料、工装、材料、毛坯成套地送到工作地,然后下达生产指令和检验指令。

(四) 生产进度控制

这是生产控制成败的关键。从生产准备到每一道工序的完成以及产品入库的全过程,对产品实行追踪检查,及时掌握产品的周转和储存的动态和静态方面的信息,发现问题,采取措施消除计划与实际的偏差,保证计划按进度完成。

第二节 生产控制的功能

生产控制的主要功能可分为:进度管理、余力管理、实物管理、信息管理。

一、进度管理

生产控制的核心是进度管理。

所谓进度管理,就是严格地按照生产进度计划要求,掌握作业标准与工序能力的平衡,时间是从作业准备开始到作业结束为止产品生产全过程。作业标准指劳动定额、质量标准、材料消耗定额等等。工序能力指一台设备或一个工作地的生产能力。

根据生产进度计划规定,掌握作业速度,调整速度,调整进度上的延迟和冒进,以保证交货期和生产进度计划的实现。进度管理的业务主要有以下三个方面:

（一）作业分配

根据生产能力负荷平衡进行作业分配，按照生产进度计划的日程要求，发布生产指令。这也就是按照产品工艺流程来确定各车间的作业任务，安排产品的投入产出日程，并把各项任务落实到每台机床、班组和个人。在大批量生产条件下，作业指令主要规定不同品种的产量；在单件或成批生产的条件下，采用工票、加工路线单、派工单等形式，除规定品种数量外，还要发布各项作业完工期限的作业指令。

（二）进度控制

根据各项原始记录及生产作业统计报表，进行作业分析，确定每天的生产进度，并查明计划与实际进度出现偏离的原因。在大量生产条件下，主要控制生产节拍、平均日产量和在制品、库存半成品的变化趋势；在成批生产条件下，控制的主要对象是投入、产出的提前期与库存零件的成套水平，以及生产的均衡程度；在单件、小批量生产条件下，控制的主要目标是产品的标准生产周期与实际进度的差异，主要零件的工序进度。无论哪一种类型的生产企业，都要严格控制设备负荷率和工序能力的变化。

（三）偏离校正

进度管理的目的，不仅要及时发现计划与实际的偏离情况，采取有效的措施，予以消除，还要提高预防性，预防偏离情况的发生。在进度控制中，发现有延迟的情况，应立即采取调整交货期较晚的任务和次序，或利用调整班次、增加人员、外部协作等临时性措施，加以校正。但是防止偏离的根本方法在于查明和消除发生偏离的原因。为了能够应付突然到来的任务或特急的任务，应经常保持一定的生产余力予以缓冲。

二、余力管理

所谓余力，是指计划期内一定生产工序的生产能力同该期已经承担的负荷的差值。余力有正负之分，能力大于负荷为正余力，表示能力有余；能力小于负荷为负余力，表示能力不足。余力管理的目的，一是要保证实现计划规定的进度，二是要经常掌握车间、机械设备和作业人员的实际生产能力和实际生产数量，通过作业的分配和调整，谋求生产能力和负荷之间的平衡，做到既不出现工作量过多，也不发生窝工的现象。

在生产计划编制阶段，虽然进行过生产能力与生产任务之间的平衡，但这种平衡毕竟是在一定时期内的相对平衡。在组织生产的过程中，由于各方面因素的影响，生产会出现新的不平衡，需要重新组织和再平衡。因此余力管理是生产控制过程中的一项重要内容。特别是在单件生产方式中,常常由于突然的任务,需要对原来的进度计划进行变动和补充。在这种情况下,掌握不同车间、不同设备的余力,是十分必要的。在单件、小批量生产情况下,可以采用零件工序生产进度表的形式来掌握余力。

生产有余力,即出现空闲情况(正余力),就要采取提前计划进度和支援其他生产单位等调整措施,减少窝工。在出现超负荷的情况下(负余力),可以延迟生产计划进度,采取调整班次、重新分配任务、利用外协等措施,加以平衡。

三、实物管理

实物管理,就是对物质材料(即在制品和成品),明确其任意时间点的位置和数量的管理。在实物管理中,搞好在制品管理和搬运管理,又是实现生产有效控制的首要环节。

在制品管理的主要任务是:在整个生产过程中,保持实现均衡和配套生产所需的在制品数量,严格控制在制品的储备量和在各个生产环节的流转动态,以缩短生产周期,加速流动资金的周转。为了有效地进行在制品管理,应结合企业的管理状况,认真做好以下工作:

(一) 管理车间在制品、库存在制品的流转和统计

车间在制品,是指在车间内部正在加工、检验、运输和停放尚未完工入库的在制品。库存在制品是指车间之间待配套装配和加工的在制品,通常存放在毛坯库和零件库中。这一种类型的在制品,也是一种生产能力,是储存起来的生产能力,具有调节和缓冲生产的作用。它们通常是通过作业统计进行管理的。

要管好在制品的流转和统计,必须及时处理在制品的增减,建立严格的交接手续,严格控制投料,及时处理废次品,定期清点盘存,保证账物相符。在大批量生产条件下,在制品的数量比较稳定,并有标准在制品定额,在生产过程的移动是沿一定的路线有节奏地进行。因此通常采用轮班任务表,结合统计台账来控制在制品的数量和流转。在单件小批生产条件和成批生产条件下,由于产品品种以及投入和生产的批量比较复杂,通常采用加工路线单和工作票等凭证以及统计台账来控制在制品的数量和流转。

在制品在流转过程中,不可避免地会发生次品和废品,一旦发现,要及时做好隔离工作,防止不合格品混入合格品中。

(二) 确定半成品、在制品的合理储备和进行成套性检查

各种半成品、在制品的合理储备,是组织均衡生产的重要条件。合理储备量的确定,取决于企业的生产类型和生产组织形式以及原材料、外购件、生产批量等因素。在制品过多,会影响资金周转;过少,会影响产品配套。要根据各道工序需

要的情况加以确定。车间和仓库都要建立毛坯、零件成套率的检查制度和对储备量的检查制度,要注意掌握在制品的变化情况,及时进行调节,使在制品数量保持在定额水平。

(三) 加强储存管理,发挥中间仓库的控制作用

加强储存管理,要规定在制品的保管场所和方法,明确保管责任,严格准确地执行车间(工序)之间的收付制度。重点是要求严格掌握库存在制品数量动态变化,做到账实相符,账账相符。中间仓库做好在制品的保存、配套发放等工作,生产控制通过这些工作来检查生产车间严格按照作业计划的规定发放和接收在制品,并要定期组织在制品盘点,查清数量,调整台账数字。

(四) 重视搬运管理,提高物料流转过程中物料的实物运转效率

所谓物料搬运管理,是指为提高物料流转、仓库储存、工业包装的作业效率所进行的管理工作。

工业企业的生产过程,从某种意义上说,也就是物料的流动过程。它由加工和装配、检验、装卸、运输和储存四类作业以及各种停顿时间所组成。物料搬运的职能是组织企业内部整个物料的实物运动,它的范围是从物料供应单位的包装、装配、检验和入库,一直到发运出厂运到订货单位为止。因此,物料搬运管理工作不仅遍及企业内部,也涉及企业外部。

物料搬运工作的主要任务是:缩短物料搬运距离,减少或取消搬运;物料及时流转,减少在制品数量;逆向搬运极小化,保证合理利用通道和过道;缩短运输时间,使停工待料时间极小化;保证产品质量,减少搬运过程中的磕碰、损失和变质情况的发生。

搬运对生产经营成果具有明显的影响,据我国某轴承厂的统计,每生产1吨轴承,厂内外(包括车间和仓库内部)的总搬运量约为190吨。这不仅对生产成本,而且对生产周期均具有重大影响。所以,物料搬运是生产管理的重要环节,也是实物管理中必须控制的一项内容。

为了做好物料搬运工作,要特别重视工作器具的作用,推行工作器具的合理化、标准化、定量化、省力化。

四、信息管理

生产控制过程,同时也是信息与反馈的过程。所有企业都是由管理部门利用"人流""物流""资金流""信息流"来组织生产的。为了生产某项产品,供应部门按计划购买原材料,先入仓库,然后发到每一个生产单位进行加工处理,制成合格产品,经包装入库,发往用户,这就是一个"人流""物流""资金流"的过程。在这个过程中,伴随着大量的信息,如计划任务、人员调配、质量检查、专业核算等等。这些

信息都在不断的流转,形成信息流。信息流控制着"人流""物流"的流向和流量。例如原材料投入生产时,同时就跟有按工序排列的加工路线单(或工票)和工艺卡片,上面说明该零件的加工件数、工时(台时)定额、工艺要求、检查结果等信息,当零件完工以后与跟随的加工路线单一起入库,这一系列的流动顺序,都是受信息控制的。又如:超额完成生产任务的信息,如不能及时到达材料供应部门,材料供应部门就无法做出反应,生产就要中断。随着企业生产规模的扩大,生产专业化程度的提高,企业与外界环境的联系越广泛,信息流的作用就越大,对信息流的传输速度和准确度要求就越高。如果所得到的反馈信息太迟,则做出的决策离实际情况也就越远。

生产过程的信息反馈基本上有以下三种:

(一) 以生产工人为对象的信息反馈

把生产工人在一个作业班内的情况,如完成的产品品种、产量、工时和设备利用以及执行计划的结果等信息,采用一定的报表格式,如实记录下来。

(二) 以机械设备为对象的信息反馈

把机械设备加工处理的材料数量和完成的产量、质量、品种、工(台)时利用以及执行计划的结果等信息,采用一定的仪器设备或报表格式,如实记录。

(三) 以产品(加工对象)为对象的信息反馈

把其一产品从原材料投入到制成产品的全部过程的情况,包括投入数量、生产数量、质量、消耗工(台)时等信息,采用一定的报表格式,如实记录。

信息传递要靠媒介。可以采用的媒介有纸张和电子计算机。不管哪种方式,都要制订科学合理的流转程序和传输路线,明确规定信息传输的责任制度(包括时间、地点、责任者),使各种信息按一定的流转程序和传输路线,准确地、及时地反馈上来。

信息传递有横向传递也有纵向传递。横向传递主要是指前后工序之间、各工种、各工作地、工段、车间之间、各职能部门之间的传输。纵向传输主要是指企业的各生产单位对主管职能部门、职能部门对厂部和主管领导的传输。无论是横向传输还是纵向传输,企业都要根据实际需要,按照一定的逻辑进行信息分类、收集和处理。要制定传输的路线和有关责任制度,以保证信息畅通、反馈准确、处理及时、控制有效。

图 8-2 为某企业工票传递路线。

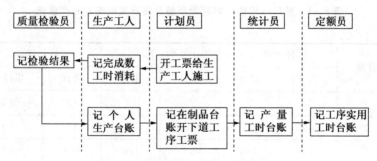

图 8-2 某企业工票传递路线示意图

第三节 生产控制的方法

为了准确了解生产情况,及时发现计划与实际的差异,有预见性地掌握生产发展趋势,就要应用一些科学管理方法。常见的生产控制方法有以下几种:

一、进度分析

为了直观地了解生产进度及其与计划的对比情况,更好地控制生产进度,经常采用以下几种图表进行进度分析:

(一)坐标图

在生产量随时间变化的情况下,可以用一个简单的坐标图来描述数据及数据的变化趋势。例如,某厂一旬的计划装配产量及逐日完成的实际产量如表 8-1 所示。并可绘制成坐标图,形象地描述生产进度计划的执行情况及逐日的变动趋势,如图 8-3 所示。

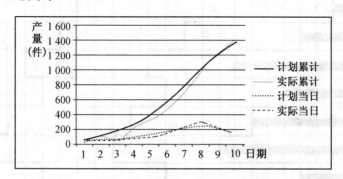

图 8-3 某厂一旬的计划装配产量及逐日完成的实际产量图

表 8-1　某厂一旬的计划装配产量及逐日完成的实际产量表

单位：件

日期	计划		实际		差异	
	当日	累计	当日	累计	当日	累计
1	50	50	25	25	−25	−25
2	60	110	75	100	15	−10
3	70	180	50	150	−20	−30
4	90	270	75	225	−15	−45
5	125	395	100	325	−25	−70
6	170	565	150	475	−20	−90
7	210	775	225	700	15	−75
8	250	1025	300	1 000	−50	−25
9	200	1 225	200	1 200	0	−25
10	150	1 375	200	1 400	50	25

（二）条形图

又称横道图。它是一种安排计划和检查计划完成情况的常用图表。图 8-4 是一种控制配套生产的条形图。在图中，中间折线（CD 线）表示本月内装配所需的零件数量；右边折线（AB 线）表示按生产计划应完成的零件数（包括装配前需

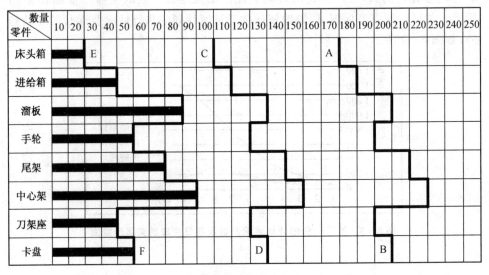

图 8-4　控制配套生产的条形图

要存储的零件数量);左边折线(EF线)表示上旬实际完成的零件数量。从图中可以看出,溜板、中心架完成数量较多,能完成本月装配的需要;尾架完成的数量虽多,但和本月装配需要比还有相当的距离;床头箱、进给箱、刀架座完成的数量较少,距离本月装配需要线很远,有可能影响本月产品生产及下月的配套,应采取有力的措施予以解决。

二、倾向分析

倾向分析的主要工具是折线图,就是把各工序每日实际完成的数量,按时间序列绘制成坐标图,如图8-5(a)和图8-5(b)所示。但是图8-5(a)很难掌握其规律和趋势,必须进一步作倾向分析,其具体做法如下:

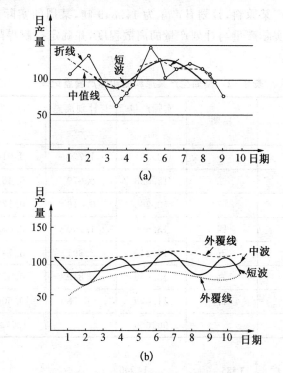

图8-5 倾向分析的主要工具

第一步,将每日实际完成的零件数量,每三天一平均,得到若干平均值,连成一条曲线,称为短波,以观察其规律与发展趋势。

第二步,将短波各波峰(峰值)连成一线,各谷底另连成一线,此二线称为外覆线。

第三步,在两条外覆线的中间绘一曲线,这条曲线称中波。这就是我们要寻找的倾向线,据此进行倾向分析。

求倾向线所采用的统计资料,一般仅一个月的时间,可画到中波为止。但在按订货或市场需要组织生产的条件下,需运用三个月至半年,甚至一年的中波曲线,再重复一次上述步骤,得到一条曲线,叫长波,可用于分析生产趋势。

三、统计分析

当每日产量围绕着计划指标波动时,可以取若干值将其平均得到的 $\bar{x}$ 值。再根据每日产量与 $\bar{x}$ 值之差可以得到标准离差(偏差)值。

$$\sigma = \sqrt{\frac{\sum(x_i - \bar{x})^2}{n}}$$

n 为取值数目。最后可以按 $\pm\sigma$ 为控制界限,如果出现日产量偏差超出 $\bar{x} \pm \sigma$,应立即查明原因,采取措施,予以校正。

例如,某厂生产某原料,计划日产量为 11.849 吨,某周的实际产量如表 8-2 所示,试确定分析实际产量与计划产量的离散程度,并确定控制界限,其产量控制图如图 8-6 所示。

表 8-2 某周生产某原料的实际产量登记表

n	星期	实际产量 x_i	与计划离差 $x_i - \bar{x}$	$(x_i - \bar{x})^2$
1	一	13.585	1.736	3.014
2	二	12.528	0.679	0.461
3	三	12.265	0.416	0.173
4	四	13.609	1.760	3.089
5	五	14.240	2.391	5.717
6	六	12.668	0.819	0.671
7	日	11.069	−0.780	0.608
Σ		90.669		13.742

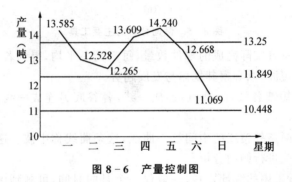

图 8-6 产量控制图

$$\sigma = \sqrt{\frac{13.742}{7}} = 1.401$$

四、日程分析

日程分析也叫生产周期分析。检查各生产环节生产进度计划完成情况时，必须进行日程分析。日程是指零件的加工时间、前后发生的停滞时间和搬运时间总和。通过日程分析，对缩短生产周期、减少中断时间和在制品占用量都有明显的作用。进行日程分析，可借助于加工路线单、工票及其他生产记录，逐日将投入与完工的零件数量记入统计台账，并绘制动态指示图表进行分析。

例如，某厂生产某种零件，在10天内某道工序逐日投入与完工数量的统计资料如表8-3所示。

表8-3 某道工序10天内逐日投入与完工数量的统计资料

当期		1	2	3	4	5	6	7	8	9	10	Σ
投入量	当日	8	2	2	1	1		2	1	3	2	
	累计		10	12	13	14	14	16	17	20	22	22
交付量	当日		1	3	1	1	2	1	2	4	2	
	累计		1	4	5	6	8	9	11	15	17	17
结存量		8	9	8	8	8	6	7	6	5	5	70

根据表8-3的资料，可绘制如图8-7所示的生产动态指示图。图中投入量指该零件由上道工序转入本工序的数量，交付量指本工序完工转入后道工序继续加工的零件数量。

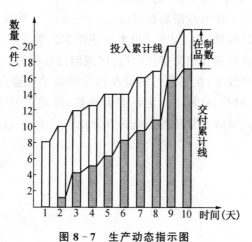

图8-7 生产动态指示图

按下列公式可求出该工序的平均生产周期(日):

$$某工序平均生产周期 = \frac{该工序在计划期间的结存累计}{该工序在计划期间的交付累计}$$

本例的平均生产周期为:70/17＝4.1(天)

本例说明在制品结存量越大,平均生产周期就越长。

五、在制品占用量分析

在生产过程中,对在制品占用量进行经常性的作业分析,是组织均衡生产的重要条件之一。因此,控制在制品流转,在一定的时间和一定的条件下,保持必要的在制品占用量,是生产控制的一项重要的工作内容。缺乏必要的在制品占用量,往往是企业生产前松后紧的一个重要原因,为了改变"在制品储备吃光"和"当月投料、当月加工、当月装配"的被动局面,应当按照期量标准,建立毛坯和零件必要的在制品占用量,并经常通过在制品占用量分析,使它保持在一定的储备水平上。

一般说来,要控制生产过程中的在制品流转,难度较大。但是,按照在制品占用量分配规律,它的绝大部分应分配在劳动消耗量最大的一些工序后面,以免这些工序一旦出现废次品或其他情况时,不致破坏规定的生产进度计划。因此,在制品占用量分析,也就是要对那些劳动消耗量最大的一些工序上的在制品流转和分配进行重点的分析。

对于某制品生产过程,某工序(或工位)的在制品数量(不含工序间流动在制品)可表达为:

$$Z_i = \sum Z_{i流进} - Z_{i流出} - \sum Z_{i废次品}$$

其中:Z_i——某工序(或工位)的在制品数量;$Z_{i流进}$——由前道工序或由库房或由协助单位流入某工序的在制品数量;$Z_{i流出}$——从本工序流到下道工序或库房或协助单位的在制品数量;$Z_{i废次品}$——由本工序产生的废次品。

根据工序在制品数量及相关信息,可直接或间接获得的信息有:

生产进度与生产效率;在制品占用量及相应的流动资金占用量(可进行在制品占用量的合理性分析);校核工时定额的合理性;劳动者的技能分析;工序成本分析;废次品率分析、某时点某任务完成的百分比等。

思考与练习题

一、单项选择题

(　　)是生产控制的起点和基础。

A. 确定工艺流程　　　　　　　　B. 安排生产进度计划

C. 下达生产指令　　　　　　　　D. 生产进度控制

二、多项选择题

1. 生产控制的功能包括(　　)。

A. 进度管理　　B. 实物管理　　C. 余力管理　　D. 信息管理

2. 进度分析常用的工具有(　　)。

A. 坐标图　　　　　　　　　　　B. 条形图

C. 折线图　　　　　　　　　　　D. 生产动态指示图

三、判断题

1. 大量生产的进度控制主要是控制投入、产出提前期与库存零件成套水平，以及生产均衡程度。　　　　　　　　　　　　　　　　　　　(　　)

2. 单件、小批量生产的进度控制主要控制零件的工序进度。　(　　)

四、名词解释

1. 余力

2. 进度管理

五、简答与论述题

1. 什么是生产控制？包含哪些基本内容？

2. 常见的生产控制方法有哪些？

3. 简述生产控制的主要功能。

第九章 物料需求计划

本章内容要点
- 物料需求计划的产生和发展
- MRP 的基本原理
- MRP Ⅱ 的内涵
- 编制物料清单
- 能力需求计划
- 从 MRP Ⅱ 到 ERP 的发展

第一节 物料需求计划的产生和发展

物料需求计划(Material Requirements Planning,简称 MRP)是 20 世纪 60 年代发展起来的一种计算物料需求量和需求时间的信息系统,是对构成产品的各种物料的需求量和需求时间所做的计划,是企业生产计划管理体系中作业层次的计划。物料需求计划最初是一种开环的计算物料需求的计算器,没有信息反馈,后来发展为闭环物料需求计划。如今,许多企业的成功实践表明,MRP 能够提高计划完成率、设备和员工的生产效率、提升市场份额、及时完成顾客订单、降低库存水平和资金与场地的占用,并最终加快客户响应速度。

一、订货点法的局限性

传统的库存计划与控制方法是订货点法,是对于某种物料或产品,由于生产或销售的原因逐渐减少,当库存量降低到某一预先设定的点时,即开始发出订货单来补充库存,直至库存量降低到安全库存时,发出的订单所订购的物料刚好到达仓库,补充前一时期的消耗,此订货的数值点,即为订货点。订货点法适合于具有独立需求特点的物料,然而在实际生产中,不仅要满足外生的需求库存控制问题,而且要满足相关需求特点的库存控制要求。另外,实际生产中,市场环境不断变化,需求常常是不断波动。在这种情况下,使用订货点法来处理制造过程中的某些物料便暴露出明显的缺陷。

(一) 盲目性

由于市场需求的波动性与对需求情况的不了解,企业不得不保持一个较大的安全库存来应对这种需求,这样盲目地维持一定量的库存会造成浪费和资金积压。例如,某企业对某种物料的需求可能出现表9-1的情况。按经济订货批量(EOQ)公式,可以计算出经济订货批量,如为50个。对第1种情况,第一周需要30个,若一次订购50个,则余下20个还需存放1周,还不能满足第3周45个的需要,因此在第3周前又要提出数量为50个的订货,到第3周消耗掉45个,剩下25个要存放7周。对于第2种情况,当第1周使用30个后,剩下20个需要存放9周,但还不能满足第10周的需要。靠经常维持库存来保证需要,是由于企业对需求的数量和时间不了解导致,盲目维持过多库存造成了不必要的浪费。

表 9-1 零件的需求

周次	1	2	3	4	5	6	7	8	9	10
情况 1	30	0	45	0	0	0	0	0	0	0
情况 2	30									45

(二) 高库存与低服务水平

订货点方法会造成高库存与低服务水平,由于企业对需求的情况不熟悉,只有依靠高库存来提高服务水平,这会造成相当大的浪费。传统的订货点法难以同时实现低库存和高服务水平。一般情况下,服务水平越高则库存越大,当服务水平达到95%以上时,想要再提高服务水平,库存量上升很快。理论上,当服务水平接近100%时,库存量将会趋于无穷大。同时,对于加工—装配式生产类型的企业而言,想通过设置库存来保证生产的正常进行是很难取得预期效果的。比如,若装配一个部件需要 6 种零件,当以 95%的服务水平供给每种零件时,每种零件的库存水平会很高。然而,在开始装配这个部件时,6 种零件都不发生缺货的概率仅为$(0.95)^6=0.735$,也即在装配这种部件时,几乎每 4 次就有一次遇到零件配不齐的情况。而通常一台产品包含上千种零部件,装配产品不发生缺件的概率就非常低。这就是采用订货点方法造成零件积压与短缺共存局面的原因。

(三) 形成"块状"需求

需求均匀是订货点方法的条件,然而在实际制造过程中形成的需求一般都不是均匀需求,往往是需要的时候是一批,不要的时候为零,采用订货点方法加剧了需求的不均匀性。图 9-1 所示的例子清晰地表明了这点。

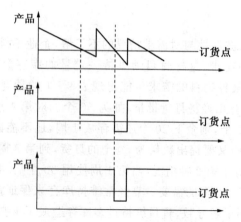

图 9-1 订货点法与块状需求

在例子中,产品、零件和原材料的库存都采用订货点法控制。对产品的需求由企业外部多个用户的需求决定,由于每个用户的需求相差不是很大,综合起来对产品的需求比较均匀,库存水平变化的总轮廓呈锯齿状。当产量的库存量下降到订货点以下时,要组织该产品的装配。于是,要从零件库中取出各种零件,这时零件的库存水平陡然下降一块。而在此之前,虽然产品库存水平在不断下降,由于未下降到订货点,不必提出订货,因而零件的库存水平维持不变。类似地,当零件的库存水平未降到订货点以下时,也不必提出订货。于是,原材料的库存水平维持不变。随着时间的推移,产品的库存逐渐消耗,当库存水平再降到订货点以下时,再次组织产品装配,这时又消耗一部分零件库存。如果这时零件的库存水平降到零件的订货点以下,就要组织零件加工。这样,就要消耗一部分原材料库存。

由此可见,在产品需求为均匀的情况下,采用订货点法会造成对零件和原材料需求的不均匀性,呈现"块状"。"块状"需求与"锯齿状"需求相比,平均库存水平几乎提高了一倍,因而占用了很多资金。订货点法之所以有这些缺陷,是因为它没有按照各种物料真正使用的时间来确定订货日期,没有区分对某种物料需求的独立性和相关性特点。那究竟怎样才能在需要的时间,按照需要的数量得到真正需用的物料,从而消除盲目性,实现低库存与高服务水平并存呢?这是当时库存管理专家不断探索的核心问题,正是在这个探索过程中,产生了 MRP 的思想。

二、MRP 的产生

要根据产品的需求来确定其组成物料的需求数量和需求时间是相当复杂的,必须知道相关的各种数据,如销售计划、物料的现有库存、各种产品的组成结构、材料消耗定额、自制零部件的生产周期、外购件和原材料的采购周期等。这些数据必须是准确的、及时的、能动态反映实际情况。由于现代工业产品的结构极其复杂,一台产品常常由成千上万种零件和部件构成,用手工方法不可能在短时间内确定如此众多的零部件及相应的制造资源的需要数量和需要时间。在20世纪60年代以前,由于没有电子计算机辅助制订计划,人们用手工计算各种零部件的需要数量和时间,一般需要6周到13周时间,接近一个季度,人们称这样编制生产作业计划的方式为"季度订货系统"。由于这样制订的计划只能每季度更新一次,计划不可能很细、很准,而且计划的应变性很差。

由于企业处于不断变化的环境之中,实际情况经常会脱离原计划的要求,其原因可能是对产品需求预测的不准确,引起产品的交货数量和交货时间的改变;也可能是外协件、外购件和原材料的供应不及时;还可能是其他一些偶然因素,如设备故障、产品质量问题、能源紧张、工人短缺等,使生产不能按计划进行。当计划与实际执行情况已出现较大偏差,通过主观努力已不可能达到计划的要求,或者计划本身不能完全反映市场需求时,必须对计划进行修正。但修正计划与制订计划都是一件复杂的事情,计划制订得越细致,修正计划的工作量越大、越困难。同时修正计划往往要求在较短时间内完成,否则,修正的计划无法跟上环境的变化。显然如果不使用电子计算机,仅靠手工方式是无法缩短计划编制时间,也就无法及时对计划做出修正和完善。

随着电子计算机在企业管理中的广泛应用,尤其是用于解决订货点法所保留的问题后,逐渐产生了MRP的思想。最早提出MRP理念的是美国IBM公司的J. A. Orlicky博士,他在20世纪60年代设计并组织实施了第一个MRP系统。其主要思想是打破产品品种台套之间的界线,把企业生产过程中所涉及的所有产品、零部件、原材料、中间件等在逻辑上视为相同的物料,再把所有物料分成独立需求和相关需求两种类型,并根据产品的需求数量和需求时间进行展开,按时间段确定不同时期内各种物料的需求。

表9-2 MRP与订货点法的比较

	MRP	订货点法
需求	相关性	独立性
订货观念	需要	补充
目标	满足客户需要	满足制造需要
控制思想	控制所有物料	ABC
批量大小	离散的	EOQ
预测	基于生产主进度安排	基于过去的需求
需求模式	起伏但可预见	随机
存储类型	在制品和原材料	制成品和备用件

由以上对比可以看出，MRP在满足相关需求的条件下，要优于库存管理中经典的经济订货批量模型（EOQ），能更好地协调制造商和分销商以及应用于服务业。

三、MRP的内涵

（一）MRP解决的问题

MRP是MPS需求的进一步展开，也是实现MPS的保证和支持，它根据MPS、物料清单和物料可用量计算出企业要生产的全部加工件和采购件的需求量；按照产品出厂的优先顺序计算出全部加工件和采购件的需求时间，并提出建议性的计划订单。

MRP的基本原理是：根据产品出产计划倒推出相关物料的需求；围绕物料转化组织制造资源，实现按需要准时生产。MRP的指导思想是在需要使用的时刻所有物料都能配套备齐，而在未到需用的时刻又不过早地积压。MRP主要解决以下五个问题：

（1）要生产（包括采购或制造）什么？生产（包括采购或制造）多少？（这些数据从MPS获得）

（2）要用到什么？（这些数据根据BOM表获得）

（3）已经有了什么？（这些数据根据物料库存信息、即将到货信息或产出信息获得）

（4）还缺少什么？（这些数据根据MRP计算结果获得）

（5）何时安排？（包括何时开始采购制造、何时完成采购制造，这些数据通过MRP计算获得）

（二）与MRP相关的概念

在制订物料需求计划中，涉及以下几个基本概念：

1. 独立需求

由企业外部需求决定库存量项目的需求称为独立需求，如产品、成品、样品、备品和备件等。

2. 相关需求

由企业内部物料转化各环节之间所发生的需求称为相关需求，如半成品、零部件和原材料等。

3. 物料清单（Bill of Materials，简称BOM）

物料清单提供了产品全部构成项目以及这些项目的相互依赖的隶属关系，也称为产品结构，如图9-2所示。

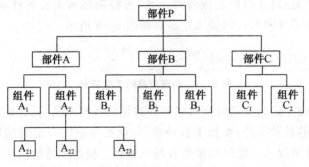

图 9-2 产品结构

4. 时间分段

将连续的事件流划分为一些适当的时间单元,通常以工厂日历(或称计划日历)为依据。采用时间分段记录库存状态(表 9-3),不但清楚地摆明了需求时间,也可大大降低库存。

表 9-3 物料需求展开表

时间分段(周) 记录项目	前期	1	2	3	4	5	6	7	8
需求量		40	0	0	70	0	0	0	35
库存量	60								
计划入库		0	0	0	50	0	0	0	50
可供货量		20	20	20	0	0	0	0	15
计划订单下达							50		

5. 提前期

不同类型和类别的库存项目,其提前期的含义不同。例如,外购件的提前期应定义采购提前期,是指物料进货入库日期与订货日期之差;零件制造的提前期是指各工艺阶段比成品出产要提前的时间。MRP 对生产库存的计划与控制就是按各相关需求的提前期进行计算实现。

MRP 的基本理论和方法与传统订货点法差别很大,它是在传统方法的基础上引入了反映产品结构的物料清单,较好地解决了库存管理与生产控制中的难题,即按时按量得到所需的物料。

(三) MRP 的基本思想

1. 根据产品出产计划倒推出相关物料的需求

任何企业的生产活动都是围绕生产客户所需的产品进行,对于加工装配式生产,其工艺顺序是:将原材料制成各种毛坯,再将毛坯加工成各种零件,零件组装成部件,最后将零件和部件组装成产品。如图9-3所示。

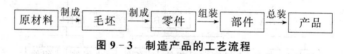

图9-3 制造产品的工艺流程

如果要求按一定的交货时间提供不同数量的各种产品,就必须提前一定时间加工所需数量的各种零件;要加工各种零件,就必须提前一定时间准备所需数量的各种毛坯,直至提前一定时间准备各种原材料。根据产品的出厂数量和出厂时间,可以推算出需要什么样的零部件,需要多少数量以及何时需要;根据要加工的零部件的数量和交货期,可以推算出需要什么样的毛坯,需要多少数量以及何时需要;根据要制造的毛坯信息,就可以推算出对原材料的订货信息。MRP正是根据这种逻辑来确定物料需求信息的。

2. 围绕物料转化组织制造资源,实现按需要准时生产

从加工装配式生产的工艺顺序看,如果确定了产品出产数量和出产时间,就可按产品的结构确定产品的所有零件和部件的数量,并可按照各种零件和部件的生产周期,反推出它们的出产时间和投入时间。物料在转化过程中,需要不同的制造资源(如人力、资金、机器、工具、场地、能源等),有了各种物料的投入出产时间和数量,就可以确定这些制造资源的需要数量和需求时间,就可以围绕物料的转化过程,来组织制造资源,实现按需要准时生产。企业内部的生产计划活动就可以按这种思路进行,如图9-4所示。

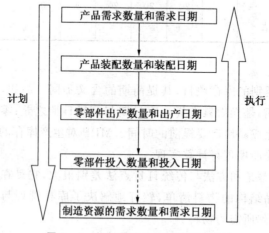

图9-4 物料需求计划的处理逻辑

如果一个企业的经营活动从产品销售到原材料采购,从自制零件的加工到外协零件的供应,从工具和工艺装备的准备到设备维修,从人员的安排到资金的筹措与运用,都围绕MRP这种基本思想进行,就可以形成一整套的方法体系,它涉及企业的每一个部门、每一项活动。因此,人们也将MRP看成是一种新的生产组织方式。

3. 解决从独立需求到相关需求的分解问题

在MRP系统中,"物料"是一个广义的概念,泛指原材料、在制品、外购件以及产品。所有物料分为独立需求和相关需求。

独立需求:即某种需求与其他产品或零部件的需求无关,称为独立需求。它来自企业外部,其需求量和需求时间由企业外部的需求决定,如客户订购的产品、售后用的备品备件、试销样品、试验性项目等,其需求数据一般通过预测和订单来确定,可按订货点法来处理。

相关需求:对某些项目的需求如果取决于对另一些项目的需求,则这种需求为相关需求。它发生在制造过程中,可以通过计算得到。比如,要生产一辆轿车,必须先准备好或生产出1台发动机、4个车轮、1个仪表板等,发动机的需求即为相关需求,其需求量和需求时间可由汽车总装的数量和时间决定。所以对原材料、毛坯、零件、部件的需求,来自制造过程,是相关需求。MRP处理的是这类相关需求,通过一定的处理过程,MRP系统可以输出对各种物料的精确需求。需要注意的是,一个物料可能既是相关需求,又是独立需求。

4. 强调以物料为中心组织生产,体现为顾客服务的宗旨和按需定产的思想

企业是以物料为中心来组织生产,还是以设备为中心来组织生产,代表了两种截然不同的指导思想。以物料为中心组织生产体现为顾客服务的宗旨。物料的最终形态是产品,它是顾客所需要的东西,物料的转化最终是为了提供使顾客满意的产品。因此,围绕物料转化组织生产是按需定产思想的体现。以设备为中心来组织生产,即有什么样的设备生产什么样的产品,是以产定销思想的体现。以物料为中心来组织生产,要求一切制造资源围绕物料转。要生产什么样的产品,决定了需要什么样的人员、设备和工具。以物料为中心可以把企业内各种活动有目的地组织起来。例如,某工艺装备是为满足某零件的某道工序的加工要求而设计制造,该工艺装备应该在该零件的那道工序开始进行时提供,既不能早,也不能晚。以设备或其他制造资源为中心组织生产,则会陷入盲目性,有可能导致追求所有设备的满负荷、追求每个人每时每刻都有活干等。

以物料为中心组织生产,要求上道工序应该按照下道工序的需求进行生产,前一生产阶段应该为后一生产阶段服务,各道工序做到既不提前完工,也不误期

完工,因而是最经济的生产方式。MRP正是按照这样的方式来完成各种生产作业计划的编制。

5. 将产品制造过程看作是从成品到原材料的一系列订货过程

从库存系统的观点看,可以把制造过程看作从成品到原材料的一系列订货过程。要装配产品,必须向其前一阶段发出订货,提出需要什么样的零部件,需要多少,何时需要。同样,要加工零件,必须向前一阶段发出订货,提出需要什么样的毛坯,需要多少,何时需要;要制造毛坯,就需要对原材料订货。如图9-5所示。

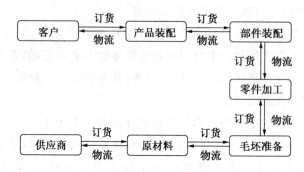

图9-5 产品制造过程的物流与信息流

这样在制造过程中形成了一系列的"供方"和"需方"。供方按需方的要求进行生产,最终保证外部顾客的需要。在制造过程中,需方的要求不可以任意改变,它完全取决于产品的结构、工艺和生产提前期,因而是可预见的。因此,可以用生产作业计划的形式来规定每一个生产阶段和每一道工序在什么时间生产什么和生产多少数量。这也即MRP能够实现按需要准时生产的原因。

MRP思想提出了解决物料转化过程中的几个关键问题,即何时需要?需要什么?需要多少?它不仅在数量上解决了缺料问题,更关键的是从时间上来解决缺料问题,实现了制造业销售、生产和采购三个核心业务的信息集成和协同运作。因此,MRP一经推出便引起了广泛关注,并随着计算机技术的推广而不断发展。

四、MRP的演化阶段

由于企业竞争的加剧以及内部与外部日益协调的信息集成的需要,企业从最初的订货点法,逐步发展为MRP(物料需求计划),再发展成为MRPⅡ(制造资源计划)到ERP(企业资源计划)。

(一) 订货点法阶段

在 20 世纪 40 年代,西方经济学家推出了订货点法的理论,并将其应用于企业的库存计划管理。订货点法的理论基础比较简单,即库存物料随着时间的推移而使用和消耗,库存效益逐渐减少,当某一时刻的库存数可供生产使用消耗的时间等于采购此种物料所需要的时间(提前期)时,就要进行订货以补充库存。决定订货时的数量和时间即订货点。在用订货点法来处理相关需求问题时,逐渐表现出不合理性、不经济性和效率低下性等,经常会导致库存量过大、需要的物料未到、不需要的物料先到和各种所需物料不配套等问题。尽管订货点法有上述缺点,但直到 20 世纪 60 年代中期还在一直被广泛使用。直至 MRP 方法的出现,才基本被取代。

(二) MRP 阶段

20 世纪 60 年代初发展起来的 MRP 仅是一种物料需求计算器,它根据对产品的需求、产品结构和物料库存数据来计算各种物料的需求,将产品出产计划变成零部件投入出产计划和外购件、原材料的需求计划,从而解决了生产过程中需要什么、何时需要、需要多少的问题。它是开环的,没有信息反馈,也没有控制。

(三) 闭环 MRP(Closed-loop MRP) 阶段

初期 MRP 将企业的生产能力视为无限,所以并不能保证精心编制出的生产计划是实际可行的,还存在一些问题无法解决,如企业是否有足够的能力在计划期内生产或采购所需数量的各种物料? 计划下达到车间和供应部门后,如果不能按预定的日程进行,该如何处理? 如果主生产计划要进行调整,MRP 如何适应其调整? 因此,为了解决上述问题,就必须考虑以下功能:

(1) 在正式下达 MRP 编制的计划前,必须对其所需的能力进行平衡;

(2) MRP 编制的计划下达后,必须对计划的执行情况进行控制,这就要求从供应商和生产现场取得信息反馈;

(3) 当计划编制依据发生变化时,应及时调整计划。

20 世纪 70 年代发展起来的闭环 MRP 理论,在原 MRP 的基础上补充了以下功能:

(1) 编制能力需求计划;

(2) 建立信息反馈机制,使计划部门能及时从供应商、车间作业现场、库房管理员、计划员那里了解计划的实际执行情况;

(3) 计划调整功能。

闭环 MRP 的"闭环"有双重含义。一方面,它不单考虑物料需求计划,还将与之有关的能力需求、车间生产作业计划和采购等方面考虑进去,使整个问题形成"闭环";另一方面,从控制论的观点,计划制订与实施之后,需要取得反馈信息,以便修改计划与实际控制,这样又形成"闭环"。闭环 MRP 基本上可以保证计划的有效性,使 MRP 真正成为一种计划与控制系统。

(四) MRP II (Manufacturing Resource Planning) 阶段

在企业成功应用闭环 MRP 后,很自然联想到以下几个问题:

(1) 既然库存记录已经足够精确,为什么不可以根据它来计算成本?

(2) 既然 MRP 得出的是真正要制造和要购买的元件,为什么不能依据它作采购方面的预算?或作为对采购订货进行核算监督的依据?

(3) 既然生产计划已被分解成确定要实现的零部件的投入出产计划,为什么不可以把它转化为货币单位,使经营计划与生产计划保持一致呢?

把生产活动与财务活动联系到一起,实现财务信息与物流信息的集成,是从闭环 MRP 向 MRP II 迈出的关键一步,而将闭环 MRP 与企业经营计划联系起来则使企业各个部门有了一个统一可靠的计划控制工具。MRP II 是企业级的集成系统,它包括整个生产经营活动:销售、生产、生产作业的计划与控制、库存、采购供应、财务会计、工程管理等。MRP II 在 20 世纪 80 年代初开始发展起来,是一种资源协调系统,代表了一种新的生产管理思想。

(五) ERP (Enterprise Resource Planning) 阶段

进入 20 世纪 90 年代,MRP II 得到了蓬勃发展,其应用也从离散型制造业向流程式制造业发展,不仅应用于汽车、电子等行业,也能用于化工、食品等行业;不仅适用于多品种中小批量生产,而且适用于大批量生产。不过,MRP II 的长处在多品种中小批量生产的加工装配式企业得到了最有效的发挥。随着信息技术的发展,MRP II 系统的功能也在不断地增强、完善与扩大,并向 ERP(企业资源计划)发展。

从 MRP 到 ERP,功能得到了不断扩展,每一个阶段的区别和进步如图 9-6 所示。

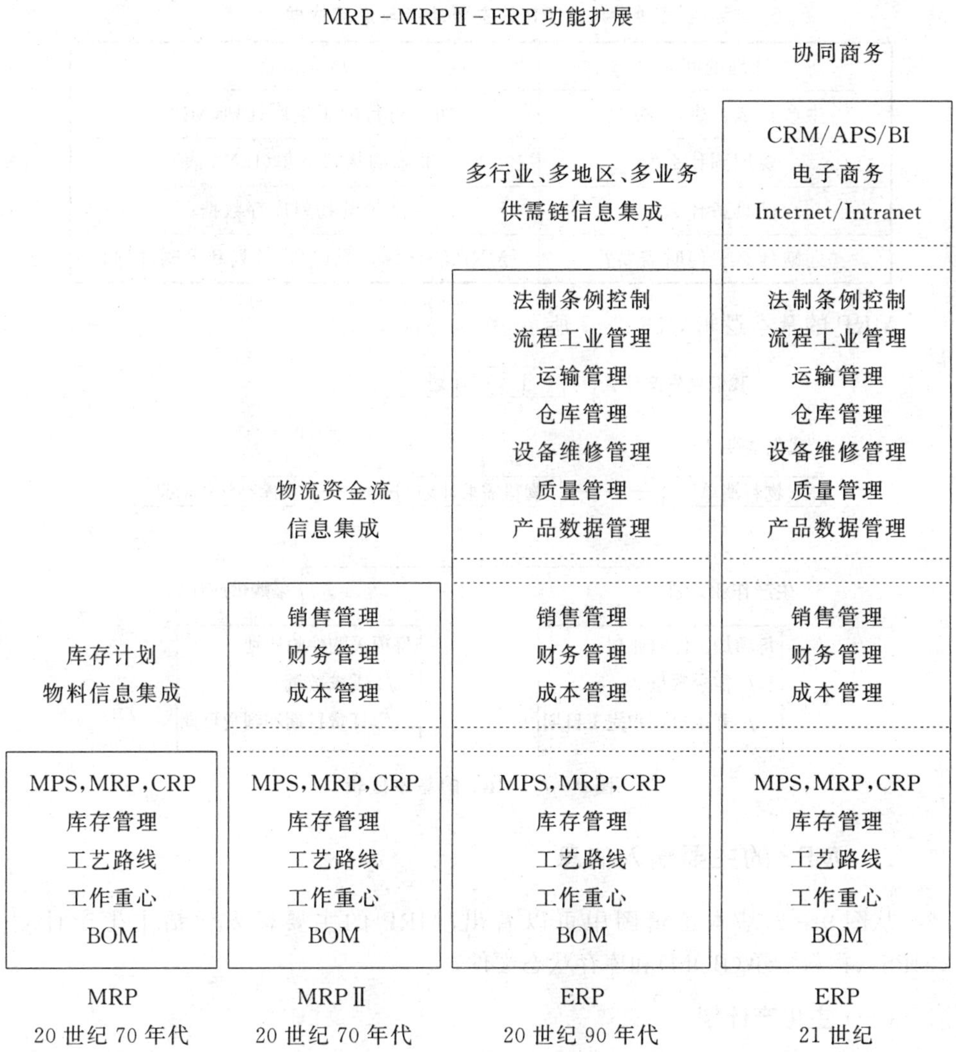

MRP - MRPⅡ - ERP 功能扩展

```
                                                              协同商务
                                                          ┌─────────────┐
                                                          │ CRM/APS/BI  │
                                       多行业、多地区、多业务  │  电子商务    │
                                       供需链信息集成          │Internet/Intranet│
                                                          └─────────────┘
                                       ┌─────────────┐    ┌─────────────┐
                                       │ 法制条例控制 │    │ 法制条例控制 │
                                       │ 流程工业管理 │    │ 流程工业管理 │
                                       │ 运输管理     │    │ 运输管理     │
                                       │ 仓库管理     │    │ 仓库管理     │
                                       │ 设备维修管理 │    │ 设备维修管理 │
                      物流资金流       │ 质量管理     │    │ 质量管理     │
                      信息集成         │ 产品数据管理 │    │ 产品数据管理 │
                                       └─────────────┘    └─────────────┘
                   ┌─────────────┐    ┌─────────────┐    ┌─────────────┐
                   │ 销售管理     │    │ 销售管理     │    │ 销售管理     │
                   │ 财务管理     │    │ 财务管理     │    │ 财务管理     │
                   │ 成本管理     │    │ 成本管理     │    │ 成本管理     │
                   └─────────────┘    └─────────────┘    └─────────────┘
   库存计划
   物料信息集成
┌─────────────┐┌─────────────┐┌─────────────┐┌─────────────┐
│MPS,MRP,CRP ││MPS,MRP,CRP ││MPS,MRP,CRP ││MPS,MRP,CRP │
│ 库存管理    ││ 库存管理    ││ 库存管理    ││ 库存管理    │
│ 工艺路线    ││ 工艺路线    ││ 工艺路线    ││ 工艺路线    │
│ 工作重心    ││ 工作重心    ││ 工作重心    ││ 工作重心    │
│ BOM         ││ BOM         ││ BOM         ││ BOM         │
└─────────────┘└─────────────┘└─────────────┘└─────────────┘
    MRP          MRPⅡ           ERP           ERP
20世纪70年代  20世纪70年代  20世纪90年代    21世纪
```

图 9 - 6 MRP 到 ERP 的功能扩展图

第二节 MRP 的基本原理

一、MRP 的基本原理

MRP 的基本原理是由产品的交货期展开成零部件的生产进度日程与原材料、外购件的需求数量和需求日期,即将主生产计划转换成物料需求表,并为编制能力需求计划提供信息。其主要功能及运算依据如表 9 - 4 所示。

表 9-4 MRP 的主要功能与运算依据

处理的问题	所需信息
生产什么？生产多少？	切实可行的主生产计划（MPS）
要用到什么？	准确的物料清单（BOM 表）
已具备什么？	准确的物料库存数据
还缺什么？何时需要？	MRP 的计算结果（生产计划和采购计划）

MRP 的基本逻辑如图 9-7 所示。

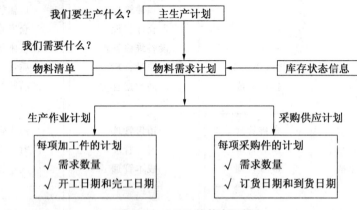

图 9-7 MRP 的基本逻辑

二、MRP 的主要输入信息

从图 9-7 基本逻辑图中可以看出，MRP 的主要输入包括主生产计划（MPS）、物料清单（BOM）和库存状态文件。

（一）主生产计划

主生产计划（Master Production Schedule，MPS）是 MRP 的主要输入，它是 MRP 运行的驱动源。表 9-5 为一个主生产计划示例，表示产品 A 的计划出产量：第 5 周是 10 台，第 8 周是 15 台；产品 B 的计划出产量为：第 4 周是 13 台，第 7 周是 12 台；配件 C 是 1~9 周每周计划出产 10 件。

MPS 的计划对象是企业向外界提供的东西，它们具有独立需求的特征，包括：(1) 最终产品，即一台完成的产品；(2) 独立需求的备品和配件，可以是一个完整的部件，也可以是零件；(3) MPS 中规定的出产数量一般为净需要量，即需生产的数量。

表 9-5 主生产计划

周次	1	2	3	4	5	6	7	8	9
产品 A(台)					10			15	
产品 B(台)				13			12		
配件 C(件)	10	10	10	10	10	10	10	10	10

MPS 的计划期通常应不短于最长的产品生产周期,计划期取得长一些,可以提高计划的预见性。而 MPS 的计划时段通常是周,如果再细分,可以是天或小时。时段长度可以由用户任意设定,而且,一个主生产计划中允许采用变长时段,比如:近期的时段细分为日或周,中远期的设为月或季。因此,可以把产品出产计划从时间上分成两部分,近期为确定性计划,远期为尝试性计划。这是由于近期需要的产品项目都有确定的顾客订货,而远期需要的产品,只有部分是顾客订货,而另一部分是预测的量。确定性计划是以周或日为计划的时间单位,而尝试性计划可以是以月或季为计划的时间单位。随着时间的推移,可以把预测的订货量逐步落实到具体顾客身上。

主生产计划与我国的产品出产进度计划类似,但两者在计划的时间单位上略有不同,前者为周,后者为月。因此,在实际应用中应将以月为单位的产品出产计划调整为以周为单位的主生产计划。主生产计划的滚动期应该同 MRP 的运行周期一致,如果 MRP 每周运行一次,则主生产计划每周也更新一次。

(二) 物料清单文件

物料清单文件(Bill of Materials, BOM)又称为产品结构文件,它表示产品的组成和结构信息,不仅反映所有元件的清单,还反映产品项目的结构层次以及制成最终产品的各个阶段的先后顺序。BOM 表是 MRP 计算的一个依据,利用它可以准确地计算相关需求的信息。其中所包含的物料可分为两类:一类是自制项目,另一类是采购项目(包括所有的原材料、外购件和外协件)。MRP 展开后,自制项目的物料需求计划便形成相应的生产作业计划,采购项目的物料需求计划则形成相应的采购供应计划。

在产品结构文件中,各个元件处于不同的层次。每一层次表示制造最终产品的一个阶段。通常,最高层为 0 层,代表最终产品项,第一层代表组成最终产品项的元件,第二层为组成第一层元件的元件……以此类推,最低层为零件和原材料。产品由于结构复杂程度不同,结构层次数也不同。为了形象说明产品结构文件,以图 9-8 所示的三抽屉文件柜为例。

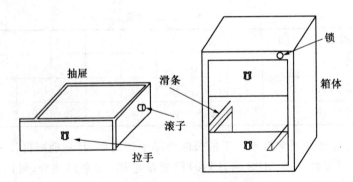

图 9-8 三抽屉文件柜组成示意图

三抽屉文件柜由 1 个箱体、1 把锁和 3 个抽屉组成,1 个箱体又由 1 个箱外壳和 6 根滑条(每个抽屉需两根滑条)装配而成;每个抽屉又由 1 个抽屉体和 1 个手柄和 2 个滚子组成;锁是外购件。一般我们可将各种具体产品及其构成部分统称为产品和元件,用英文字母表示,并将产品及其元件之间的关系用一种树形图表示,如图 9-9 所示。这种树形图称为产品结构树。将产品结构树转换成规范的数据文件格式就成为产品结构文件。

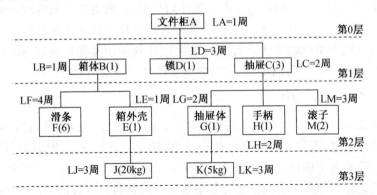

图 9-9 三抽屉文件柜结构树

在图 9-8 中,1 个单位 A 产品(文件柜)由 1 个 B 部件(箱体)、3 个 C 组件(抽屉)和 1 个 D 零件(锁)构成;1 个 B 部件又由 1 个 E(箱外壳)和 6 个 F(滑条)构成;1 个 C 组件(抽屉)由 1 个 G 零件(抽屉体)、1 个 H 零件(拉手)和 2 个 M 零件(滚子)构成;每个 E 零件要消耗 20 kg 钢材 J,每个 G 零件要消耗 5 kg 钢材 K。图中方框里字母后括号中的数字表示单位上层元件包含的该元件的数量,如 C(3) 表示 1 个 A 中包含 3 个 C,K(5 kg) 表示 1 个 G 零件要消耗 5 kg 材料 K。

图 9-9 中 LX 表示加工、装配或采购所需的时间,称为提前期(Lead Time)。它相当于通常的加工周期、装配周期或订货周期。如 LB=1 周,说明部件 B 从开始装配到完成装配需要 1 周时间;LG=2 周,说明零件 C 从开始加工到完成加工需要 2 周时间;LJ=3 周,表示采购钢材 J 从订货到到货需要 3 周时间。

实际产品对应有多种多样的产品结构树,同一零部件分布在同一产品结构树的不同层次上或同一零部件分布在不同产品结构树的不同层次上,如图9-10所示。

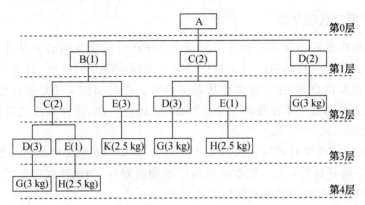

图9-10　A产品结构树

从图可以看出,相同元件有可能会出现在不同的层次上,如元件D既出现在第2层,又出现在第3层。产品结构树的这种特点给相关需求的计算带来了困难,一般采用低层码技术解决。

产品结构的这种复杂性,如果完全按照层层向下的推算方法进行分解,就会产生不合理的计算结果。例如,产品A的结构树如图9-11所示。假定A、B的提前期均为2周,第8周需要A产品50个,C的现有库存为50个。接下来计算C的需求量,如果按照层层下推的算法,推算至第1层时,求得C在第6周的毛需要量为50个,因其库存为50个,故净需求为0。推算至第2层时,求得C在第4周的毛需求量为50个,因为库存为0,故净需求量为50个。分解的结果为C在第4周的净需求量为50个,这意味着现有库存50个C将存放在第6周去满足对第1层上的零件C的需求,这显然不合理。实际上,C的现有库存将先满足第2层上对C的需求,第6周的净需求量才为50个。若使用低层面技术,因为C的低层码为2,当处理到第1层的C时,先将其第6周的毛需求量暂存起来,当处理到第2层的C时,再统一考虑,就可以避免上述问题。

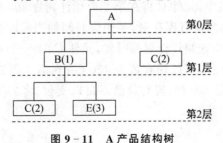

图9-11　A产品结构树

低层码(Low Level Code)是指在所有产品结构树的所有层次中,位置最低的层次码称为该零件的低层码。如:在图 9-10 中,零件 D 的低层码为 3;在图 9-11 中,零件 C 的低层码为 2。低层码通常由计算机软件系统自动计算和维护。

(三) 库存状态文件

良好的库存管理和清晰的库存记录是 MRP 成功实施的必要条件。库存状态文件保存了每一种物料的有关数据,MRP 系统中关于订什么、订多少、何时发出订货等重要信息,都存贮在库存状态文件中。产品结构文件是相对稳定的,而库存状态文件却处于不断变动之中。MRP 每运行一次,库存状态文件就发生一个大的改变。

表 9-6 为部件 C 的库存状态文件的记录,其中现有数为周末时间数量,其余 4 项均为一周开始的数量。数据项可以作更细的划分,如预计到货量可以细分成不同的来源,现有数可以按不同的库房列出。

表 9-6 库存状态文件

部件 C LT=2 周		周次										
		1	2	3	4	5	6	7	8	9	10	11
总需要量							300			300		300
预计到货量			400									
现有数	20	20	420	420	420	420	120	120	120	-180	-180	-480
净需要量										180		300
计划发出 订货量								180		300		

表中参数说明:

(1) 总需要量:是由上层元件的计划发出订货量决定的。在表 9-6 中,对 C 的总需要量在第 6 周、第 9 周和第 11 周各为 300 件。

(2) 预计到货量:指在将来某个时段某项目的入库量。它来自正在执行的采购订单或生产订单,表中,元件 C 将在第 2 周预计到货 400 件。

(3) 现有数:也称为现有库存量,是相应时间的当前库存量,是仓库中实际存放的可用库存量。表中在制订计划的时候,元件 C 的当前库存量为 20 件,到第 2 周,由于预计到货 400 件,所以现有数为 420 件;到第 6 周消耗 300 件,现有数为 120 件;到第 9 周,消耗 300 件,现有数已不足以支付,将欠 180 件。因此,现有数将为负值,需要发出订货。

(4)净需要量：当现有数和预计到货量不能满足总需要量时，就会产生净需要量。如第 9 周对 C 的净需要量为 180 件，第 11 周净需要量为 300 件。

(5)计划发出订货量：指为保证对零部件的需求而必须投入生产的物料数量。计划发出订货既要考虑提前期，又要考虑安全库存量、批量规则和损耗情况。如第 9 周需 180 件，提前期为 2 周，则第 7 周必须开始制造 180 件 C。

上述库存状态数据可以分成两类，一类为库存数据，另一类为需求数据。预计到货量、已分配量和现有数为库存数据，这些数据要经过检查才能进入系统；总需要量、净需要量和计划发出订货量为需求数据，由系统计算得出。

三、MRP 的处理过程

(一)基本步骤

MRP 处理的基本步骤包括：准备 MRP 处理所需的各种输入，将 MPS 作为确认的生产订单下达传给 MRP，然后根据产品的 BOM，从第一层项目开始，逐层处理各个项目直至最低层处理完毕为止。处理过程如图 9-12 所示。

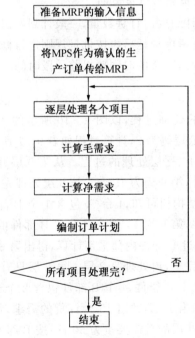

图 9-12　MRP 的处理过程

(二) 参数计算

MRP 采用自上而下,借助低层码逐层处理的方法。即先处理所有产品的零层,然后处理第 1 层,第 2 层……一直到最低层。这样能使得每个项目只需检索处理一次,提高效率。

1. 计算总需要量(毛需要量)

在每个时间段上,应按父项的计划发出订货量来计算子项的总需要量,并保持时间上一致。

总需要量=父项计划发出订货量×BOM 表中的单位需求量

2. 计算净需要量

先计算各个时间段上的现有数:

现有数=前一时间段的现有数+预计到货量-总需要量-已分配量

当某个时间段上的现有数小于 0 时,则产生净需要量,它说明当现有库存不能满足总需要量的要求时,就需要重新生产或采购。

3. 确定计划发出订货量与订货日期

利用批量规则确定计划发出订货数量,一般计划发出订货量大于或等于净需要量。如果有损耗,则应考虑损耗后再按批量规则进行修正。利用提前期确定计划发出订货日期,一般发出订货的时间要提前一段时间。

(三) 计算实例

为具体说明 MRP 的处理过程,以图 9-10 所示的产品为例,逐层计算 A、B 和 C 的需求,元件 C 的低层码为 2,计算过程如表 9-7 所示。

计算过程是自上而下、逐层处理的过程。从第 0 层开始,A 产品在第 6 周的计划发出订货量为 10 台,第 9 周为 15 台。第 0 层处理完毕,再处理第 1 层。第 1 层只有部件 B。由产品结构树可知,1 台 A 包含 1 个 B 部件。于是,对 B 部件的总需要量为第 6 周 10 件,第 9 周 15 件。只有按 B 部件的总需要量供货,才能保证 A 产品按时装配。经过 B 部件内部平衡计算,得出第 8 周需要发出 13 件 B 部件的订货。第 1 层处理完毕,再处理第 2 层。第 2 层只有组件 C。由产品结构树可知,1 台 A 产品包含 2 个 C 组件,1 个 B 部件包含 2 个 C 组件。按 A 产品第 6 周计划发出 10 台订货和第 11 周发出 15 台订货的需求,可计算出 C 组件第 6 周的总需要量为 20 件,第 9 周的总需要量为 30 件;按 B 部件第 8 周计划发出 13 件订货的需求,可计算出 C 组件第 8 周的总需要量为 26 件。以此类推,可以处理第 3 层的 D 元件和 E 元件。

表 9-7 MRP 的处理过程

产品项目	提前期	项目	周次										
			1	2	3	4	5	6	7	8	9	10	11
A （0层）	2周	总需要量								10		15	
		预计到货量											
		现有数　0	0	0	0	0	0	0	0	-10	-10	-10	-25
		净需要量								10		15	
		计划发出订货量						10		15			
B （1层）	1周	总需要量						10		15			
		预计到货量	10										
		现有数　2	12	12	12	12	12	2	2	-13			
		净需要量								13			
		计划发出订货量							13				
C （2层）	2周	总需要量						20		26	30		
		预计到货量				10							
		现有数　5	5	15	15	15	15	-5	-5	-31	-61		
		净需要量						5		26	30		
		计划发出订货量				5		26	30				

四、批量策略

订货（加工或采购）批量是指一次订货的数量，它是运行 MRP 的重要参数，确定批量策略是物料管理部门的一项重要工作。在 MRP 的处理过程中，计算出的计划发出订货量等于净需要量，即采用批量等于净需要量的策略。但在实际生产中，为节省订货费或设备调整准备费，往往确定一个最小批量。此时，安排生产或采购计划时，计划发出订货量不一定等于净需要量。一般情况下，增大批量可以减少加工或采购次数，相应地将减少订货费或设备调整费，但在制品库存会增大，要占用更多的流动资金。而批量过小，占用的流动资金减少，但增加了加工或订货费用。因此，必须有一个合理的批量。由于产品结构的层次性，使得批量的确定非常复杂。各层元件都有批量问题，每一层元件计划发出订货的数量和时间的变化，都将波及下属所有元件的需要量及需要时间，这样将引起一连串变动。而且，由于下层元件的批量一般比上层的大，这种波动还会逐层放大。此外，批量问题还与提前期互相作用，批量的变化导致提前期改变，而提前期改变又会引起批量的变化。确定订货批量时需要考虑订货成本、物料成本、存放成本、需求规律等多种因素。因此，在 MRP 系统中，一般都把提前期当作已知的确定量处理。在 MRP 系统中常用的批量策略包括以下几种：

（一）逐批确定法

逐批确定法就是净需要量是多少，批量就取多少，完全按照物料的净需求决定订货量，又称为按需订货法，即生产的就是所需的，表 9-7 所示的 MRP 处理过程就是采用这种策略。这种批量的计算方法往往适用于生产或订购数量和时间基本上能给予保证的物料，或者所需要的物料价值较高，不允许过多地生产或保存的物料。这种方法简单易用，可以避免投入过多而引起在制品积压，不考虑未来订单，在频繁订货和 JIT 下这种方式很有效。其缺点是加工或采购次数多，不便于组织生产，不适合设备调整准备费用很高或非 JIT 模式。

（二）固定批量法

固定批量法是指每次加工或订货数量相同，但加工或订货间隔期不一定相同，一般用于订货费用较大的物料。固定批量的大小是根据直观分析和经验判断而决定，也可以以净需求量的一定倍数作为批量。

（三）固定周期批量法

固定周期批量法是指以固定的时间间隔，以物料的净需求量为依据计算出的订货批量。这种批量大小随物料净需求的变化而变化，订货间隔期一般由用户根据经验设定。如表 9-8 所示，时间间隔为 2 周，每 3 周发出一个订单，订单批量等于 3 周内净需求的和。

表 9-8　固定周期批量

周期（周）	1	2	3	4	5	6	7	8	9	10
净需求（件）		15	25		35		10	15	15	25
预计入库量（件）		40			45			55		

（四）最大零件周期收益批量法

最大零件周期收益批量法（Maximum Part-Period Gain，简称 MPG），适用于处理离散周期需求下的批量问题，一般假设周期内需求连续均匀，不允许缺货。其基本思想是：当把某周 t 的需求 D_t 合并到相对 t 的第 1 周一起订货时（第 1 周有需求），可以节省一次订货费 S，但却增加了维持库存费 $(t-1) \cdot D_t \cdot H$，H 为单位维持库存费。因此，只要 $(t-1) \cdot D_t \cdot H < S$，即 $(t-1) \cdot D_t < S/H$，就将 D_t 合并到第 1 周一起订货。第 1 周是相对 t 周而言的。$(t-1) \cdot D_t$ 越小，则合并订货越合算。$(t-1) \cdot D_t$ 的单位为"零件—周期"。将一个零件提前 1 周订货为

一个"零件—周期"。

MPG 法的步骤如下：

(1) 从 MRP 计算出的净需求表中，挑选最小的"零件—周期"对应的净需求。

(2) 将相应的净需求合并到该周前面有净需求的周一起订货。

(3) 合并后，所所有的"零件—周期"值均大于 S/H，则停止；否则，转至步骤(1)。

现通过一个实例说明 MPG 法的应用。

已知 $S=300$ 元，$H=2$ 元/件·周，零件净需求如表 9-9 所示，计算 $S/H=150$ 件·周。用 MPG 法求订货批量的过程如表 9-10 所示。

表 9-9 零件净需求

周	1	2	3	4	5	6	7	8	9	10	11	12
净需量(件)	10	10	15	20	70	180	250	270	230	40	0	10

表 9-10 用 MPG 法求订货批量

移动次数	最小零件周期	周次											
		1	2	3	4	5	6	7	8	9	10	11	12
0	10	10	10	15	20	70	180	250	270	230	40	0	10
1	20	20	0	15	20	70	180	250	270	230	40	0	10
2	20	20	0	35	0	70	180	250	270	240	40	0	10
3	50	20	0	35	0	70	180	250	270	230	50	0	0
4	70	20	0	35	0	70	180	250	270	280	0	0	0
5	180	55	0	35	0	70	180	250	270	280	0	0	0
期初库存 Q_i(件)		55	45	35	20	70	180	250	270	280	50	10	10
期末库存 Q_f(件)		45	35	20	0	0	0	0	0	50	10	10	0

从给出的净需要量表可以看出，将第 2 周的需求合并到第 1 周订货时，"零件—周期"值最小。因此，将其合并到第 1 周订货，第 1 周净需求由 10 件变为 20 件。然后，将第 4 周的需求合并到第 3 周订货的"零件—周期"值最小，于是，将其合并到第 3 周订货。按这样的方式一致进行到最小"零件—周期"值大于 150 为止。最终订货安排为：第 1 周订 55 件，保证第 1、2、3 和 4 周的需求能够满足；第 5 周订 70 件，第 6 周订 180 间，第 7 周订 250 件，第 8 周订 270 件，都是为满足当周需要；第 9 周订 280 件，可满足第 9、10 和 12 周的需求。可见，订货次数由原来的 11 次减少到 6 次。从计算出的订货批量来看，订货批量随净需求的变化而变化，但订货间隔期并不是固定的。

在求出订货安排后，按照下列公式计算总费用：

总费用 $C_T = C_R + C_H$

也可表示为 $C_T = C_R + C_H = kS + 0.5H\sum(Q_s + Q_f)$

式中：C_R——总订货费；C_H——总维持库存费；k——订货次数；Q_s——第 i 周期初库存量；Q_f——第 i 周期末库存量。

对于本实例：

$C_R = 6 \times 300 = 1\,800(元)$；

$C_H = 0.5 \times 2 \times (55+45+45+35+35+20+20+70+180+$
$\qquad 250+270+280+50+50+10+10+10+10)$
$\quad = 1\,445(元)$

$C_T = 1800 + 1445 = 3\,245(元)$

五、提前期与安全库存

在 MRP 的计算过程中，除批量外，还有提前期与安全库存两个重要的参数。

（一）提前期

在 MRP 中，一个物料项目的提前期是指从投料开始到该项目入库可供使用为止的时间间隔。采购的提前期是从发出采购订单开始，经供应商供货、在途运输、到货验收和入库所需的时间。自制件提前期是指从订单下达开始，经过准备物料，准备工具、工作地和设备，加工制造，直到检验入库所需的时间。

提前期是确定计划下达时间的一个重要因素。对一个产品来说有一个交货期，而对这个产品的下一级部件来说，完工日期必须先于产品交货期，而对于部件的下一级零件来说，完工日期又要先于部件的完工日期，如此一级级往下传。因此，自制件提前期是产品及其零部件在各工艺阶段投入的时间比出产时间提前的时间。

提前期不是一个纯工艺时间，确定提前期需要考虑以下几个因素：排队时间（也称等待加工时间）、运行时间（切削、加工、装配等时间）、调整准备时间、等待运输时间、检查时间、运输时间以及其他管理事物处理时间。对于一般单件生产车间，排队时间是最主要的，约占零件在车间停留时间的 90%，这个数值只是对于所有零件的平均数。对某个具体零件来说，排队时间是其优先权的函数。优先权高的零件，排队时间短；优先权低的零件，排队时间长。所以，排队时间是一个很不稳定的因素。除了排队时间外，其他几个因素也很难确定。这些因素与工厂里的工时定额、机器设备及工艺装备的状况、工人的熟练程度、厂内运输的条件以及生产组织管理水平都有关系。因此，要得出精确的计算公式或程序来确定每批零件的提前期，是非常困难的，一般通过经验方法估算，当排队时间是主要时，可采用下列公式计算：

$$LT = 2N + 6$$

式中：LT——提前期；N——工序数。

当加工时间是主要的因素时（如大型零件的加工），可采用下面的公式：

$$LT = k \times T$$

式中：LT——提前期；T——工件的总加工时间；k——系数，可取 $1.5 \sim 4$。

提前期的单位一般为周，也可以为天。企业应当定期审核、修改提前期参数。

（二）安全库存

设置安全库存是为了应付不确定性，防止生产过程中产生的缺料现象，避免生产或供应中断。尽管 MRP 处理的是相关需求，仍有不确定性。例如，不良品的出现、外购件交货延误、设备故障、停电、员工缺勤和能源短缺等。因此，相关需求也有安全库存问题。

但 MRP 认为，只有对产品结构中最低层元件或原材料设置安全库存才是必要的，而不必对其他层次元件设置安全库存，这样可以减少在制品占用，降低生产费用。MRP 可以确定出中间层次零部件的优先权和交货期，以使它们都能在要求的时间出产。安全库存的引入将对净需要量的计算产生影响，一般可将安全库存从现有数中减去。

六、MRP 的时间概念

MRP 是以计划与控制为主线的管理系统，MRP 系统中有几个重要的时间概念，MRP 系统中定义的时间和时间的处理方法与手工计划管理有区别，只有把握它的含义，才能更好地理解 MRP 计划与控制的思想。除提前期外，MRP 系统中还定义计划期、时段、时区和时界几个时间概念，并利用它们来解决计划的变更问题。

（一）计划期（Planning Horizon）

计划期又称为计划展望期、计划水平期，它说明计划能够看得多远。通常情况下，计划期应覆盖产品制造的整个过程（也称为总提前期）。在实际运营中，从接到客户订单到完成交付，各种产品所需的时间并不相同，也就是不同产品的计划期是存在差异的。因此，计划期应不短于计划对象（如产品）最长的总提前期，一般为 3～18 个月。实际运行时，如果销售形势很好，企业接到的订单已经延续到较远的未来，这种情况下，尽管产品的总提前期很短，计划期也可以长些，比如，以最远的产品订单完成日期作为计划期的终点，这样可以提高计划的预见性。

（二）时段（Time Bucket）

它说明计划期分段能够分多细，这可以由用户决定。典型的计划时段是周，也可以为小时、天、月、季。时段越短,计划越详细,执行起来要求也越高。MRP 将按照用户确定的计划时段,汇总需求数据,分别显示出日计划、周计划、月计划、季计划等需求数据(如表 9-11 所示),实现优先级计划,合理安排制造资源,保证生产的均衡和按期交货。MRP 系统允许在同一个计划中设置多种时段显示方式,例如按照近期细、远期粗的方式设置,近期若干时段为日、中期为周、远期为月或季。

表 9-11 时段设置与计划显示

日计划		周计划		月计划		季计划	
日期	数量	周次	数量	月份	数量	季度	数量
04/05	160	1	160	1	507	1	1 677
04/17	97	2	97				
04/23	250	3	250				
…		4					
05/08	100	5	100	2	420		
…		6					
…		7					
05/31	320	8	320				
06/07	450	9	450	3	750		
…		10					
06/20	300	11	399				
…		12					

(三) 时区(Time Zone)与时界(Time Fence)

由于市场需求的变化,企业不可避免地要经常修改计划。MRP 在处理主生产计划时,把计划期划分为三个时区,作为主生产计划人员控制计划变化的手段之一。不同时区内的计划发生变化所带来的影响和代价是不一样的,若计划有变化,先看要变动的计划落在哪个时区,再经相应权限的人审批后才能修改计划。从而建立起规范化的计划变动审批程序,保持计划的相对稳定性,以利于生产正常运行。

时区 1 是计划期内最近的计划时段,其长度等于或不小于最终成品的总装配提前期。时区 2 是紧随时期 1 之后的时区,1、2 时区长度之和等于或大于最终产品的累计提前期。第 2 时区之后的计划期是第 3 时区。1、2 时区之间的分界线称为需求时界(Demand Time Fence),在需求时界以近的范围内,由于产品装配已经在进行,计划变动会造成严重损失,变动代价大,因此需要公司级领导批准后才能更改计划。第 2、3 时区之间的分界线称为计划时界(Planning Time Fence),在计划时界以内的范围内,计划已经确认,资源已经分配,变动计划代价大,因而不允许计算机系统自动更改计划,必须人工干预。计划时界以外的范围,由于还没有进入累计提前期,当需求发生变化时,可由计算机系统自动对计划进行调整。时区与时界的关系如图 9-13 所示

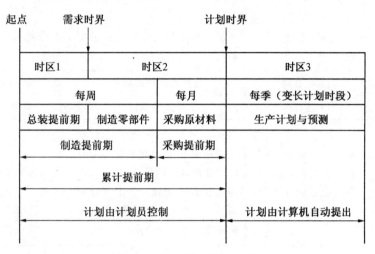

图 9-13　时区与时界关系图

(四) 时区与订单状态

在不同的时区,订单状态不同,处理的方式也不同。订单有以下三种状态:

1. 计划订单

MRP 展开时产生的计划根据订货量而自动生成的物料订单,这时的订单状态是系统建议的,可以由计算机系统自动进行修改。第 3 时区的订单即为计划订单,当 MRP 重排时,计划订单将视情况自动进行调整。

2. 确认订单

系统生成的计划订单经过主生产计划员核实,认为在物料、能力、数量和时间上都没有问题后,对计划订单加以确认,形成确认订单,可以准备下达,这时的订单状态是确认的。确认订单只能由计划员手工修改和调整,MRP 展开和重排后,不会改变确认订单,时区 2 的订单为确认订单。

3. 下达订单

经确认并下达执行的订单。时区 1 的订单为下达订单,对下达订单,计算机系统不能自动修改。

时区、时界与订单状态的关系见表 9-12 所示,从表中可以看出,时界表明了

修改计划的困难程度,修改的时间越接近当前时间,则修改的困难越大。

表 9-12 时区、时界与订单状态

时区及时界	执行计划		预计计划
	需求时界 ↓	计划时界 ↓	
	时区1	时区2	时区3
时区长度	产品的总装配提前期	产品的累计提前期减去总装配提前期	累计提前期以外的时期
需求依据	实际合同	合同及预测的取舍	预测为主
订单状态	下达订单	下达及确认订单	计划订单
变动条件	装配已在进行,不允许中途终止;变动必须由企业领导决定,尽量避免变动	已运行 MRP,资源已分配,已开始采购加工,计算机系统不能自动改变确认了的计划订单,只能由人工直接干预。主生产计划员只允许变更完工日期,变更数量要由企业领导决定	可由计算机系统运算变动
变动代价	非常大	根据已投入生产准备费用和材料费用而定	无大影响,允许变更

有了时区和时界的概念,使 MRP 计划系统既能对市场需求的变化作出快速反应,又有一个相对稳定的计划,保持生产作业的有序进行。

七、MRP 的运行方式

在实际生产中,经常会有一些突发情况,如产品结构发生改变、客户订单数量和交货期发生改变、供应商拖期交货、生产订单提前或拖期完成、不良品比预期的多、关键生产设备发生故障等,这些突发事件均会引起计划的变更。MRP 必须对上述突发情况做出响应,使其编制的计划能准确实时地反映实际情况,这就要修改 MRP 或 MPS。MRP 的计划更新有"重新生成"(Regeneration)和"净改变"(Net Change)两种方式。

按照重新生成方式,MRP 每隔一个固定时间(一般是每周)运行一次,每一个产品项目,不论是否发生变化,都必须重新处理一遍。重新制订主生产计划,重新展开物料清单,重新编排物料需求的优先顺序。重新生成方式的优点是系统运行次数少,数据处理效率高,有"自洁"作用,不会把上一次运行中的错误带到新得出的计划中,但计算量相对较大,且不能对新变化及时做出反应。

按净改变方式，系统要按发生的变化随时运行，但运行中只处理发生变化的部分，进行局部修改。因此，净改变方式计算量小，运算时间短，对变化反应及时，但系统运行次数多。由于大量频繁的局部修改有可能产生全局性的差错，因此，隔一定时间还有必要按重新生成方式运行一遍 MRP 系统。一般 MRP 软件都提供这两种运行方式。

第三节　MRPⅡ的内涵

一、MRPⅡ的基本构成和处理逻辑

MRPⅡ（制造资源计划）并不是一种与 MRP 完全不同的新技术，它是在 MRP 和闭环 MRP 的基础上发展起来的一种新的生产方式。它通过物流与资金流的信息集成，将生产系统与财务系统联系在一起，形成一个集成营销、生产、采购和财务等职能的完整的生产经营管理信息系统。图 9-14 为 MRPⅡ的组成结构和处理逻辑。

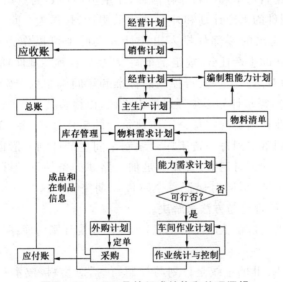

图 9-14　MRPⅡ的组成结构和处理逻辑

从图 9-14 可以看出，MRPⅡ编制的计划由上到下、由粗到细，其中经营计划是 MRPⅡ的起始点。经营计划就是确定企业的产值与利润指标，而要实现一定的产值和利润，必须按市场的需求决定销售什么和销售多少、生产什么和生产多少，这是企业生产经营活动的一个最基本的决策。但经营计划一般只列出要生产的产品大类和总吨位等。

按经营计划确定产值和利润指标，并根据市场预测和客户订单情况确定销售

计划,将销售和应收账款信息联系在一起,再结合企业当前的生产条件,确定生产计划(生产计划大纲)。生产计划也是确定生产什么和生产多少,但它一般以产品为对象,而且在制订生产计划时要进行粗略能力平衡。所谓"粗略能力平衡",只是对关键机床进行月度或季度范围内的生产任务与生产能力平衡。编制生产计划不仅要考虑市场需求,而且要考虑企业的生产能力,还要考虑企业的当前条件,如当前原材料、毛坯和零部件库存、设备、人员状况等。按现有的生产能力和当前条件,若不能满足经营计划的要求,则将信息反馈到经营计划,使之做出相应的调整。

然后,按生产计划确定主计划,主生产计划以具体产品为对象,它规定每种具体产品的出产时间与数量,是组织生产的依据,同时也是销售的依据。因此,它是企业内生产活动和经销活动的结合点。主生产计划必须切实可行,它是 MRP 的一项关键输入,若不可行,将会导致 MRP Ⅱ 运行失败。当生产能力不够,以至通过有限的调整生产能力的方法仍不能消除这种不足时,零部件就不能按 MRP Ⅱ 给出的完工期限完工。这时需要将信息反馈到生产计划,使之做出调整。

根据产品的物料清单和物料库存信息,在主生产计划的驱动下,MRP Ⅱ 将产品分解,生成自制件的生产计划和外购件的采购计划,作为车间生产和物料采购的依据。MRP Ⅱ 输出的零部件投入出产计划实际上可以作为车间的"生产计划",它规定了车间的生产任务,规定了车间"产品"(各种零部件)的完工期限与数量,因而可以作为对车间生产实行控制的标准和车间编制生产作业计划的依据。MRP Ⅱ 生成的物料需求计划必须经过能力平衡,以检验其可行性。

车间生产作业计划要规定每个工作地每天的工作任务,使 MRP Ⅱ 输出的零部件投入出产计划落实到每一道工序。编制车间生产计划要依据每个零件的加工路线和每道工序的工时定额,要在满足加工路线的条件下,保证安排到每台机床上的任务不发生冲突,同时保证每个零件如期完工。这是一个非常困难的问题,需要运用排序的理论与方法来解决。

采购管理提供应付账款所需的信息,车间作业统计则为库存管理和成本控制提供信息。

由此可见,MRP Ⅱ 的主线是计划与控制,包括对物料、成本和资金的计划与控制。计划的实施从下往上执行,发现问题时,逐级向上进行必要的修正,实践表明,上述处理逻辑是科学合理的。

二、MRP Ⅱ 的特点

(一) MRP Ⅱ 统一了企业的生产经营活动

在以往企业内的多个系统间,如生产系统、财务系统、销售系统、供应系统、设备系统、技术系统和人事系统等,它们各自独立运行,缺乏协作,相互关系并不密切,在各个系统发生联系时,常常互相扯皮、互相埋怨。而且,各个部门经常要用到相同类型的数据,并从事很多相同或类似的工作,但往往是同一对象,各部门的数据不一致,造成管理上的混乱,这些都是由于缺乏一个统一而有效的系统导致。

企业是一个有机整体,各项活动相互关联、相互依存,应该建立一个统一的系统,使企业有效地运行。由于MRPⅡ能提供一个完整而详尽的计划,可使企业内各部门的活动协调一致,形成一个整体。各个部门使用相同的数据,消除了重复工作和不一致,也使得各部门的关系更加密切,提高了整体的效率。下面简要介绍MRPⅡ如何改变企业各个部门的生产经营活动。

1. 营销部门

营销部门通过产品出产计划与生产部门建立了密切的联系。按市场预测与顾客订货,使产品出产计划更符合市场的要求,有了产品出产计划,使签订销售合同有了可靠依据,可大大提高按期交货率。由于MRPⅡ有适应变化的能力,它可以弥补预测不准的弱点。

2. 生产部门

以往生产部门由于企业内部条件和外部环境的不断变化,生产难以按预定的生产作业计划进行。这使得一线生产管理人员不相信生产作业计划,他们认为那是"理想化"的东西,计划永远跟不上变化,因此他们主要凭借自己的经验和手中的"缺件表"去工作。事实上,在第一线指挥生产的工段长们不是不喜欢计划,而是不喜欢那些流于形式的、不能指挥生产的计划。有了MRPⅡ后,计划的完整性、周密性和应变性大大增强,使调度工作大为简化,工作质量得到提高。采用电子计算机可以实现日生产作业计划的编制,并且可以充分考虑内外部条件的变化,这使得人们从经验管理走向科学管理。由于采用MRPⅡ及其他现代管理方法,生产部门的工作将走向正规化。

3. 采购部门

采购人员往往面临两方面的困难,一方面,供方要求提早订货,另一方面本企业不能提早确定要求的物资数量和交货期,这种情况促使他们早订货和多订货。有了MRPⅡ后,采购部门有可能做到按时、按量供应各种物资。由于MRPⅡ的计划期可长至两年,使得两年后出产的产品所需的原材料和外购件能提前相当长时间告诉采购部门,并能准确地提供各种物资的"量"和"期"方面的要求,避免了盲目多订和早订,节约了资金,也减少了短缺。MRPⅡ不是笼统地提供一个需求的总量,而是要求按计划分期分批地交货,也为供方组织均衡生产创造了条件。

4. 财务部门

实行MRPⅡ,可使不同部门采用共同数据。事实上,一些财务报告只要在生产报告的基础上很容易做出。例如,只要将生产计划中的产品单位转化为货币单位，就构成了经营计划。将实际销售、生产、库存与计划数相比较就会得出控制报告。当生产计划发生变更时，马上就可以反映到经营计划上，可以使决策者迅速了解这种变更在财务上造成的影响。

5. 技术部门

以往技术部门更多脱离于生产活动，生产上的琐事似乎与技术人员无关。但是，对于MRPⅡ系统而言，技术部门提供的却是该系统赖以运行的基本数据，它不再是一种参考性的信息，而是一种做控制用的信息，这就要求产品结构清单和加工路线必须正确，修改设计和工艺文件也要经过严格的手续，否则，会造成很大的混乱。按照MRPⅡ用户的经验，产品结构清单的准确度必须达到98%以上，加工路线的准确度必须达到95%～98%，库存记录的准确度必须达到95%，MRPⅡ才能运行良好。

（二）计划的一贯性与可行性

MRPⅡ是一种计划主导型的管理模式，计划由粗到细逐层优化，始终与企业经营战略保持一致，加上能力的控制，使计划具有一贯性、有效性和可执行性。

（三）物流与资金流的统一

MRPⅡ中包含有成本会计和财务功能，可以由生产活动直接产生财务数据，保证生产和财务数据的一致性。

（四）集成——MRPⅡ的精髓

MRPⅡ是企业管理集成思想与计算机、信息技术相结合的产物。其集成性表现在：横向上，以计划管理为核心，通过统一的计划与控制使企业制造、采购、仓储、销售、财务、设备、人事等部门协同运作；纵向上，从经营计划、生产计划、物料需求计划、车间作业计划逐层细化，使企业的经营按预定目标滚动运作、分步实现；在企业级的集成环境下，与其他技术系统（比如CAD、CAPP、CAM）集成。

第四节　编制物料清单

物料清单（BOM）是定义产品结构的技术文件，它是在产品结构的基础上建立，不仅描述产品结构上下级的从属关系，也说明制造产品的时间关系。物料清单中的零件、部件的层次关系反映了实际的装配过程，它是MRPⅡ系统中最重要的基础数据，被用于MRPⅡ计算、成本核算、库存管理以及组织生产等方面。由于物料清单的重要性，本节专门讨论BOM的组成、种类和编制等内容。

一、产品结构

产品结构反映了产品的组成与结构信息，也就是说明了产品是由哪些物料构成,需要多少物料,是如何制造出来。这里,物料是指凡是要列入计划、控制库存、控制成本的物资的总称,包括原材料、毛坯、配套件、半成品、成品、包装材料、工艺装备等。物料是计划的对象、库存的对象和成本的对象。

物料是组成产品结构的最小"元素",而由物料组成的"单层结构"则是产品结构的基本单元,任何一个产品都是由若干个"单层结构"组成。单层结构中的上层物料称为"母件",下层物料称为"子件",由一个"母件"和一个或一个以上的"子件"即组成一个单层结构。母件对应组装图上的装配件,子件则是对应零件明细表中的许多零件和部件。母件与子件的关系是唯一的,可以是一对一,也可以是一对多。只要众多子件中有品种或数量的差异,就是另一个不同的单层结构,是不同的母件。

在 MRP/MRPⅡ 系统中,对每个单层结构只需建立一次,就可以在所有产品中共享使用。建立物料清单是从建立反映"单层结构"的单层物料单开始,系统会根据单层结构中母件与子件的相互关系,自动逐层地把所有相关的单层结构串起来,形成一个完整的产品结构。

产品结构层次的多少随产品的不同而不同,层次越多,管理和计划就越复杂。例如,在汽车制造企业,如果制造汽车所需的所有零部件都自制,产品结构的层次就会很多,而且很复杂;如果所需的零部件都是外购外协,汽车企业只是负责总装,则产品结构就相对简单,是一种"扁平的结构"。如果企业生产的众多产品是由一定数量的"单层结构"配置而成,即用少量的标准"单层结构"组成性能多样的产品或产品系列,则属于产品的标准化和系列的情况。

通过系统提供的"反查"物料清单的功能,可以查询每一个物料用在哪些"单层结构"上,每一个单层结构又是用在哪些产品上。如果有许多产品都使用相同的单层结构,说明产品零部件设计的通用性很好。因此,物料清单对产品设计的标准化和系列化工作,能够提供有用的信息。

二、物料清单的种类

在 MRPⅡ 系统中,有多种类型的物料清单(BOM),分别以不同格式表示,以满足不同部门的需要。常用的有以下几种:

(一)单级 BOM

单级 BOM 表达了产品结构的某一层,显示某一装配件所使用的下层零部件的信息。它可以反映的信息包括:作为母件的零部件信息、每一零部件的标识符、每个零部件的简单描述、生产每个母件所需的各种零件数量、储存和发放零部件的计量单位等。

图 9-15 是某绞车的部分产品结构树,其单级 BOM 如表 9-13 所示。其中,

母件为产品绞车,子件为滑轮组件等 7 个零部件。

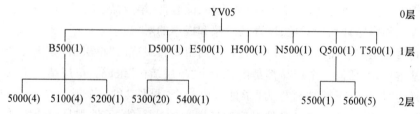

图 9-15 绞车 YV05 的产品结构树

表 9-13 绞车 YV05 的单级物料清单

Z绞车公司物料清单			
零件号:YV05	零件名称:绞车		
零件号	说明	单台数量	计量单位
B500	滑车组件	1	件
D500	钢丝绳吊钩	1	件
E500	轮毂	1	件
H500	齿轮箱	1	件
N500	5马力电机	1	件
Q500	悬挂控制盒	1	件
T500	传动轴	1	件

(二) 多级 BOM

多级 BOM 可以看成是一串单级 BOM 按照产品装配关系相互连接起来的一种 BOM,它可以完整地反映产品结构的层次关系。它反映了层次码、零件编号、零件名、计量单位、数量、来源(自制、外购、外协)等信息,一般按缩排的方式表示,表 9-14 是绞车 YV05 的多级 BOM。

(三) 汇总 BOM

汇总 BOM 将产品各个层次上相同的物料汇总,列出产品的全部零件清单,反映的是一个最终产品所需的各种零件总数,而不是每个上层物料所需的零件数。汇总 BOM 表主要用于采购部分,因为汇总展开的清单有助于确定合适的采购量,表 9-15 是绞车 YV05 的汇总 BOM 表。

表 9-14 绞车 YV05 的多级 BOM

\multicolumn{8}{c}{Z 绞车公司物料清单}
零件号:YV05		零件名称:绞车				层次:0	
层次码	零件号	说明	装配数量	计量单位	来源		
1	B500	滑车组件	1	件	自制		
2	5000	轴	4	个	自制		
2	5100	轮	4	个	自制		
2	5200	滑架车	1	个	外购		
1	D500	钢丝绳吊钩	1	件	自制		
2	5300	钢丝绳	20	米	外购		
2	5400	吊钩	1	个	自制		
1	E500	轮毂	1	件	自制		
1	H500	齿轮箱	1	件	自制		
1	N500	5马力电机	1	件	外购		
1	Q500	悬挂控制盒	1	件	自制		
2	5500	悬饰组件	1	件	自制		
2	5600	电线	5	米	外购		
1	T500	传动轴	1	件	自制		

表 9-15 绞车 YV05 的汇总 BOM

Z 绞车公司物料清单			
零件号:YV05	零件名称:绞车		层次:0
零件号	说明	需要数量	计量单位
B500	滑车组件	1	件
D500	钢丝绳吊钩	1	件
E500	轮毂	1	件
H500	齿轮箱	1	件
N500	5马力电机	1	件
Q500	悬挂控制盒	1	件
T500	传动轴	1	件
5000	轴	4	个
5100	轮	4	个
5200	滑架车	1	个
5300	钢丝绳	20	米
5400	吊钩	1	个
5500	悬饰组件	1	件
5600	电线	5	米

(四) 单级反查与多级反查物料单

单级反查表向上扫描一级产品结构,列出了直接使用一个零部件的每一个上层物料。它常常用于确定一个装配件发生变化时,哪些物料会受到影响。计划员可以使用单级反查表来辨识由于某一零部件推迟交货或损坏而受影响的装配件,表 9-16 是一个单级反查表。

表 9-16 零件 5400 的单级反查表

Z 绞车公司物料单级反查表			
零件号:5400	零件名称:吊钩	计量单位:个	层次:2
上层零件号	说明	每个装配件需要数量	计量单位	层次
D500	钢丝绳吊钩	1	件	1

多级反查表自下而上扫描产品结构的每一层直至顶层的最终产品,它列出了某一零部件在所有高层物料中的使用情况,表 9-17 是一个多级反查表。

表 9-17 零件 5100 的多级反查表

Z 绞车公司物料多级反查表				
零件号:5100	零件名称:轮		计量单位:个	层次:2
层次	上层零件号	说明	每个装配件需要数量	计量单位
1	B500	滑车组件	4	件
0	YV05	绞车	1	台

(五) 计划物料清单

计划物料清单是一种单层物料清单,上层一般是一个假定产品(如产品系列或者由选装件组成的产品总称),下层则是具体的产品或模块(通用件)。计划物料清单的一种作用是将对某一产品系列的销售预测按比例分解为具体产品的需求量;另一种作用是当产品存在通用件时,根据产品的销售预测,按一定比例计算出各个通用件(模块)的需求量,从而为编制主生产计划提供依据。

例如,假定某一产品系列包括三种产品(产品 A、B 和 C),根据历史销售记录,三种产品的销售量分别占 20%、50% 和 30%。如果该系列产品的需求量预计为 500 台,则利用计划物料清单,很容易计算出三种产品的需求量为产品 A 100 台、产品 B 250 台和产品 C 150 台,如图 9-16 所示。

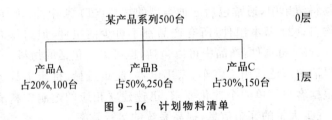

图 9-16 计划物料清单

(六)成本物料清单

成本物料清单是一种用于说明每种物料成本构成的物料清单,包括物料的材料费、人工费和间接费用(制造费用),这些是物料的标准成本。成本物料清单是物料和资金信息集成的桥梁。

(七)模块化物料清单

在实际应用中,由于需求多样化,使变型产品数急剧增加,产品规格多样。变型产品往往是集中标准模块的不同组合,可以选择装配,如图 9-17 所示。

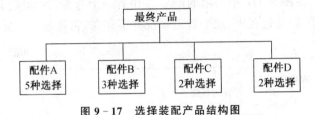

图 9-17 选择装配产品结构图

以轿车为例,如车身有 2 个门和 4 个门两种规格选择,发动机有 3 种选择,空调有 3 种选择,轮胎有 4 种选择,变速箱有 3 种选择,颜色有 10 种选择,则有 $2 \times 3 \times 3 \times 4 \times 3 \times 10 = 2160$(种)变型产品。如果要为每一个最终产品建立一个独立的 BOM,则有 2160 种产品的 BOM,而每个 BOM 中的绝大部分内容是重复的,这将占用大量的存储空间,而且也是不合理的。同时,若以变型产品为最终产品项编制产品出产计划,则产品出产计划也将大大复杂化,而且很难预测每种变型产品的需求量。

因此,为了处理大量的变型产品,常常以模块(即最终产品的子件)代替变型产品,建立模块物料清单(Modular Bill of Materials),以模块为对象编制产品出产计划,以模块的总需求量来推算零部件的需求量,这样可使产品结构文件大大减少。比如本例,仅有 $2+3+3+4+3+10 = 25$(种)模块物料清单。只需将模块作适当组合,就可在较短时间内为顾客提供所需的特定产品。而实际上,模块化物料清单也是一种物料清单。在需求量预测方面,按这种处理办法,只对产品系列进行预测,再根据过去客户的订货情况来预测模块的需求概率,从而求得模块的需求量。

在模块物料清单中,通常包括三种类型的物料:(1)通用件:所有产品都必须用到的相同物料;(2)基本组件:所有产品都不可少的组件,但组件有多种选择,必须任选其一;(3)可选件:产品中可以包括,也可以不包括的物料。

模块物料清单广泛适用于汽车、家用电器、起重机械、机床工具等制造业中,利用它可以根据客户订单的个性化要求,迅速建立相应的定制物料清单,编制物料需求计划,减少大量的冗余信息,提高系统的运行效率。

(八) 虚拟 BOM

在构造 BOM 时,为了实际需要,常常要在 BOM 中设置一些物理上并不存在的项目,通常称之为"虚拟件",含有虚拟件的 BOM 表即为虚拟 BOM。通常会在下列情况中使用虚拟件:

(1) BOM 中零件、部件的层次关系一定要反映实际装配过程。有时存在这样的情况,在图纸上有某种部件图,但在实际装配过程中,并不一定把某些零件装配成这个部件,这个部件实际是不存在的。为此,需要设置虚拟件,这个部件即为虚拟件。例如,在图 9-18 中所示的产品 X 中有一个弯头、管和阀门组成的"管道系统",但在实际制造过程中,这个管道系统并不存在,它就是一个虚拟件。

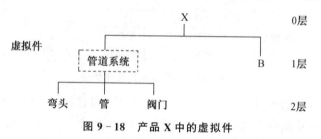

图 9-18 产品 X 中的虚拟件

(2) 在模块化 BOM 中,把相关的零部件归成一个模块,制定一个人为的零件号作为虚拟件。

(3) 在制造产品时,要使用一大批松散的小零件,如螺母、螺钉以及紧固件等,对这些零件一般不必逐项定义,而是把它们归在一起,用一个人为的零件号来表示,这样的零件号也是虚拟件。

(4) 将在产品结构中不同地方出现的一组规格和数量完全相同的物料定义为一个虚拟件,以简化产品结构管理。

三、物料清单的作用

物料清单(BOM)是 MRP Ⅱ 系统中使用最广泛的基础数据,其用途包括:计算机识别物料的依据,编制计划的依据,配套和领料的依据,依据它进行加工过程的跟踪,是采购和外协的依据,根据它进行成本的计算,根据它计算累计提前期,可以作为报价的依据,进行物料追溯等。可以看出,这些业务涉及销售、计划、生产、供应、物料、成本、设计、工艺等部门,各个部门都从 BOM 中获取特定的数据,用于不同的目的。

(1) 设计部门既是 BOM 的设计者,又是 BOM 的使用者。当产品结构发生改变时,或对某个零部件进行重新设计时,都要从 BOM 中获取所有零部件的信息及其相互间的结构信息,只有得到这些信息,才能对其快速进行定义、描述或修改。

(2) 工艺部门根据 BOM 信息建立各零件的制造工艺和装配件的装配工艺,并确定加工制造过程中应使用的工装、模具等。

(3) 生产部门使用 BOM 来决定零部件或最终产品的制造方法,决定领取的物料清单。

(4) 产品成本核算部门利用 BOM 中每个自制件或外购件的当前成本来确定最终产品的成本。

(5) BOM 也是 MRP 的主要输入信息之一,MRP 利用 BOM 决定生产主生产计划项目时,需要哪些自制件和外购件,需要多少,何时需要。

四、物料清单的构造与维护

物料清单(BOM)是系统中最重要的基础数据,其构造的好坏,直接影响系统的处理性能和使用效果。BOM 表涉及面广,影响面大,对其准确性要求也高。因此,正确构造、使用与维护 BOM 是十分重要的工作,必须引起足够的重视,建立物料清单要由既熟悉设计又熟悉生产工艺、计划的专门人员来做,一般由设计、工艺、生产、计划等部门组成专门的 BOM 小组来负责建立与维护。

要构造 BOM,首先必须对所有物料进行分类和编码,建立物料主文件。每一个物料必须有一个唯一的编码。对同一个物料,不管它出现在哪些产品中,都必须保持具有相同的编码,而对不同的物料,不管差别有多小,也必须使用不同的编码。只有出现在物料主文件中的物料,才能用来构造物料清单。

然后,要分析哪些物料应包括在物料清单内。一般来说,凡是需要列入计划、控制库存、计算成本的物料都应当包括在物料清单内。在实际应用中,有时为了强化某些工装、模具的准备工作,可以将这些工具构造在 BOM 表中,以便将一些重要的生产准备工作纳入到计划中去。

整个产品的物料清单是由多个单级物料清单组成的,只要建好了所有单级物料清单,产品物料清单就会由计算机系统自动生成。因此,要录入一个个单级物料清单。在建立时,先定义母件,然后依次录入母件所属的全部子件。

在 MRP Ⅱ 系统中,一般都提供了方便的 BOM 录入和维护功能,可以增加或修改 BOM;类似的产品结构可以复制 BOM 的部分内容,而不必全部重新生成;可以单独查找某个物料信息,输入产品编号查询 BOM 等。

在使用 BOM 的过程中，维护 BOM 的正确性同样十分重要。一个不正确的 BOM 可能给生产经营带来很大的影响，例如：一些项目被 BOM 所遗漏，造成零件短缺；BOM 中列入了一些不必要的项目，导致零部件过多储存；订单不能按期交货；计划缺乏可信性；不正确的产品成本等。因此，应指定专人负责维护 BOM，经常检查 BOM 中的项目数量及其生效日期，通知要进行的工程变更等。

所谓 BOM 的工程变更是指对 BOM 中的物料项目结构、种类和数量的改变。导致工程变更的原因可能是：产品设计的修改、工艺上的变更、生产设备或制造场所的变化、客户需求的变化、错误纠正等。MRPⅡ系统中常用的工程变更方法有以下几种：

(1) 直接在 BOM 中替换、增加或删除物料项目或修改其数量。修改后原来的 BOM 立即会被新的 BOM 所替代，整个系统将使用新的 BOM。

(2) 有条件地设定变更生效时间。如当某种物料库存储备被消耗时，将用新的物料替代。

(3) 设定生效和失效日期。对于需要进行批控制的制造企业如流程企业，物料和配方及工艺都有一个生效或失效日期，可以根据这些日期参数触发工程变更。

(4) 一次性替换或控制。当客户对产品、工艺或原材料有特殊要求时，可以针对某一特定订单进行工程变更。变更后生成一个临时 BOM，而不改变原来的主控 BOM。有的企业的产品要针对不同的客户进行修改，其主控 BOM 只有指导意义，等到具体订单落实后再进行 BOM 的变更并展开其 MRP。

第五节 能力需求计划

能力需求计划(Capacity Requirements Planning，CRP)是对物料需求计划所需能力进行核算的一种计划管理方法。在 MRPⅡ系统中，能力需求计划系统根据系统提供的基础数据，把所有物料项目的计划订单换算成相应的对各种资源的需求量，产生能力需求数据和比较报表提供给计划人员，让计划人员人工判断 MRP 计划的可行性，并采取措施人工调整 MRP 计划订单，使 MRP 计划符合企业生产能力的实际情况，以保证计划的可行性。所以，在 MRPⅡ系统中，能力需求计划只是一种由计划人员使用的计算工具，计划的可行性仍然需要依靠计划人员的技巧、经验和责任心来保证。

一、工作中心及其能力

(一) 工作中心

与对物料的管理相同，MRPⅡ系统对能力的管理也需要对企业生产过程中的能力进行逻辑上的抽象：一方面，对所有的能力单元，如人力、设备、面积等，抽象成统一的能力单元，称为"工作中心"；另一方面，对主要的工作中心，统一用可用工时来量化其能力大小。

1. 工作中心

工作中心是各种生产或加工能力单元和成本单元的统称，它可以是一台功能独特的设备、一组功能相同的设备、一条生产线、成组生产中的成组单元、由若干工人组成的班组、一块装配面积、甚至可以是生产单一产品的封闭车间。对外协工序来讲，对应的工作中心则是一个厂外协作单位的代号。

2. 工作中心与成本中心

由于工件经过每一个工作中心时都要发生费用，产生成本，所以工作中心与成本中心有一定的联系。在多数 MRP Ⅱ 系统中，都将工作中心作为成本核算的最小单位。

3. 工作中心的作用

工作中心是平衡负荷和能力的基本单元，是车间分配作业任务和安排详细进度计划的基本单元，是车间作业计划完成情况的数据采集点，是计算加工成本的基本单元。

（二）工作中心能力的定义

工作中心能力＝可用机器数或人数×每日工作班次×每班可用的工作小时×工作中心平均效率×工作中心利用率

其中，可用机器数或人数是指对能力起限制作用的机器数或人数，计算出来的工作中心能力是定额能力。

工作中心利用率＝实际投入工时/计划工时

工作中心效率＝完成定额工时/实际投入的工时

完成定额工时＝生产的产品数量×按工艺路线计算的定额工时

实际投入的工时是指实际用在该产品上的工时，计划工时则包括预防性维修、机器损坏、材料短缺、工作缺勤及其他工作时间。

比如，一个企业的某个工作中心由 8 名工人操作 8 台机床，每班工作 8 小时，每天 1 班，每星期工作 5 天，利用率为 85％，效率为 90％，则 1 周的定额能力为：

周能力＝8×1×8×5×85％×90％＝244.8（工时）

二、编制能力需求计划所需的数据

（一）已下达车间订单

已下达车间订单是指已确认或已下达车间的订单，它占用了一部分能力，其能力平衡在前一阶段已经完成，所以在编制能力需求计划时必须从工作中心的定额能力中扣除。由此可计算出工作中心可用能力：

工作中心可用能力＝工作中心定额能力－

已下达车间或已确认计划订单对现有能力的占用

（二）MRP 计划订单

计划订单是 MRP 输出的尚未确认或释放的订单，它将占有工作中心的能力。

（三）工艺路线文件

工艺路线(Routing)也称工艺流程或加工路线，工艺路线文件是描述某一项目加工方法及加工次序的文件。与传统的工艺过程卡不同，MRPⅡ系统中的工艺路线文件不是一个纯技术文件，而是一个主要用于计划编制的管理文件。所以，其中并不详细说明加工作业的各项具体技术条件和操作要求，而主要说明的是实际加工和装配的工序顺序，信息包括：加工工序描述、工序顺序、每道工序使用的工作中心、定额时间(准备时间和加工时间)、外协工序的时间和费用、主要的工具或工艺装配、可替换工序、可替换工作中心等。一般而言，工艺路线文件由工序组成，而每个工序都对应一个工作中心。所以，工艺路线的编制是在工作中心确定后进行。

工艺路线的作用主要表现在：(1) 提供能力计划的计算依据。工序消耗工作中心的能力，系统根据工艺路线文件中工序所占用工作中心的定额小时、工序开始和完工日期，计算各个时段工作中心的负荷。(2) 计划排程的计算依据。(3) 提供计算加工成本的标准工时数据。(4) 跟踪在制品。

由于工艺路线的重要作用，MRPⅡ系统对工艺路线的准确性要求很高。在实际生产中，如何保证工时定额数据的准确性，是 MRPⅡ系统实施过程中的一个难点。一般要求工艺路线的建立和变更要经过严格的程序。

对一个加工件，可设定若干种工艺路线，以便在负荷与能力发生矛盾时替代主要工艺路线。

（四）车间日历

车间日历是用于编制计划的特殊形式的日历，它与社会日历具有一一对应关系，它排除了休息日、节假日、设备检修日等非工作日期，表 9-18 是一个车间日历。

（五）工作中心文件

工作中心文件包含有计算工作中心能力所需的信息。

表 9-18 车间日历

三月						
日	一	二	三	四	五	六
		1	2	3 001	4 002	5
6	7 003	8 004	9 005	10 006	11 007	12
13	14 008	15 009	16 010	17 011	18 012	19
20	21 013	22 014	23 015	24 016	25 017	26
27	28 018	29 019	30 020	31 021		

三、能力需求计划的编制

编制能力需求计划过程就是把物料需求计划订单换算成能力需求数量,即根据物料需求计划和工艺路线文件,求出生产这些物料在各个时段要占用某一工作中心的负荷小时数,再与工作中心的能力进行比较,生成能力需求报表。其处理逻辑如图 9-19 所示。

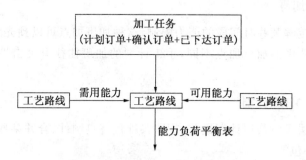

图 9-19 能力需求计划编制过程

实际上,能力需求计划的编制就是要回答下列问题:
(1) 生产什么?何时生产?
(2) 占用什么工作中心?何时占用?负荷小时是多少?
(3) 工作中心可用能力是多少?
(4) 能力需求情况如何?

(5) 计算需求情况如何？

计算结果通常用直方图和报表的形式输出，如图 9-20 所示。

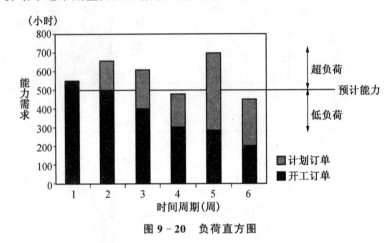

图 9-20 负荷直方图

四、能力需求计划的分析

编制能力需求计划的目的在于比较工作中心的负荷和现有能力，以便发现问题，及早解决，保证生产计划的可行性。

如果工作中心的能力和负荷不平衡，就要在分析原因的基础上，采取措施，进行能力与负荷的平衡。MRP II 系统并不能进行能力负荷的自动平衡，这种调整必须由计划人员人工完成，主要的调整方式包括以下几个方面：

(一) 安排加班

加班可以缓解某些时间段的能力限制，这种加班加点可以预先计划安排。这与手工计划方式中的加班加点不同，手工计划的加班往往有突击性质，多是临时加班。

(二) 调整 MRP 计划

常用的做法是将某项计划提前、用购买件代替自制件、合并某些订单、修改订单数据、合同外包等。

(三) 调整工作中心能力

改善工作中心的利用率和效率、采用替代工艺路线、外协加工、增添设备、重新分配劳动力等。

经过反复运算调整，超负荷问题仍然无法解决时，就需要修正主生产计划。只有能力与负荷达到平衡后，MRP 的计划订单才能确认并下达计划给执行层。

第六节 从 MRP Ⅱ 到 ERP 的发展

整个 20 世纪 80 年代，MRP Ⅱ 在世界范围内得到广泛应用，应用企业逐渐从原来的加工装配式企业向流程式企业扩展，MRP Ⅱ 本身在技术和功能上都有了很大的发展。于是，在 1990 年初，美国著名的信息技术分析公司 Garter Group 根据当时信息技术的发展情况和供应链管理的需要，对制造业管理信息系统的发展趋势作了预测，并发表了以"ERP: A Vision of Next-Generation MRP Ⅱ"为题的研究报告，在其中首次提出了企业资源计划（Enterprise Resources Planning, ERP）的概念。按照 Garter Group 的设想，ERP 应当能适应加工装配式、流程式生产、分销配送等多种环境，既要实现企业内部销售、生产、采购、财务等职能的信息集成，也要实现供应链上合作伙伴之间的信息集成。

一般认为，ERP 是在 MRP Ⅱ 基础上发展起来，它以供应链管理思想为基础，以先进计算机及网络通信技术为运行平台，能将供应链合作伙伴之间的物流、资金流、信息流进行全面集成的管理信息系统。其基本思想是：将企业供应链上的各项业务流程，如订货、计划、采购、库存、制造、质量控制、运输、分销、服务、财务、设备维护、人事等全面优化与集成，使企业与供应商、客户能够真正集成起来，进而通过客户需求信息来拉动企业的决策和管理。可见，ERP 并不是全新的东西，而是 MRP Ⅱ 进一步发展的产物，原 MRP Ⅱ 的内容仍然是 ERP 的核心内容。

ERP 是现代企业大型集成化管理信息系统的典型代表，它除了充分体现先进信息计划的综合运用、充分实现信息资源的共享和企业资源的集成外，更重要的是能充分体现现代管理思想与方法的综合运用。企业可以通过成功实施成熟的 ERP 软件包来吸引行业的最佳实践和优秀业务流程，以改善企业绩效和增强企业竞争能力。然而，ERP 的实施是复杂的，涉及公司组织结构、业务流程乃至管理模式，涉及企业的方方面面，将对公司员工的观念产生冲击，这使得实施 ERP 是一项复杂、艰巨、耗资巨大的工程，其成功实施必须树立正确的应用理念，要有良好的方法论做指导。

可以肯定的是，ERP 并没有停止其发展步伐，随着现代信息技术和管理技术的发展，ERP 也将不断发展。

思考与练习题

一、单项选择题

1. MRPⅡ的中文含义是指(　　)。
   A. 物料需求计划　　　　　　　B. 制造资源计划
   C. 企业资源计划　　　　　　　D. 准时化生产

2. 汽车制造厂对轮胎的需求属于(　　)。
   A. 相关需求　　B. 非相关需求　　C. 一次性需求　　D. 独立需求

3. 下述哪项方法将产品出产计划中的具体产品的需求转化为构成产品的零部件和原材料的需求？(　　)
   A. 粗略能力计划　　　　　　　B. 物料需求计划
   C. 能力需求计划　　　　　　　D. 库存计划

4. MRP中的BOM是指(　　)。
   A. 物料清单　　　　　　　　　B. 加工工艺数据
   C. 生产能力资源数据　　　　　D. 工厂日历

5. 独立需求是指那些具有不确定性、企业自身(　　)。
   A. 迫切需要的需求　　　　　　B. 不能控制的需求
   C. 可以控制的需求　　　　　　D. 有待明确的需求

6. MRP的含义是(　　)。
   A. 及时化生产　　　　　　　　B. 物料需求计划
   C. 制造资源计划　　　　　　　D. 企业资源计划

7. 是否考虑生产活动与财务活动的联系是(　　)的主要区别。
   A. 开环MRP和闭环MRP　　　　B. 闭环MRP和MRPⅡ
   C. MRPⅡ与ERP　　　　　　　 D. 敏捷制造与传统制造模式

8. MRP发展历程所经历的几个阶段是(　　)。
   A. MRP—MRPⅡ—闭环MRP—ERP
   B. MRP—ERP—闭环MRP—MRPⅡ
   C. MRP—闭环MRP—MRPⅡ—ERP
   D. MRP—闭环MRP—ERP—MRPⅡ

二、多项选择题

1. MRP系统的三项主要输入是(　　)。
   A. 主生产计划　　B. 库存记录　　C. 物料清单　　D. 能力需求计划

2. 下列搭配正确的是(　　)。
   A. 主生产计划 MPS　　　　　　B. 制造资源计划 MRPⅡ
   C. 业务流程重组 MRP　　　　　D. 物料需求计划 BPR

E. 企业资源计划 ERP

三、判断题

MRP 对产品结构树进行自底向上的分析,按产品结构层次向上累计需求。
（　　）

四、简答与论述题

请分析 MRP 的工作原理,画出其系统结构图,并对 MRP 系统中的输入要素进行简要分析。

五、计算题

1. 根据某公司 6、7 两个月的用户订货和需求预测的情况(表 9-19),制定主生产计划(已知期初库存为 140 件,生产批量为 130 件),简要说明步骤。

表 9-19　主生产计划表

时间	6月				7月			
	1	2	3	4	5	6	7	8
需求预测	66	62	58	63	60	60	60	60
用户订货	66	53	38	26	23			
现有库存量								
MPS								
ATP								

2. 假设某产品 A 的主生产计划和产品结构如表 9-20 和图 9-21 所示。

表 9-20　产品 A 的主生产计划表

时间段(周)	1	2	3	4	5	6	7
总需求量	25	10		50			20

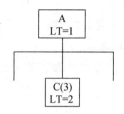

图 9-21　产品结构图

已知 A、C 的现有库存为 15、20；在第 1 时间段的预计到货量 A＝15,C＝25。请根据上述数据计算：

(1) 产品 A 和零件 C 分别下达多少数量的订单?

(2) 最迟何时下达这些订单?

(要求将上述数据和运算结果填入表 9-21 中。)

表 9-21 MRP 运算表

产品项目	提前期	时间段(周)	1	2	3	4	5	6	7
A	1周	总需求量							
		预计到货量							
		现有数							
		净需求量							
		计划发出订货量							
C	2周	总需求量							
		预计到货量							
		现有数							
		净需求量							
		计划发出订货量							

3. 产品 W 由 2 单位 X 和 3 单位 Y 组装而成,X 由 1 单位 A 和 2 单位 B 组装而成,Y 由 2 单位 A 和 4 单位 C 组装而成。W 的提前期为 1 周,X 的提前期为 2 周,Y 的提前期为 3 周,A 的提前期为 2 周,B 的提前期为 1 周,C 的提前期为 3 周。

(1) 画出物料清单(产品结构树)。

(2) 如果第 10 周需要 100 单位 W,制订一个进度计划表,指出每种物料应该何时订购,订购多少(假设开始时所有物料库存均为零)。

4. 产品 M 由 2 单位 N 和 3 单位 P 制成,N 由 2 单位 R 和 4 单位 S 制成,R 由 1 单位 S 和 3 单位 T 制成,P 由 2 单位 T 和 4 单位 U 制成。

(1) 画出物料清单(产品结构树)。

(2) 如果 M 需求量为 100 单位,其所需零部件各需要多少单位?

(3) 画出单层与缩排式物料清单。

5. 某产品的产品结构树和相关信息如图 9-22 所示,请完成部件 A、B 和 C 的 MRP 记录。

图 9-22 产品结构树

表 9-22 MRP 记录表

物料		周					
		1	2	3	4	5	6
A 提前期＝1周 现有库存＝21 安全库存＝0 订货批量＝20	毛需求 预计入库量 预计可用库存 净需求 计划订单入库 计划订单发出						
B 提前期＝2周 提前期库存＝20 安全库存＝0 订货批量＝40	毛需求 预计入库量 预计可用库存 净需求 计划订单入库 计划订单发出						
C 提前期＝1周 现有库存＝70 安全库存＝0 订货批量＝直接批量	毛需求 预计入库量 预计可用库存 净需求 计划订单入库 计划订单发出						

第十章 新型生产方式

本章内容要点

精益生产

敏捷制造

大规模定制

约束理论

第一节 精益生产

一、精益生产的概念及起源

伴随着世界经济的发展,市场环境在 20 世纪 80 年代已经发生了重大的变化。一方面,资源价格继续飞涨,另一方面,消费者行为更具有选择性,市场需求日趋多样化和个性化。特别是在石油危机的背景下,日本企业不但没有遭受影响,而且其竞争力还在汽车以及其他许多行业都超过了美国,这使得日本的丰田生产方式日益受到美国以及世界其他国家的关注。

于是,以美国麻省理工学院教授为首、由日美欧各国 50 多位专家组成了国际汽车项目(International Motor Vehicle Program,IMVP),历时 5 年,耗资 500 万美元,对全世界 15 个国家的 90 个汽车制造厂进行了全面的调查,以此对丰田生产方式进行了详尽的实证考察和理论研究,提出了"精益生产"的理论。该项目的三名主要负责人 James P. Womack,D. T. Jones 和 D. Roos 在 1990 年出版了颇具影响的《改变世界的机器》(*The Machine That Changed the World*),在书中,他们对精益生产进行了详细和全面的描述,指出精益生产是一种"人类制造产品的非常优越的方式",能够广泛适用于世界各个国家的各种制造企业,将成为未来制造业的标准运营方式。

二、精益生产的内容体系

精益生产的基本含义是通过建立简单顺畅的没有浪费的生产(或工作)流程和持续改进的机制,实现向顾客提供及时、高品质、低成本的产品和服务的生产管理方式。丰田公司的经营理念主要依靠丰田生产方式的两大支柱——准时化和"自动化"来得以实现。

(一)准时化生产

所谓准时化生产(Just In Time,JIT),即"在需要的时候,按需要的数量生产所需要的产品"。这是"Just In Time"最初所表达的含义。只在市场需要的时候生产市场所需要的产品,避免了错误生产所造成的库存及其一系列浪费。通常,人们对误期生产的危害性有正确的认识,但错误地认为提前生产就是好事情。其实,提前生产也会造成库存积压,同样是严重的浪费。所以,误期生产和提前生产都不是准时生产,都必须杜绝,对此一定要有正确的认识。

准时化生产作为一种生产管理技术,是各种思想和方法的集合,并且这些思想和方法都是从各个方面来实现其基本目标的。因此准时化生产具有一种反映其目标——方法关系的体系。在这个体系中,包括准时化生产的基本目标以及实现这些目标的多种方法,也包括这些目标与各种方法之间的相互内在联系。这一构造体系如图10-1所示。

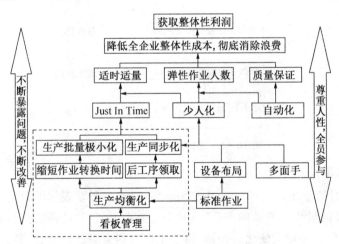

图 10-1 准时化生产的构造体系

1. 目标和目标体系

准时化生产的总体目标就是要实现全企业整体性的利润。这种"整体性的利润"要求站在全企业的角度,把各部门对提高全企业总体经营成绩的贡献作为评价对象。即使各部门都在各自的小范围内实现生产合理化、降低成本、提高生产率,但最终不能增加全企业的利润的话,准时化生产方式也是毫无意义的。准时化生产方式的这个总体目标体现了系统科学理论的基本思想,即"系统功能总体最优"的思想。

为了实现增加"全企业整体性的利润"这个总体目标,"在全企业范围内彻底降低成本"就成为准时化生产方式的最基本目标。要实现这个基本目标,无疑要彻底消除各种不合理的成分,彻底杜绝以库存过量和人员过剩为主要根源的种种浪费。

为了实现"在全企业范围内彻底降低成本"这一基本目标,必须同时实现以下三个子目标:

(1) 数量目标(准时生产)——要确保及时地生产出在数量和品种方面都能满足市场需求的产品,并能够对市场需求的变化作出迅速的反应,不过量生产。

(2) 质量目标(确保质量)——要确保每一道工序都向下道工序提供质量百分之百合格的产品(或零部件),不生产次品。

(3) 尊重人性目标——生产过程中的一切活动都离不开人的参与。人力资源是企业一切资源中的最重要、最宝贵的资源。要提高生产率,必须调动企业所有人员的积极性,必须培养对人性的尊重,并把对人性的尊重贯穿企业生产经营过程的始终。

这些目标构成了一个完整的目标体系,它们之间存在着内在的、必然的联系,如图10-2所示。

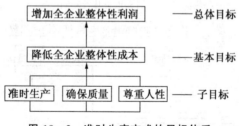

图10-2 准时生产方式的目标体系

2. 基本手段

(1) 适时适量生产。即"Just In Time"一词本来所要表达的含义,"在需要的时候,按需要的量生产所需的产品"。对于企业来说,各种产品的产量必须能够灵活地适应市场需要量的变化。否则,由于生产过剩会引起人员、设备、库存费用等一系列的浪费。而避免这些浪费的手段,就是实施适时适量生产,只在市场需要的时候生产市场需要的产品。

(2) 弹性配置作业人数。在劳动费用越来越高的今天,降低劳动费用是降低成本的一个重要方面。达到这一目的的方法是"少人化"。所谓少人化,是指根据生产量的变动,弹性地增减各生产线的作业人数,以及尽量用较少的人力完成较多的生产。这里的关键在于能否将生产量减少了的生产线上的作业人员数减下来。这种"少人化"技术一反历来的生产系统中的"定员制",是一种全新人员配置方法。实现这种少人化的具体方法是实施独特的设备布置,以便能够将需求减少时,将作业所减少的工时集中起来,以整顿削减人员。但这从作业人员的角度来看,意味着标准作业中的作业内容、范围、作业组合以及作业顺序等的一系列变更。因此为了适应这种变更,作业人员必须是具有多种技能的"多面手"。

(3) 质量保证。历来认为,质量与成本之间是一种负相关关系,即要提高质量,就得花人力、物力来加以保证。但在 JIT 生产方式中,却一反这一常识,通过将质量管理贯穿于每一工序之中来实现提高质量与降低成本的一致性,具体方法是"自动化"。这里所讲的自动化是指融入生产组织中的这样两种机制:第一,使设备或生产线能够自动检测不良产品,一旦发现异常或不良产品可以自动停止设备运行的机制。为此在设备上开发、安装了各种自动停止装置和加工状态检测装置。第二,生产第一线的设备操作工人发现产品或设备的问题时,有权自行停止生产的管理机制。依靠这样的机制,不良产品一出现马上就会被发现,防止了不良产品的重复出现或累积出现,从而避免了由此可能造成的大量浪费。而且,由于一旦发生异常,生产线或设备就立即停止运行,比较容易找到发生异常的原因,从而能够有针对性地采取措施,防止类似异常情况的再发生,杜绝类似不良产品的再产生。这里值得一提的是,通常的质量管理方法是在最后一道工序对产品进行检验,尽量不让生产线或加工中途停止。但在 JIT 生产方式中却认为这恰恰是使不良产品大量或重复出现的"元凶"。因为发现问题后不立即停止生产的话,问题得不到暴露,以后难免还会出现类似的问题,同时还会出现"缺陷"的叠加现象,增加最后检验的难度。而一旦发现问题就会使其停止,并立即对其进行分析、改善,久而久之,生产中存在的问题就会越来越少,企业的生产素质就会逐渐增强。

3. 实现适时适量生产的具体做法

(1) 生产同步化

为了实现适时适量生产,首先需要致力于生产的同步化。即工序间不设置仓库,前一工序的加工结束后,使其立即转到下一工序去,装配线与机加工几乎平行进行。产品被一件一件连续地生产出来。在铸造、锻造、冲压等必须成批生产的工序,则通过尽量缩短作业更换时间来尽量缩小生产批量。

生产的同步化通过"后工序领取"这样的方法来实现。即"后工序只在需要的时候到前工序领取所需的加工品;前工序只按照被领取走的数量和品种进行生产"。这样,制造工序的最后一道,即总装配线成为生产的出发点,生产计划只下达给总装配线,以装配为起点,在需要的时候,向前工序领取必要的工件,而前工序提供该工件后,为了补充生产被领取走的量,必然会向更前一道工序去领取所需的零部件。这样一层一层向前工序领取,直至粗加工以及原材料部门,把各个工序都连接起来。实现同步化生产。

这样的同步化生产还需要通过采取相应的设备配置方法和人员配置方法来实现。即与通常机械工厂中所采用的按照车、铣、刨等工艺对象专业化的生产组织形式不同,采取产品对象专业化的组织形式,按照工件加工顺序来布置设备。这样也带来人员配置上的不同做法。

(2) 生产均衡化

生产均衡化是实现适时适量生产的前提条件。所谓生产均衡化,是指总装配线在向前工序领取零部件时,应均衡地使用各种零部件,混合生产各种产品。为此在制订生产计划时就必须加以考虑,然后将其体现于产品投产顺序计划之中。在制造阶段,均衡化通过专用设备通用化和制定标准作业来实现。所谓专业设备通用化,是指通过在专用设备上增加一些工夹具等方法,使之能够加工多种不同的产品。标准作业是指将作业节拍内一个作业人员所应承担的一系列作业内容标准化。

(3) 实现适时适量生产的管理工具——看板

在实现适时适量生产中具有极为重要意义的是作为其管理工具的看板。看板管理也可以说是 JIT 生产方式中最独特的部分,因此也有人将 JIT 生产方式称为"看板方式"。但是严格地讲,这种概念是不正确的。因为如前所述,JIT 生产方式的本质,是一种生产管理技术,而看板只不过是一种管理工具。

看板的主要机能是传递生产和运送的指令。在 JIT 生产方式中,生产的月度计划是集中制订的,同时传达到各个工厂以及协作企业,而与此相对应的日生产指令只下达到最后一道工序或总装配线,对其他工序的生产指令均通过看板来实现。即后工序"在需要的时候"用看板向前工序去领取"所需的量"时,同时就向前工序发出了生产指令。由于生产是不可能完全按照计划进行的,日生产量的不均衡以及日生产计划的修改都通过看板来进行微调。看板就相当于工序之间、部门之间以及物流之间的联络神经而发挥着作用。

看板除了以上的生产管理功能以外,还有一大功能,即改善功能。通过看板,可以发现生产中存在的问题,使其暴露,从而立即采取改善对策。

4. JIT 与传统生产方式的比较

JIT 生产方式与传统生产方式的比较结果如表 10-1 所示。

表 10-1　JIT 生产方式与传统生产方式的不同点

	JIT	传统
生产组织	拉动式控制,指令下在终点	推动式控制,指令下在起点
物料输送	取料制	送料制
生产批量	小批生产,小批传递	加大批量,按经济批量
在制品	在制品越少浪费越小	必不可少,越多生产系统越安全
均衡生产	数量,品种	数量(轮番生产)
设备布置	单元式布置,U 型	机群式布置
质量检查	全数检查	抽样检查
设备利用	只生产必要的产品	提高设备利用率
人员配置	一人多机,多技能作业	定员式,一机一人
自动化	给机器赋予人的智慧	用机器代替人

5. **看板管理**

(1) 看板

看板,又称作传票卡,是传递信号的工具。它可以是一种卡片,也可以是一种信号、一种告示牌。看板及其使用规则,构成了看板控制系统。

实行看板管理之前,设备要重新排列、重新布置。做到每种零件只有一个来源,零件在加工过程中有明确固定的移动路线。每一个工作地也要重新布置,使在制品与零部件存放在工作地旁边,而不是存放在仓库里。这一点很重要,因为现场工人亲眼看到它们加工的东西,就不会盲目地过量生产。同时,工人可以看到什么样的零部件即将用完,需要补充,也不会造成短缺,影响生产。

看板分两种,即运输看板和生产看板,如图 10-3 和图 10-4 所示。运输看板用于指挥零件在前后两道工序之间移动。当放置零件的容器从上道工序运到下道工序时,运输看板就附在容器上。当下道工序开始使用零件时,运输看板就被取下,放在看板盒中。当下道工序需要补充零件时,运输看板就被送到上道工序相应的容器中,同时将该容器上的生产看板取下,放在生产看板盒中。

每一个运输看板只对应一种零件,看板上信息主要有零件号、容器容量、看板号、供方工作地号、需方工作地号等。

生产看板则用于指挥工作地的生产,它规定了所生产的零件及其数量。当需方工作地转来的运输看板与供方工作地的生产看板对上号时,生产看板就被取下,放入生产看板盒内。工人按顺序从生产看板盒内取走生产看板,并按生产看板的规定加工零件,完成后将生产看板挂到容器上。

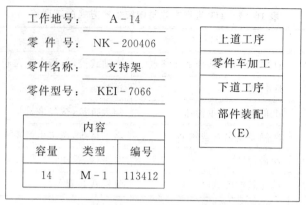

图 10-3　运输看板示意图

图 10-4　生产看板示意图

每一个生产看板包括以下信息：要生产的零件号、供方工作地号、看板号等。

(2) 用看板组织生产的过程

当需要装配某产品时，工作地 C 就发出运输看板，按运输看板规定的供方工作地号，找到存放所需零件的容器。将容器上挂着的生产看板取下，放到工作地 B 的生产看板盒中，并将运输看板挂到该容器上。工作地 B 的工人从生产看板盒中取出一个生产看板，按上面的规定到入口存放处找到放置所需零件的容器，从中取出零件进行加工。同时将该容器上的运输看板放入该工作地的运输看板盒中。当生产的数量达到标准容器的要求，则将生产看板挂到该容器上，将容器送回工作地 C。

(3) 看板管理的主要工作规则

① 无论是生产看板还是运输看板，在使用时，必须附在装有零件的容器上。

② 必须由需方向供方工作地凭运输看板提取零件或者由需方向供方发出信号，供方凭运输看板转送零件。总之要按需方的要求运输零件，没有运输看板不得运输零件。

③ 要使用标准容器，不许使用非标准容器或者虽使用标准容器但不按标准数量放入。这样可以减少搬运与点数的时间，并可防止损伤零件。

④ 当从生产看板盒中取出一个生产看板时，只生产一个标准容器所容纳数量的零件。当标准容器装满时，一定要将生产看板附在标准容器上，且按照看板出

现的先后顺序进行生产。

⑤次品不交给下道工序。出现次品本来就是浪费,如果把次品交给下道工序,虽然准时提供所需的零件,但不仅会造成新的浪费,而且会影响整个生产线的工作。所以,在严格控制次品发生的同时,严禁次品进入下道工序。

按照这些规则,就会形成一个十分简单的牵引式系统。每道工序都为下道工序准时提供所需的零件,每个工作地都可以在需要的时候从其上道工序得到所需的零件。使物料从原材料到最终装配同步进行,避免零件囤积造成的浪费。

(二)"自动化"

丰田公司所一贯强调的"自动化"是"带人字旁的自働化"。亲手缔造丰田生产方式的大野耐一曾这样说过,"'有人字旁的自働化'的精神,源于丰田公司'鼻祖'丰田佐吉所发明的自働织机……'有人字旁的自働机器'在丰田是指'具有自动停止装置的机器'。在丰田公司,几乎工厂里的每一套机器设备,无论是新或旧都具备了自动停止设置……它改变了管理的意义。换言之,机器在正常运转时根本不需要人,只在发生异常情况时,人再过去就行了。"丰田生产方式中的"自働化"包含了两重含义:一是机器自身的自动化作业;二是作业者负责监督机器以避免出现问题,而且出现问题要马上解决,原则上不允许产生劣质产品。

对于"自动化"的生产思想,在实践中要以生产信息传递的自动化以及生产的流动性为基础。具体的生产过程实际上就是生产信息的传递过程,如何使生产信息在生产中准确无误地传递,就成为了丰田生产方式所追求的最高目标。"自动化"思想的目标就是要消除生产信息传递过程中的信息错误或遗漏现象,其运营原则就是当生产过程中发生任何异常时,机器或生产线自身就能够立即做出判断并停止运转,从而发现和消除作业中存在的隐患。流动化是"自动化"的必备基础,只有在运营中实现流动化才能最终实现"自动化"的目标。

为了实现准时化生产,生产过程中依次流向后工序的零部件必须是百分之百合格的在制品,因此,零部件制品的质量检测和控制极为重要。精益生产为保证这一点,主要依靠生产过程中的"自动化"。

丰田公司的"自动化",主要是通过三个主要的技术手段来实现。这三个主要的技术手段就是异常情况的自动化检测、异常情况下的自动化停机和异常情况下的自动化报警。

(三)尊重人,充分发挥员工的主观能动性

在人力资源的利用上,精益生产认为工人绝不是"机器的延伸"或"会说话的机器",而是运营中最宝贵的东西,因此,精益生产在其运作中始终把人作为解决问题的最根本的动力。

1. 质量管理小组

所谓质量管理小组是指在同一工作地工作的员工以班组为单位所组成的非正式小组,是一种基于员工间自我启发和相互启发来研究解决质量问题和进行现场改善的组织结构形式。

2. "创造性思考制度"

"创造性思考制度"也即合理化建议制度。丰田公司通过鼓励员工进行思考与改进的"创造性思考制度",为员工参与企业管理提供了更多的条件和方式,不仅改善了现场管理活动,更重要的是培育了员工的主人翁精神。例如丰田公司提出的"好主意,好产品"口号,就是广泛采用合理化建议制度,激发全体员工的创造性思考,通过征求大家的意见,不断改善公司的业务。也正是基于此,丰田公司乃至日本企业才在上世纪 80 年代不断超越欧美企业,形成独特的竞争优势。

3. 交叉培训员工

为了增强系统的柔性,实现供应任务安排的灵活性,丰田创造了独特的 U 型布置制造单元,为此就需要一个工人能够兼管多台设备或完成多道工序。于是,精益生产方式通过交叉培训员工的方式,使工人能够掌握多种技能,完成加工过程中的不同任务。这样一来,不仅有助于生产线的平衡,避免瓶颈的发生;而且可以丰富工人现有的工作,增加工人的工作兴趣和热情,提高参与工作的积极性和创造性。

4. 关注文化,形成强大的企业凝聚力

如果说丰田生产方式最初关注于制造现场和对运营系统的改造,那么在其不断地发展和完善的过程中,丰田生产方式更关注于人,将员工视为企业最宝贵的资源,形成了一套完善的、基于人的自我完善和自我发展的企业文化,从而形成了以"忠诚于丰田"为核心的强大企业凝聚力。

(四) 密切的供应商关系

在精益生产系统中,存在着不同于传统的典型的密切的供应商关系。丰田公司的专业化分工协作可以说是世界闻名的。丰田汽车约 80% 的零部件都是由分包协作企业所生产供应的。在一个由成百上千家企业共同合作完成的产品生产过程中,企业之间良好的、协调的合作是非常关键的。供应商管理的重要思想是集成与协调,供应商响应必须同步于相应客户需求,目标有三点:

第一点,将恰当的产品以最低成本输送到恰当的地点;

第二点,在维持尽可能低的库存的情况下,仍能获得优质的用户服务;

第三点,减少从用户获取订单到交货的整个周期。

三、精益生产方式的实施条件

(一) 合理设计产品

现代生产系统设计受到经济与技术两方面的约束,产品范围增大,一般要增加工艺的变化范围,使加工过程更加复杂。在精益生产方式中,通过产品的合理设计,使产品易生产、易装配,当产品范围扩大时,要力求不增加工艺过程。具体方法有:提高产品系列化、标准化和通用化水平,充分利用现有典型工艺过程和工序来实现加工和装配;加强产品模块化设计工作,减少产品结构复杂性;利用积累的丰富经验和资料,设计出定型优异产品。

(二) 生产线的 U 型布置

生产线采用 U 型布置,以多能工(能够熟练操作多种机器,生产出合格产品的工人)为基础的 U 型生产线能够根据产量的变化灵活地分配作业任务,增减作业者,达到充分利用人力资源的目的。培养多能工是采用 U 型生产线、实行一人多机作业所不可缺少的条件。

(三) 以作业标准化为基础组织多机看管作业

通过作业标准化合理确定每个作业者所看管的设备和作业程序,并实现各作业者间的作业同期化。作业标准化的步骤是:

(1) 确定生产节拍。
(2) 确定每项作业的标准时间。
(3) 确定各作业者所承担的作业及完成作业的程序。
(4) 确定在制品占用标准。
(5) 绘制标准作业图表,组织实施。

(四) 组织混流生产

在生产平准化的基础上组织多品种混流生产。所谓生产平准化,是指在同一生产线上,按照一定的投入顺序,相间地生产多种产品,并实现产量、工时的均衡。生产平准化通过确定和优化产品的投入顺序平抑负荷,是组织多品种混流生产的关键环节。以生产平准化为基础的混流生产可使产量变化降低到最低水平,有效地减少因产量大幅度变化带来的生产能力等方面的各种浪费;能够实现按销售的速度(品种、数量、交货期)组织生产,对市场需求的变化迅速作出反应。

(五) 缩短更换作业时间

更换作业时间是生产系统从生产一种产品转换为另一种产品时,从模具、工夹具的准备、卸装、调整等直到生产出第一件合格品为止所用的全部时间。缩短更换作业时间是缩短生产提前期、减少在制品库存、组织混流生产、小批量生产不可缺少的条件，尤其对于铸造、冲压等不得不进行批量生产的环节更是如此。更换作业分为内更换作业（只有停机才能进行的更换作业）、外更换作业（不停机就能进行的更换作业）和调整作业（为了生产出合格产品，在更换作业中、后所做的调整和检查工作），它们所需的时间分别称为内更换作业时间、外更换作业时间和调整作业时间。在一般情况下，调整作业时间约占总更换作业时间的 50%～70%。缩短调整作业时间是缩短总更换作业时间的关键一环。缩短更换作业时间的步骤是：

(1) 把更换作业分为内更换作业和外更换作业。
(2) 采取技术措施尽可能把内更换作业转化为外更换作业。
(3) 采取技术措施最大限度地简化或取消调整作业。
(4) 改进更换作业，并使之标准化，减少更换作业时间。

缩短更换作业时间是一个不断改进的过程。精益生产以零更换作业时间为目标，通过更换作业标准化、采用辅助工具、并行作业、利用机器进行自动换模等方法不断改进更换作业，减少各项更换作业所需的时间。精益生产的先驱丰田汽车公司经过长期的努力，使所有工序的更换作业时间都降低至 10 min 以内，大多数不超过 1 min，效益显著。

(六) 建立生产百分之百合格品的质量保证体系

准时化生产使库存降低到最低水平，生产系统中没有缓冲库存。所以，当某一工序出现不合格品时，会造成后续工序停产。因此，精益生产以"零不合格品"为管理目标，建立以质量保证为核心的质量管理体系，综合利用各种质量管理方法，确保生产系统的各工序都能生产出百分之百的合格品，以满足准时化生产对产品质量的要求。作业人员发现产品出现质量问题或机器出现异常时有权自行停止生产，立即追查，排除其原因，预防再次出现类似的质量问题。

(七) 智能自动化

精益生产中智能自动化的目标是提供质量保证，降低成本，实现按需生产。所谓智能自动化，不是单纯地用机器代替人的作业，它要求在机器上安装各种加工状态检测装置和自动停机装置，给机器赋予智能，具有人一样的判断能力，当生产出的产品质量不符合要求、机器自身出现异常及工人出现误操作时，机器会自动停止运行。这样的自动化生产系统或机器能够避免大量不合格品的产生，防止不合格品流入下一道工序。因此，出现不合格品等异常情况时，要及时追查其原因，采取有效措施，防止再次出现同类问题，杜绝再次出现类似的不合格品。智能自动化生产线或机器生产出规定数量的产品后自动停止运行，能够在人机分离的状态下实现适时适量的生产。

案例 10-1

几个关于精益生产的小案例：

(1) 在组装设备时由于需要装配的螺丝数量多，操作工经常会有遗忘，导致不良。后来，从精益生产的角度进行考虑，降低人的因素。专门设计了一种机械手，机械手末端有磁铁。如果这个部位需要装 5 颗螺丝，机械手就自动抓起 5 颗螺丝，如果需要装 16 颗螺丝，机械手就自动抓起 16 颗螺丝。操作工只需要看一下机械手上有没有剩余的螺丝就可以了。这样就减少了品质不良的发生。

(2) 办公室，由于管理不到位，经常发生办公室的灯、空调没有关的现象。原因分析：属于无意识犯错，无意识犯错是不可以用制度来约束的。解决方案：在公司的门上设计了一个卡通画，只要一锁门，就会有一个卡通画跳出来，问"你关灯了吗？"。改善结果：忘记关灯和空调的现象终于杜绝了。

(3)

项目名称	M8 底壳	提案人	邓敏	提案时间	07/08/6	提案部门	IE
项目类别	印日期改善	实施人	邓敏	完成时间	07/08/6	确认人	杨立春
Before(图片)				After(图片)			

改善前	问题点	员工在 M8 底壳上印日期时动作浪费，印完产品后将印章放到桌上，用时再从桌上拿起然后到印泥盒中沾印泥	改善后	现状	已执行
	原因分析	章直接放在印泥盒中，因印泥扁平，会沾大量的印泥到旁边章上，故放在桌上			
	改善对策	制作一个高台阶的小盒，直接可将章直立放入		改善结果	1. 减少一个动作，节约 2 秒 2. 面积缩小，减少印泥油的挥发量

(4)

项目名称	齿轮	提案人		车间	提案时间	05/09/8	提案部门	车间
项目类别	分模号改善	实施人		熊佑波	完成时间	05/09/8	确认人	徐红飞
	Before(图片)				After(图片)			
改善前	问题点	齿轮为一出四,从机械手下来全部在一起,没有分开,另外须安排人分开			改善后	现状	已执行	
	原因分析	没有区分开						
	改善对策	制作一个分格子的产品盒				改善结果	产品已区分开 减少操作8秒/4件	

第二节 敏捷制造

20世纪80年代后期,美国意识到了必须夺回在制造业上的优势,才能保持在国际上的领先地位。于是他们就向日本学习精益生产方式,并力图在美国企业中实施。但是由于文化背景和各种社会条件的差别,其效果总是不尽如人意。1991年美国国会提出要为国防部拟定一个较长期的制造技术规划,要能同时体现工业界和国防部的共同利益。于是,委托里海(Lehigh)大学的亚科卡(Iacocca)研究所编写了一份"21世纪制造企业战略"的报告。里海大学邀请了国防部、工业界和学术代表,建立了以13家大公司为核心的,有100多家公司参加的联合研究组,耗资50万美元,花费了7 500多人时,分析研究了美国工业界近期的400多篇优秀报告,提出了"敏捷制造"(Agile Manufacturing,AM)的概念,描绘了一幅在2006年以前实现敏捷制造模式的图画。

该报告的结论性意见是:全球性的竞争使得市场变化太快,单个企业依靠自己的资源进行自我调整的速度赶不上市场变化的速度。为了解决这个影响企业生存和发展的世界性问题,报告提出了以虚拟企业(Virtual Enterprise)或动态联盟为基础的敏捷制造模式。提出敏捷制造是一次战略高度的变革。敏捷制造面对的是全球化激烈竞争的买方市场,采用可以快速重构的生产单元构成的扁平组织结构,以充分自制的、分布式的协同工作代替金字塔式的多层管理结构,注重发挥人的创造性,变企业之间你死我活的竞争关系为既有竞争又有合作的"共赢"(Win-win)关系。敏捷制造强调基于互联网的信息开放、共享和集成。

一、敏捷制造企业的基本特征

亚科卡研究所提出了18条敏捷制造企业的特征。

(一) 并行工作

为了能迅速抓住市场机遇,要求企业内各部门都能并行工作,实现最快的响应。不单是设计部门与制造部门,还包括市场营销、财务、人力资源管理等部门。部门间保持良好的通信联系,逐渐形成一个并行工作网络。

(二) 继续教育

当今世界知识更新速度越来越快,要保持企业的活力和技术上的先进性,必须不断更新和提高雇员的全面技能。雇员每年要花费几周时间接受教育与培训,重点在新技术新思想方面"知其所以然"的"教育",而不是单纯"知其然"的"培训"。

(三) 根据用户反应建立组织机构

类似于精细生产中"牵引"(pull)方式,完全按下游的需求来组织上游的生产活动。从对用户需求及市场竞争作出迅速反应出发,"牵引"出对新的企业组织各方面的要求,根据需求促进新的组织机构的变化。

(四) 多方动态合作

从竞争走向合作,共同抓市场机遇,将是未来制造业的一个重要特征。这种合作关系可以发生在不同层次上,有不同的紧密程度。因为低层的工作人员也都已被授权,在他本人权利范围内通过各种标准过程进入各种合作,只要这样做对满足顾客需求有利就行。

(五) 珍惜雇员

在敏捷制造企业中,把雇员的知识和创造性看作是企业最宝贵的财富。每个雇员必须把自己看作是整个企业的一个积极组成部分,运用自己的智慧和技能,参加工作小组,为企业的兴旺发达而奋斗。

(六) 向工作小组及其成员放权

为了快速地响应市场的变化,企业组织结构要减少层次,做到扁平化。要下放部分决策权,使工作小组和个人在必要的时候不必层层请示而独立作出决策,以实现对变化最敏捷的反应。

(七) 对环境友好

人们对环境的要求越来越高,制造企业要对生产过程及其产品的整个生命对环境造成的影响负责。不是消极防御的"减少污染",而是要求"仁慈",也就是不仅不造成危害,而且主动关心在生产过程和产品报废处理过程中创造改善环境的条件。

(八) 柔性的重新配置组合

敏捷企业的雇员,应能够根据任务需要灵活的形成各种工作小组,重新组合成各种职能部门。技术系统也应该是模块化的,可以根据产品变化在短时间内重新配置,以适应新产品的开发需要。

(九) 信息的沟通

在敏捷制造时代,企业往往既是合作伙伴又是竞争对手,为了能够制造出高质量的新产品,工作小组要能获取本企业以及合作公司的各种信息。人们已认识到多方合作模式带来的经济效益远远大于信息保密的好处,所以将大力扩展共享信息的通信网络。

(十) 知识面广的雇员

雇员们有渊博的知识,并且不断更新,才能在新产品中融入各种新鲜内容,去满足顾客多种多样的需求。

(十一) 开放的体系结构

敏捷企业的任务、产品、组织、技术系统等都可能改变,所以企业的体系结构,不应该是封闭的,而应该是开放的。除了组织机构的重新组合,还应能增删各种工作小组,可以扩展新的技术系统,可以在各种层次上与其他企业合作,形成新的广义企业的架构。

(十二) 产品设计一次成功

必须进一步改善分析、仿真工具,在充分利用先进的计算机辅助设计软件、加快设计速度的同时,保证产品设计一次成功。

(十三) 产品终身质量保证

技术的进展导致人们对质量的概念的变化,"零缺陷"已经成为一种最起码的常识,要做到"顾客满意",且必须在产品的整个生命周期中保证顾客满意。

（十四）缩短交付周期

从顾客或设计师提出一个新的产品概念到最后产品交到顾客手上，这段时间称为"交付周期"。它是竞争获胜的重要指标，不仅涉及从设计到制造过程的快速完成，而且包含整个经营过程各个环节的组织与管理，所以是一个企业的综合指标。

（十五）技术的领先作用

为了竞争的成功，企业在寻找合作伙伴时，必然要找技术上最领先的。几个各有所长的公司组合在一起，互相取长补短才能互利。每个公司一定要有自己的独占技术，别人才会同你合作。

（十六）技术的敏感

敏捷企业要与用户、供应商有密切联系，企业内部各部门之间有密切联系，一旦发现问题和新的需求，就能进行快速和细致的分析。引进新技术，特别是要了解竞争对手，在各种关键技术方面绝不能落后于竞争对手。

（十七）整个企业集成

向工作小组和个人放权，绝不意味着各自为政，而应该是在人人都明确为实现企业全局战略目标的前提下，在快速的通信系统支持下，取得更高水平的全局协调。也就是说，要通过整个企业的集成，来提高企业的柔性。

（十八）基于远景蓝图的管理与指导

描绘一幅既现实又能激动人心的远景蓝图（Vision），给全体职工指出企业的目标，以及达到目标的途径。这样才能使各层人员发挥最大的主动性、积极性，以最高效率为企业的成功奋斗。

二、敏捷制造与大量生产在思想观念、经营战略上的差别

（一）使顾客富裕

按照传统观念，销售活动总是要以赚顾客的钱为目的。敏捷制造有两个新的提法，一个是"使顾客富裕（Enriching the Customer）"；另一个是，销售的是"解决方案（Solution）"而不是"产品（Product）"。敏捷制造把目标定位在大量个人市场上，主要是满足顾客个性化的需要，而评价准则又只是以"顾客满意"为标准。因此，必须突破传统观念。顾客感觉到的是他的问题得到了解决，而不单是拿到了一个实体的产品。当然，"解决（方案）"并不是没有实体产品的抽象结果，而是指完全按照顾客要求的个性化的产品和服务的综合，其价值体现在使顾客真正感到"我的问题解决了"，甚至是"我赚了"。

对于产品,顾客支付的费用是基于它的生产成本以及一定的市场利润。而对于"解决(方案)",顾客支付的费用则是一个供应商和顾客之间都认可的这个"解决(方案)"的价值。譬如,在同一个航班上的乘客,可能其票价差别很大;有些旅游的乘客,为了买便宜的机票,提前很多天订票,完全听从航空公司安排的航班。而有的经理,由于临时决定的商业谈判,要求马上订到机票,航空公司就为他们提供高价机票,满足了他们的"及时性"要求。要签订一项几百万的合同,如果能够及时到达,合同签成了;如果不能,合同可能被另一家公司抢去了。这就是满足顾客"个性化"需要的"解决(方案)"。他绝不在乎多花点旅费,而是因为航空公司这项业务帮他解决了一个难题,而觉得自己赚了。

因为"解决(方案)"往往是具体顾客的特殊需要(至少有别于其他顾客),供应商就需要与他共同研究,如何满足他的需要,还可能要对原设计进行重新思考、重新设计,这样在供应商和顾客之间就建立了一种长期联系的依存关系。供应商以取悦顾客、为顾客服务为目标,顾客当然也愿意依靠这个供应商,当原来的产品用完或报废需要更新时,还会找同一个供应商。所以"使顾客富裕"实际上也就会使供应商富裕。

(二) 用合作去加强竞争

为了在竞争中壮大自己的力量,人们总会寻找一些伙伴。但是在敏捷制造的年代又有了与以前很不一样的新思想,"合作"可以在从前的竞争对手之间进行。下面从组织内部和外部两方面来说明。

从内部来说,主要是发扬团队的合作精神。要鼓励员工协同工作解决问题,他们要把合作看作是一种义务,而不是互相推诿责任。这样,企业就会以一种类似于医院急救室的工作方式进行运转,去完成新的订单带来的任务,攫取新的市场机制。另一方面也要有明确的智力资源权利条例和企业内部明确的道德准则,来规范人们的行为和保护员工发明创造的权利。

从外部来说,合作概念已发展到了以前竞争对手之间的合作。在20世纪70年代,美国三大汽车巨头通用、福特、克莱斯勒都不愿意联合起来开发汽车排气管上控制空气污染的装置。而现在,他们都参加了一个多功能的集团"USCAR",共同开发各种技术、材料和部件,从结构塑料到电池到电机车控制系统等。不仅控制了成本,而且提高了竞争力。当然,也要考虑解决利益分配的问题,使供应商、合作伙伴以及顾客都能共享信息、互相受惠,进而就为创建或加入"虚拟企业"制定出明确的标准。

(三) 急救室式工作

对于敏捷制造企业,可以把它类比为医院里的急救室。在那里,准备了一套人力的、技术的和制度的资源,随时可以按特殊需要,重新组合成各种不同的组织形式。从使命和任务上来说,急救的需要是紧急的、多种多样的,必须在尽可能短的时间内完成。从人员的配置上,必须是技能高超,每个人都有各自的专长,而对于相关岗位也不陌生。在紧急抢救的时候,任务是不可预见的,不知道需要哪一类专家来"唱主角",当然也无法预先安排相互的配合关系。分工仍是必要的,但不是一种限制,最关键的问题是抢时间。在人员的相互关系上是一种密切合作、互相默契的配合关系。当然,在设备配置上,医院要保证抢救人员要什么就有什么,甚至可以快速取得与医院有关的其他专家的专门知识的咨询,可以要求在短时间内取得本医院所能有的其他特殊设备。对于敏捷制造,为了能完成一项用户需要的紧急订单,首先是人员之间,能主动承担任务,相互积极配合;其次是设备器材、专业知识等也能作最灵活的调度。只有在这样一种新的资源配置和调度的环境中,在同心同德、团结奋斗的氛围中,与抢救危重病人类似的商业战场上的"战役",才能一个一个地取得胜利。所以组织机构及其运行机制要慎重选择,使之满足灵活、动态的结构要求。

(四)充分发挥人和信息的作用

在敏捷企业中最核心、最宝贵的资源不是技术、不是厂房、也不是设备,是人和信息。

只要有钱,设备、技术总是可以买到的,但是人,特别是知识渊博、有熟练技能、有突出的开创精神和有强烈的主人翁责任感的人,却不是一朝一夕能培养起来的。因此,敏捷企业应该不断地探索和实施激励人的主动性和创造性的措施。敏捷制造要求每个员工学会从全局需要来考虑问题,都愿意承担为顾客服务的责任和义务,为企业的成功共同解决问题和共担风险。还要求员工不断学习、不断充实自己。部分员工已经被授权在自己的工作领域中可独立做决定,而不学习就不可能在多变的情况下做出正确的决策。

另一方面是信息的作用。因为市场的急剧变化,最主要要掌握用户需求的变化和在竞争中知己知彼。如果对本企业内部的信息不能透彻了解,那么如何能要求员工从全局出发做到集成呢?如果竞争对手采取了一些新的措施,采用了一些新的技术,而本企业却迟迟不了解,又如何能及时采取改进竞争手段的对策呢?"敏捷"的基本思想是既快又灵,所以一定要把信息的价值提到足够的高度来认识。

三、实现敏捷制造的措施

(一)将继续教育放在首位

将继续教育放在实现敏捷制造的首位,高度重视并尽可能创造条件使雇员获取最新的信息和知识。因为今后的竞争,归根结底是人才的竞争,是人才所掌握的知识和创造力的竞争。企业的雇员知识面广、视野宽，才有可能不断产生战胜竞争对手的新思想。

（二）虚拟企业的组成和工作

从竞争走向合作，从互相保密走向信息交流，实际上会给企业带来更大利益。实施敏捷制造的基础是全国以至全球的通信网络，在网上了解到有专长的合作伙伴，在网络通讯中确定合作关系，又通过网络用并行工程的做法实现了最快速和高质量的新产品开发。

（三）计算机技术和人工智能技术的广泛应用

未来制造业中强调人的作用，丝毫没有贬低技术所起的作用。计算机辅助设计、辅助制造，计算机仿真与建模分析技术，都应在敏捷企业中加以应用。另外，还要提到"团件"(Group-ware)，这是近来研究比较多的一种计算机支持协同工作(Computer Supported Cooperative Work，CSCW)的软件，称为 Group-ware 是强调作为分布式群决策软件系统，它可以支持两个以上用户以紧密方式共同完成一项任务，例如有同样想法而又同时工作的人所用的文章大纲编辑器。人工智能在生产和经营过程中的应用，是另一个重要的先进技术的标志。从底层原始数据检测和收集的传感器，到过程控制的机理以至辅助决策的知识库，都需要应用人工智能技术。

（四）方法论的指导

所谓"方法论"，就是在实现某一目标、完成某一项大工程时，所需要使用的一整套方法的集合。我们强调要实现全企业的整体集成，这是一项十分复杂的任务。对每一时期每一项具体任务，都应该有明确的规定和指导方法，这些方法的集合就叫"集成方法论"。这样的方法论能帮助人们少走弯路，避免损失。这种效益，比一台新设备、一个新软件所能产生的有形的经济效益，要巨大得多、重要得多。

（五）环境保护

环境美化的工作不仅仅指工厂企业范围内的绿化，更主要是对废弃物的处理。主动地、有专门的组织积极地开展对废物的利用或妥善的销毁。

（六）绩效测量与评价

传统的企业评价总是着眼于可计量的经济效益，而对生产活动的评价，则看一些具体的技术指标。这种方法基本上属于短期行为的做法。对于敏捷制造、系统集成所提出的战略考虑，如缩短提前期对竞争能力有多少好处？如何度量企业柔性？企业对产品变异的适应能力会导致怎样的经济效益？如何检测雇员和工作小组的技能?技能标准对企业柔性又会有什么影响?……这一系类问题都是在新形势、新环境下提出来需要解决的。又如会计核算方法,传统的会计核算主要适合于静态产品和大批量生产过程,用核算结果来控制成本,压缩原材料和直接劳动力的使用,是一种消极防御式的核算方法。这些都是不适应敏捷企业需要的,当前要采用一种支持这些变化的核算方法。如 ABC 法(Activity Based Costing)把成本计算与各种形式的经营活动相关联,是未来企业中很有希望的一种核算方法。合作伙伴资格预评是另一种评价问题。因为虚拟企业的成功必须要合作伙伴确有所长,而且应有很好的合作信誉。

(七)标准和法规的作用

目前产品和生产过程的各种标准还不统一,而未来的制造业的产品变异又非常突出,如果没有标准,不论对国家、对企业、对企业间的合作、对用户都非常不利。因此必须要强化标准化组织,使其工作能不断跟上环境和市场的改变,各种标准能及时演进。现行法规也应该随着国际市场和竞争环境的变化而演进,其中包括政府贷款、技术政策、反垄断法规、税法、税率、进出口法、国际贸易协定等等。

(八)组织实践

外部形式要求变,内部条件也可以变,这时的关键就在于领导能否下决心组织变革,引进新技术,实现组织改革、实现放权,进行与其他企业的新形式合作。现在不仅要求富于革新精神和善于根据敏捷制造的概念进行变革的个人,更需要而且是必然需要这样的小组,才能推动企业的变革。

迟一分钟罚 600 元

早 7:55,地处福州市闽侯县青口投资区的颖西汽车内装工业有限公司的载着门饰板的长长的小拖车又准时从厂区出发了,因为它要在 8:00 整将货准时送到整车厂的流水线上。它要去的那家汽车制造商,就是被喻为"汽车黑马"的东南(福建)汽车工业有限公司——迄今为止最大的海峡两岸汽车合资生产企业,由台湾最大的汽车企业裕隆企业集团所属的中华汽车公司与福建省汽车工业集团公司福州汽车厂各出资 50% 成立的。

颖西的陈佳庆副总经理告诉记者,小拖车每天要交货 8 次,以后更要根据东南汽车的需要改为每天交货 16 次,平均每半小时一次交货。交货必须保证准时,不能早也不能迟,因为所有的时刻都已经排好了要送货的厂家,小拖车开到整车装配线上,如果东南汽车断线,配套厂迟交货 1 分钟要罚款 600 元,而东南厂的损失就绝不止 600 元了。[①]

第三节 大规模定制

规模生产模式成就辉煌,但怎样继承和吸收它的先进技术和生产组织方式,解决个性化产品的生产,这是大多数企业要考虑的问题。1993 年,美国哈佛大学的教授系统地阐述了大规模定制生产的概念,1997 年论述了为大规模定制生产开发敏捷产品的问题。我国学者顾新建等也于 1996 年提出了大成组工程的设想。事实上,大规模定制生产是成组技术在信息时代的一种新模式或新的体现,它的出现为解决企业个性化产品的生产指明了方向。

一、大规模定制的概念

大规模定制是斯坦·戴维斯(Stan Davis)在他所著的《未来理想》一书中首先提出的,约瑟夫·派恩二世(Joseph Pine II)对大规模定制进行了系统的阐述,他认为大规模定制是以满足顾客个性化需求为目标,以顾客愿意支付的价格,并以能够获得一定利润的成本高效率地进行定制,从而提高企业适应市场需求变化的灵活性和快速响应能力的先进生产方式。大规模定制不同于大规模生产,它兼有二者的优点,能够在不牺牲企业经济效益的前提下满足顾客对产品或服务的个性化需求,使企业获得新的竞争优势和发展机会。随着技术进步速度的加快,经济的发展和生活水平的提高,人们对产品多样性的要求越来越突出。顾客需求个性化将成为一种趋势,通过为顾客提供个性化的产品和服务来提高顾客的满意度是现代企业获得竞争优势的有效途径。因此,大规模定制将成为 21 世纪的主流生产方式。丰田汽车公司、松下自行车公司、摩托罗拉、戴尔公司等先行者已经通过实施大规模定制获得了巨大的竞争优势,起到了良好的示范作用。

21 世纪的大规模定制生产模式可以这样来概括:产品设计模块化、产品制造专业化、生产组织和管理网络化。

(一)产品设计模块化

21 世纪的制造业必将以产品创新和技术创新夺取市场,企业的产品是否能根据用户的当前需要和潜在需求快速抢先提供,将成为企业成败的关键。产品结构和功能的模块化、通用化和标准化,是企业推陈出新、快速更新产品的基础。模块化产品便于按不同要求快速重组,任何产品的更新换代,绝不是将原有的产品全部推翻重新设计和制造的。更新一个模块,在主要功能模块中融入新技术,就

---

① 资料来源:CIO 网——ERP 案例:敏捷制造信息化助力(东南汽车)

能使产品登上一个新台阶,甚至成为换代产品,而多数模块是不需要重新设计和重新制造的。基于产品数据的有效管理,提高产品设计组件的可重用性。同时对技术研发人员按研发环节功能进行专业化划分和协同管理,此外还需要考虑产品研发设计与战略供应商、外部客户、企业内部营销部门、生产和物料供应部门之间的协同。因此,在敏捷制造中,模块化产品的发展已成为制造企业所普遍重视的课题。如福特汽车公司的发动机总部将6缸、8缸、10缸、12缸等不同规格的发动机结构进行了模块化,使其绝大部分组件都能相互通用,以尽可能少的规格部件实现最大的灵活组合,并能用同一条生产线制造不同规格的发动机,取得了巨大的经济效益。波音公司在民用飞机的设计和制造中也采用了模块化方法,大大缩短了定制飞机的制造周期。

此外,模块化产品便于分散制造和寻找合作伙伴,开发新产品的主干(核心)企业主要做好产品的不断创新研究、设计和市场开拓工作,产品的制造可以分散给专业化制造企业协作生产,主干企业将从传统的"大而全、小而全"的橄榄型模式中解脱出来,转换成只抓产品设计研究和市场开拓的哑铃型企业。企业可以通过 Internet 发布产品结构及其技术要求,寻找合作伙伴,组成"虚拟公司",发挥公司中各企业的特殊优势,达到快速推出新产品响应市场的目的,需要时还可以组织合作企业共同参与新产品的研究开发。

模块式产品的另一个突出的优点在于:用户只需要更新个别模块即能满足新的要求,不需要重新购买一台新产品。这既节省了用户的开支,又能节约原材料消耗和减少废弃物,这在自然资源越用越少和环境污染越来越严重的今天,无疑是非常重要的。

(二) 产品制造专业化

在一般机械类产品中,有 70% 的功能部件间存在着结构和功能的相似性,如果打破行业界线,按 GT 原理将相似功能的部件和零件分类和集中起来,完全有可能形成足以组织大批量生产的专业化企业的生产批量,这些专业化制造企业承接主干企业开发产品中各种相似部件、零件的制造任务,并能在成组技术的基础上采用大批量生产模式进行生产。当然,在现代制造技术的支持下,这种大批量生产模式已克服了传统的刚性自动线的缺点,具备一定范围内的柔性(可调性或可重构性)来完成较大批量的相似件制造,协助主干企业用大批量生产方式快速提供个性化商品的目标。

(三) 生产组织和管理网络化

Internet 普及和应用,给 21 世纪制造业提供了快速组成虚拟公司进行敏捷制造新产品的条件。负责开发新产品的主干企业可以利用 Internet 发布自己产品的结构和寻找合作伙伴的各项条件,而具备专业化制造的企业可以在网上发布自己的条件和进行合作的意图。主干企业将据此寻找合伙者,本着共担风险和达到"双赢"的战略目标进行企业大联合来合作开发和生产新产品。这样的联合是动态的,组成的虚拟公司是"有限生命公司",它只是为某种产品而结盟,其生命周期将随产品生命周期的结束而解散,或在另一种产品的基础上调整成新的联合。

通过 Internet,系统构建虚拟企业,可实现产品开发、设计、制造、装配、销售和服务的全过程,通过社会供应链管理系统将合作企业联结起来,按大规模定制生产模式实行有效的控制与管理。随着全球制造业的发展,供应链理论已发展成为全球供应链管理理论。

在供应链中,由于供需双方互不拥有对方足够的信息(信息不对称),因此常采用委托代理进行协调。主干企业通过委托代理寻找合作伙伴,并可通过它建立的协作网络下达生产计划,甚至建立伙伴间更为密切和长期的互利关系,如共同研制开发新产品。在社会供应链中设立公共仓库或私有仓库,专业化制造企业(盟员)按计划向仓库提供配套件,不必直接送往主干企业,主干企业可在市场附近建立分销中心,社会仓库将按销售计划向分销中心提供配套件,分销中心负责产品装配、销售分配和服务,并负责吸收市场信息和用户意见向主干企业反馈。由此可见,通过供应链实现大规模定制生产过程的网络化组织和管理,产品从开发到销售的全过程将得到优化,生产效率的提高和生产成本的降低是不言而喻的。

(四)战略决策高效化

在全球经济一体化的背景下,市场竞争日趋激烈,某种商机可能转瞬即逝。作为主干企业,需要发现商机、抓住商机,并立即组织实施。

为了实现战略与策略调整的即时性,避免时间造成的损失,企业需要全面实现信息化管理和数字化决策,以保证战略调整的有效性与企业的快速应变能力。

大规模定制模式下的管理变革实际上是企业借助信息技术手段对企业业务模式的重组(BMR),以期企业在新的竞争环境下获得新的竞争优势,提升盈利能力。这是信息技术推动企业的一场管理革命。

(五)供应模式协同化

企业需要对生产过程的物料消耗按价值量与技术复杂度进行二维分析,有效区分战略供应商和比价供应商,不断优化供应体系。通过实施准时制生产(JIT)、供应商管理库存(VMI)和协同产品商务(CPC),运输方式则主要采用第三方物流公司和第四方物流组织,既有效缩短物料供应时间与成本,又极大程度地减少了库存。

(六)营销模式快捷化

企业需要在客户关系管理系统(CRM)的支撑下,从过去的多级分销模式转向面向终端经销商甚至客户的"直接"营销模式,这不仅可以有效把握客户需求,掌控终端经销商或直接客户资源,强化客户服务,而且可以有效缩短对客户订单的响应周期和营销成本。

二、大规模定制的类型

(一) 合作型定制

合作型定制是指企业通过与顾客交流使顾客明确表达出对产品的具体要求,依此设计并制造出满足顾客个性化需求的产品。

(二) 透明型定制

透明型定制是指顾客不参与产品的设计过程,企业根据预测或推断不同顾客的需求,为其提供具有个性化的产品。

(三) 装饰性定制

装饰性定制是指企业以不同的包装把产品提供给不同的顾客。这种方式适用于顾客对产品本身无特殊要求,但对包装有个性化要求的情况。

(四) 适应性定制

适应性定制是指企业提供可客户化的标准化产品,顾客根据要求对产品进行调整,以满足其个性化的需求。

三、大规模定制生产模式条件下企业间的合作关系

在传统的供求关系管理模式下,制造商与供应商之间只保持一般的合同关系,供应链只是制造企业中的一个内部过程,将通过合同采购的原材料和零部件进行生产,转换成产品并销售至用户,整个过程均局限于企业内部操作。制造商为了减少对供应商的依赖,彼此间经常讨价还价,这种管理模式下的特征是信任度和协作度低,合作期短。但大规模定制生产是以新产品开发,企业与专业化制造企业间的有效合作、互相依存为前提的,构成的网络化虚拟公司的盟主企业与盟员企业间应是能达到"双赢"的合作关系:

(1) 主干企业与伙伴企业间应共享信息,通过委托代理经常协调彼此的行为。

(2) 主干企业必要时应对伙伴企业进行技术支持和投资帮助,使合伙企业降低成本,改进质量,加快产品开发。

(3) 在合作过程中建立相互的信任关系,提高供应链运行效率,减少交易、管理成本。

(4) 对于通用化、标准化程度高的产品模块,应尽量保持一种能持久的关系,

确保产品质量稳定;对于个性化产品的关键模块和零部件,主干企业可吸收伙伴企业参与开发和共同创新,建立战略合作关系,加快新产品的开发过程。

四、实施大规模定制生产的方法

在大规模定制生产方式中,对顾客而言,每一种产品都是定制的、个性化的。但对生产企业而言,该产品却是主要采用大批量生产方式制造出来的。组织大规模定制生产的基本思想是通过产品维和过程维的优化,采用先进的制造技术和管理方法,把产品的定制生产全部或部分地转化为批量生产,以大批量的生产成本和效率生产出个性化的产品。具体可以采取定制点后移和产品模块化设计的方法实现大规模定制生产。在产品设计中,通过采用标准化的模块和零件来减少定制的模块和零件数量。在生产过程中,采取定制点后移的策略,尽可能把产品的定制活动推迟到生产过程的下游环节。面向顾客的定制过程是从定制点开始的,在定制点前的生产环节通常采用大量生产方式,从定制点开始的生产环节采取定制生产方式。因此,采取措施推迟定制点有助于提高生产效率、降低成本、缩短生产周期。产品的模块化设计与推迟定制点策略的有机结合能够充分体现出大规模定制的优势。

戴尔的大规模定制分析

(一)"戴尔"面向大规模定制的供应链总体模型

为了适应客户驱动生产和企业联盟的需要,"戴尔"通过电子商务平台或电话的方式直接与客户联系,了解客户需求,并且采用直线销售模式直接把产品送达客户。这种模式的核心是直销背后的一系列采购、生产、配送等环节在内的供应链的快速反应能力,利用先进的信息手段与客户保持信息的畅通和互动,了解每一个顾客的个性化需求。可见,"戴尔"的直销模式是以直线定购为手段,凭借其高效的供应链管理对市场快速做出反应,为顾客提供多样化的产品和服务。这种模式也使得分销商、零售商的作用不断减弱甚至消失,导致供应链的结构逐渐转变为由原材料供应商、制造商、主体企业和客户组成的开放式的网络结构,如图10-5所示。

从图10-5中可以看出,随着互联网络的发展和电子商务的普及,电子商务平台已经取代了分销商和零售商成为"戴尔"和客户联系的桥梁。客户通过电子商务平台向"戴尔"提出定制要求,"戴尔"通过数据挖掘等先进技术从中进行信息采集和整理,而后通过客户关系管理(CRM)对客户订单进行分解。分解后的订单信息成为企业采购的重要依据,而通过采购也使"戴尔"与零部件制造商和原材料供应商紧密联系在一起。其次,由于供应商和零部件制造商在一开始是以需求

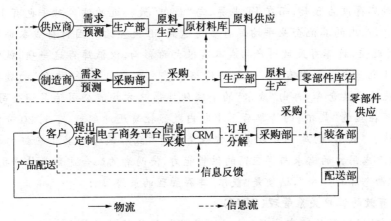

图 10-5 "戴尔"面向大规模定制的供应链总体模型

预测来决定其库存的,因此"戴尔"应将通过电子商务平台采集到的客户信息及时传递给供应商和制造商,以使他们的库存尽可能地降低。最后,当"戴尔"将客户的定制产品送交客户手中后,还应将客户的反馈信息传递到 CRM 系统中,以期更好地与客户进行沟通。

(二)"戴尔"面向大规模定制供应链管理的特点

1. 严格挑选供应商,与供应商虚拟组合,建立合作伙伴关系

"戴尔"拥有一整套的供应商遴选与认证制度,对供应商的考核标准主要是看其能否源源不断地提供没有瑕疵的产品。考核的对象不仅包括产品,还涵盖了整个产品生产过程,即要求供应商具有符合标准的质量控制体系。要想成为"戴尔"的供应商,企业必须证明其在成本、技术、服务和持续供应能力等四个方面具有综合的比较优势,特别是供应能力必须长期稳定,以防由于供应不稳定而影响"戴尔"对最终用户的承诺。在对供应商考核时,"戴尔"采取了"安全量产投放(Safe Launch)"的办法,根据对供应商的考核结果,分阶段地逐步扩大采购其产品的规模,以降低新入选企业供应能力不稳定的风险。与供应商虚拟组合是区别于传统经营的一种新型模式,它突破了组织的有形界限,仅保留组织中能代表企业特征的关键性功能,按照比较优势理论和核心竞争力原理,将组织中非核心业务外包给擅长于这些功能的专业性企业来经营。因为顾客的需求时刻都会发生变化,所以产品零部件的生产也必须紧跟市场,如果"戴尔"自己生产零部件,那不仅需要大量的资金与技术的投入,还要有强有力的研发能力来保持零部件与市场需求的同步,这将大幅度增加成本,况且"戴尔"也确实没有其他供应商更专业,于是"戴尔"采取把零部件的生产外包给那些实力雄厚的大型供应商,与对方结成联盟,共同满足顾客需求。

2. 高效库存管理——物料的低库存与成品的零库存

在库存数量管理方面,"戴尔"一直以物料的低库存与成品的零库存著称,其平均物料库存仅为5天,而在IT业界,与"戴尔"最接近的竞争对手也有10天以上的库存,业内的其他企业平均库存多是达到50天左右。因材料成本每周都会有1%的贬值,故库存天数对产品成本有很大的影响,仅低库存这一项,就使戴尔产品比其他竞争对手拥有8%以上的价格优势。客户订单经"戴尔"的数据中心传到供应商公共仓库,再由"戴尔"的全球伙伴第三方物流公司伯灵顿公司管理。而伯灵顿在接到"戴尔"的清单后1小时内就能把货迅速配好,不到20分钟就能把货送达。"戴尔"的库存管理并非仅仅着眼于"低",通过对其供应链的双向管理,全盘考虑用户的需求与供应商的供货能力,使两者的配合达到最佳平衡点,进而实现"动态库存平衡",这便是"戴尔"库存管理的最终目标。

3. 有效的客户关系管理(CRM)

"戴尔"通过对关键客户的"一对一营销",能准确快速地把握客户个性化需求。在大规模定制模式中,企业和客户的关系是一种协调互动的关系,完全超越了企业通常收集信息、满足客户需求的内涵。生产者与消费者不再是传统意义上的供求关系。生产企业不再是仅为争取客户满意,为使客户忠诚而主动提供产品(服务)的一方;消费者也不是传统的商品被动接受方。面向大规模定制的客户关系管理要求生产企业和消费客户互动,相互融合。当顾客在"戴尔"的帮助下确定了自己的需求后,销售人员便根据顾客的要求,为他们提供所需的产品。产品售出后,对顾客的了解并没有结束,销售人员还会通过电话、互联网或者面对面的交流方式建立顾客的信息档案,进行质量跟踪服务,继续发掘顾客的新需求。戴尔公司认为,了解顾客与了解自己同等重要,要为顾客创造完整的消费体验,公司应该立足于顾客的角度去研发新产品,为顾客来量身定做,实现"互动效应"。

(三)"戴尔"面向大规模定制供应链管理的弊端

再优秀的企业也有其不足之处。戴尔公司在经历了迅猛发展直至成为PC行业霸主以后,也开始遭遇到业绩下滑和产品质量投诉等一系列问题。这说明随着市场的激烈竞争和顾客需求的变化,固有的模式必须不断地创新和完善。"戴尔"追求标准化,满足最大多数人的最常用的需求,以致采购成本过低,难免出现产品质量问题。虽然大多是些小毛病,靠"戴尔"的售后服务可以弥补和解决,但毕竟影响了客户体验价值的实现。由于"戴尔"是采用按订单装配(ATO)的生产模式,这虽能保证标准化的零部件得以大规模生产,但在客户定制方面,却由于客户订单分离点(CODP)的靠后,使得只有装配活动及其下游的活动是由客户订货驱动的。在顾客需求越来越强调个性化的环境下,顾客也许不满足于自己只能选择不同规格的零部件来实现定制,而是要求产品从外观到功能全方位的定制。①

---

① 资料来源:王旭辉.面向大规模定制的供应链管理:基于戴尔的案例分析[J].经济与管理,2007,7:42-46.

第四节 约束理论

一、约束理论概述

(一) 约束理论与发展

约束理论(Theory Of Constraints，TOC)最早是由以色列物理学家及企业管理大师犹太人艾利·高德拉特博士(Dr Eliyahu)提出的。他在20世纪70年代末先提出"最优生产技术"(Optimized Production Technology，OPT)后在此基础上发展为约束理论。高德拉特在70年代从事物理学研究工作，一次偶然机会，为了帮助他朋友亲戚所经营的一家处于困境的制造企业，使他涉足生产管理工作并开发了一种管理软件，这就是最早的OPT软件。主要思想是以控制瓶颈工序为中心来安排生产计划，通过OPT软件的实施，使该企业恢复了活力。1979年他与人合伙创办了一家名为Creative Output的公司经营该软件。有很多大企业如GM等采用了他的软件，使企业的整体生产能力得到提高。大多数企业增产达30%，期末库存降低了50%。后来高德拉特把精力从经销软件，转移到了宣传OPT的管理哲学和培训教育上。高德拉特还写了一本书，借助小说的手法来通俗地介绍OPT思想，小说名叫《目标》(The Goal)，该书被翻译成多种文字，全球销售量达400多万册，成为一部闻名全球的畅销书。后来由于合伙人的反对，他被迫离开了这家公司，自己单独成立了一家咨询公司，专门从事OPT哲理的研究和咨询培训工作，并最终把OPT发展为TOC理论。在此期间，高德拉特出版了很多著作来介绍和传播他的TOC思想。随着社会总生产能力的扩大导致大部分企业的瓶颈工序转变为企业的市场营销环节，于是高德拉特写了一本《绝不是靠运气》(It's Not Luck)，提出了市场营销中的思维过程理论(Thinking Process)，介绍了企业生产能力在超过市场需求的情况下，如何争取增加订单的一系列方法。The Haystack Syndrome提出了企业产出会计理论。《关键链》(Critical Chain)介绍了企业如何考虑各个工序能力的多种新产品同时开发过程中的关键链理论。这几本书构成了高德拉特的约束理论，涵盖企业经营活动中的最主要的4个环节：生产计划与控制、市场营销、资金控制、新产品开发，成为一套比较完整的实用有效的企业生产经营理论。

(二) 约束理论中的重要思想

简单来说，TOC就是在管理活动中关于进行改进和如何更好地实施这些改进的一套管理理念和管理原则，可以帮助企业或组织识别出在实现目标的过程中存在着哪些制约因素——TOC称为"约束"或"瓶颈"，并进一步指出如何实施必要的改进来——消除这些约束或瓶颈，从而更有效地实现企业目标。下面介绍约束理论(TOC)的几个重要概念和思想。

1. 瓶颈资源和次瓶颈资源

瓶颈资源是指生产能力小于需求的任何资源。瓶颈资源是系统内部制约产出效率的约束条件,是制造工艺中流量最小的那个点。瓶颈资源可能是机器、稀有或高技能的劳动力以及专业化的工具。观察表明许多工厂都只有为数极少的瓶颈作业。如果不存在瓶颈,那么就会存在剩余的生产能力,此时,系统应该做一些改变,从而暴露出系统的瓶颈所在(如增加生产准备作业或者减少生产能力)。

生产能力是指除维修和其他的间歇时间以外的可以使用的生产时间。非瓶颈资源是指生产能力大于需求的任何资源。因此,非瓶颈资源不能持续地工作,因为它的生产能力超过需求。非瓶颈资源包含了空闲时间。

次瓶颈资源(CCR)是指利用率接近生产能力的资源。如果不能认真处理,它就可能转化为瓶颈资源。例如,作业车间的 CCR 可能要接受不同来源的工作任务。如果这些工作任务没有安排好,使得工作任务之间的间隙时间超过 CCR 的空闲时间,那么次瓶颈资源就会转化为瓶颈资源。如果批量发生变化,或者某个上游作业由于某种原因不能进行,从而不能满足 CCR 的生产能力要求,这种情况就会发生。

2. 击鼓—缓冲—绳索

在《目标》一书中高德拉特举了一个远足的例子,远足的目的是所有成员同时到达目的地,走得慢的人就成为了到达目的地快慢的约束,因此要由走得慢的人来击鼓控制步伐,又要通过绳索来保证成员不因距离的拉开而走失,同时又要有一定的缓冲避免相撞,只有这样才能保证最终远足的成功。远足的人就好比企业的生产工序,远足的目的就好比企业生产出来的最终产品,企业的生产也要有一定的节奏和协调,目的是最终成品的最大化,而不是个别工序的最大化,所以在企业的生产当中,要首先找出瓶颈加以控制和计划。

为了控制系统中的产品流动,每个生产系统都要设置一些控制点。如果系统中存在瓶颈工序,那么最佳的控制点就是瓶颈。如果控制点能够决定系统中的其他部分(或者是它所能影响的部分)发挥作业的节奏,那么该控制点就可以称为鼓。瓶颈工序就是生产能力不能满足需求的资源,因此,瓶颈工序一直在工作。使用瓶颈作为控制点,其中的原因之一是生产的上游不会过量生产,以免出现瓶颈工序不能处理的过量的在制品而形成库存。

如果系统中不存在瓶颈工序,鼓的最佳位置是次瓶颈资源(CCR)。次瓶颈资源的运行时间接近生产能力,但是平均来说,只要正确安排,就会有足够的生产能力(其中,不正确的安排包括太多的生产准备时间,使得生产能力不足或者生产太大的批量,使得下游的生产不得不停工)。如果既没有瓶颈资源又没有次瓶颈资源,那么控制点的位置可以任意选择。当然,一般来讲,最好的位置是物流分叉点,即该处资源的产出流向多个下游作业。

处理瓶颈问题非常重要,主要集中在确保瓶颈工序持续工作。图10-6是一个从A到G的线性流程。假设机器中心D是一个瓶颈资源,这意味着它的上下游的工序生产能力都比它大。如果这个流程不加以控制,那么就会看到在工作中心D的前面会产生大量的库存,而其他地方则几乎没有库存。系统中没有成品库存,因为(根据瓶颈的定义)所有生产的产品都被场所接纳。

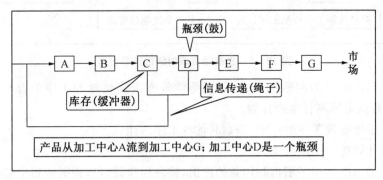

图10-6 瓶颈资源的线性产品流程

在处理瓶颈时,必须做到以下两点:

(1) 在瓶颈工序的前面设置缓冲库存,以确保瓶颈总有工作可做。由于它是瓶颈工序,因此它的产出决定了整个生产系统的产出。

(2) 把D的生产情况反馈给上游的A,以便A按需求进行生产。这样可以防止库存的增加。这种反馈就称为绳,它可以是正式的(如计划),也可以是非正式的(如日常的讨论)。

如果鼓不是设置在瓶颈而是CCR上(因此它可能有少量的空闲时间),那么要设置两个缓冲器:一个在CCR的前面,另一个则是作为成品缓冲库存(如图10-7所示)。成品库存保证满足市场的需求,而CCR前面的时间缓冲则保证产出率。对于CCR这种情形,市场不可能接纳所有产品,所以要确保在市场需要购买的时候予以满足。

在CCR的情形下,需要如下两根绳:

(1) 一根绳把信息从成品库存反馈到鼓,从而可以增加或者减少产出。

(2) 另一根绳则把信息从鼓反馈到物料分配点,指明需要多少原材料。

高德拉特给人们提供了用"击鼓—缓冲—绳索"理论进行计划工作的5个步骤:

(1) 检索系统中存在的瓶颈工序。

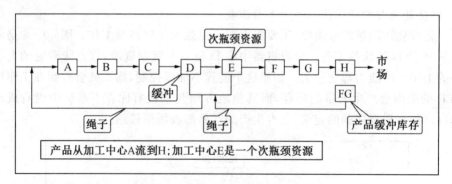

图 10-7　次瓶颈资源的线性产品流程

(2) 以产出量为判断标准,运用运筹学等方法优化瓶颈工序的资源利用效率,围绕瓶颈资源制订生产计划。

(3) 根据瓶颈工序的计划,编制其他各工序的计划。

(4) 计算瓶颈工序的能力。

(5) 如果瓶颈工序不再制约总的产出,就回到步骤(1),否则转到步骤(2)。

3. 思维过程理论

高德拉特思维过程理论(Thinking Process)的思路是"急顾客所急,想顾客所想",也就是人们现在所说的顾客就是上帝,企业的目的是卖出产品从而获利,而不是生产库存。只有满足了客户的要求,才能争取到更多的订单,解决市场营销的瓶颈。

高德拉特的这种思维过程理论为企业之间建立新型关系提供理论依据,人们称为"双赢"关系(Win-win Relation)。意思是说,原来是对立关系,经过解除对立(思维理论的核心思想)改变成为互利关系。这是企业之间进行系统优化的结果所产生的效益。目前广泛流行的供应链管理思想也是属于这种系统优化。当企业内部成本降低到一定的极限之后,就会出现企业之间的既竞争又合作,这种合作往往从市场信息的共享开始,最终到达衔接彼此的计划,以求系统优化。

二、OPT 的原则

TOC 的核心是 OPT,高德拉特给人们提供了一种利用 OPT 思想来编制生产计划进度所需要遵循的 9 条原则。

(1) 不要平衡生产能力,而应该平衡产品流动。平衡生产能力是一种传统的生产管理方法,它要求各环节的生产能力都与市场需求平衡,以保证各种资源都达到最大利用率,OPT 则认为平衡能力实际上是做不到的。因为市场每时每刻都在变化,波动是绝对的。企业为了适应这种变化,必须不断地调整自己的生产任务。生产任务常变,而企业的生产能力则是相对稳定的,因此能力不平衡是必然的和不可避免的,所以 TOC 强调重要的是产品流动平衡。所谓产品流动平衡就是使各个环节的产出都协调一致,没有在制品积压。由于瓶颈制约了整个系统的产出,所以要保持产品流动平衡,就是要使各环节与瓶颈环节保持协调一致。

(2) 非瓶颈资源的利用率水平不是由它的潜在生产能力决定,而是由系统中其他的约束条件决定。系统的约束就是瓶颈,因为系统的产出是由瓶颈的产出量决定的,即瓶颈限制了企业的产销量,而非瓶颈资源的充分利用,不仅不能提高产量,而且会使库存和运行费增加。所以非瓶颈资源的利用率不应该达到 100%,而应与瓶颈的生产能力相协调。

(3) 一项资源的利用和活力不是一回事。让一项资源充分开动运转起来与使该项资源带来的效益不是同一个含义,即资源的"利用"(Utilization)和资源的"活力"(Activation)不是同一个概念。按传统的方法,凡是将资源能够利用的能力都加以充分利用,但按 OPT 的观念,不考虑生产瓶颈而全盘提高利用率使得资源的活力降低,并不能给企业带来更多的效益。

(4) 瓶颈资源上一小时的浪费就是整个系统一小时的浪费。瓶颈资源是限制整个系统产销量的薄弱环节。瓶颈资源工作的每一小时都直接贡献于企业的产销量。所以在瓶颈资源上损失一小时,就是整个系统损失一小时的产销量。因此,瓶颈资源是整个系统中管理和控制的重点,应尽最大的努力使瓶颈资源满负荷工作。在 TOC 系统中通常采用以下措施来使瓶颈资源保持 100%的"利用":

①在瓶颈工序前设置质量检查点,使投入瓶颈工序的工件保证 100%是合格品。

②在瓶颈工序前设置缓冲环节,使瓶颈环节不受其前面工序生产率波动的影响。

③适当加大生产批量以减少瓶颈工序的设备调整次数,减少其工作时间的损失。

④采取措施减少瓶颈工序中的辅助生产时间,以增加其基本生产时间等。

(5) 非瓶颈资源上节约时间是没有意义的。在非瓶颈资源上节省了时间,只能增加其闲置的程度,并不能增加企业的产销量。相反,为此企业还要付出一定的管理费用。

(6) 瓶颈资源决定了系统的产出率和库存。产出率指的是单位时间内生产出来并销售出去的产品数量。所以,很明显产出率受到企业的生产能力和市场需求量这两方面的影响。在决定企业的生产能力、销售能力和市场需求的一系列环节中都可能存在瓶颈环节,瓶颈控制了企业的产出率。企业的非瓶颈环节应与瓶颈环节保持一致,库存水平只要能维持瓶颈上的物流连续稳定即可,过多的库存只能是浪费,所以库存量也是由瓶颈控制的。

(7) 转移批量不等于而且常常不应该等于加工批量。TOC 采用了一种独特的动态批量系统,即加工批量的大小不应是固定的,而是要根据实际情况动态地变化。转移传送批量可以不等于加工批量,甚至在多数情况下传送批量都不应该等于加工批量。

按 TOC 的观点,为了减少瓶颈资源上的调整损失,增加设备的有效工作时间,对瓶颈资源宜采用较大的加工批量,而对于非瓶颈资源为了改善产品的流动平衡,减少在制品积压,可采用较小的加工批量,从而使非瓶颈资源上有富余的能力,所以增加调整次数不会影响它的有效工作时间。

同样,为了减少工件在工序间的等待时间,减少在制品积压,应尽量采用小的传送批量。传送批量的大小,还要考虑工序间的运输距离、运输方式和每一批的运输工作量。如果有机械化的连续传送装置,则可以实现单件传送,即传送批量等于1。

如上所述,同一种工序在瓶颈资源和非瓶颈资源上可以采用不同的加工批量,在不同的工序间传送时,可以采用不同的转移批量,批量的大小应根据实际情况动态决定。

(8) 加工批量应该随着加工工艺和加工时间的变化而变化。根据实际情况动态地确定生产批量。为实现物流的平衡,批量的大小视瓶颈资源和非瓶颈资源的实际需求而定。

(9) 只有在考察整个系统的约束条件时,才应该考虑设立优先权。提前期是计划的衍生物。MRP 按预先确定的提前期,用无限能力倒排计划法编制零件进度表。TOC 中不采用固定的生产提前期,提前期是批量、优先权和其他许多因素的函数。TOC 是根据各种约束条件先确定零件的优先级,用有限能力计划法编排生产进度表。

TOC 是在 OPT 的基础上发展起来的,它是一种作业管理方面的理论,它把管理的重点放在瓶颈工序上,保证瓶颈工序不发生停工待料,提高瓶颈资源的利用率,从而得到最大的有效产出。根据不同的产品结构类型、工艺流程和物料流动的总体情况,设定管理和控制的重点。约束是多方面的,有市场、物料、生产能力、工作流程、资金、管理体制、员工行为等,其中,市场、物料和生产能力通常是主要的约束。

三、瓶颈资源计划

(一) 瓶颈资源计划的基本原理

瓶颈资源计划的理论依据是 TOC 理论。基于 TOC 理论,可以得出以下几点认识:

(1) 对于一个任务不断变化的单件、小批订货生产型企业,生产能力不平衡是必然的,不可避免的。

(2) 生产能力不平衡,则必然存在能力上的薄弱环节,即存在制约整个系统的瓶颈环节。

(3) 只有使瓶颈环节的能力得到充分的利用,才能使企业的产出达到最大。

(4) 计划与控制的重点应该放在企业的瓶颈环节上,要保证瓶颈环节的能力得到充分合理的利用。

(5) 由于每一个计划期企业的生产任务都是不相同的,所以瓶颈资源也是随企业任务的变化而动态变化的。

基于以上认识,瓶颈资源计划与 MRP 计划不同,它不是对零件不分主次,一次编制出包含全部零件的零部件生产进度表。瓶颈资源计划把计划的对象(零件)分为三部分,即关键件、主要件和一般件,并以此分别安排这三种零件的进度计划。首先是编制关键件的零件进度表,其次是编制主要件的零件进度表。然后以关键件、主要件的零件进度计划为骨架,按照一定的优先级逐周插入一般件,形成各周的生产日程计划。生产日程计划采用滚动的编制方法。

所谓"关键件"是指所有需要使用瓶颈资源的零件。关键件有多道工序,其中使用瓶颈资源加工的工序称关键工序,其他工序则是一般工序。所谓"主要件"是指那些对产品生产周期起决定作用的大件和复杂件,这些零件的工艺过程并不涉及瓶颈资源。"一般件"是工艺上并不复杂的中小零件,产品中大多数零件均属一般件。由于计划工作的重点是编好关键件和主要件的进度计划,这样,既保证了瓶颈资源得到充分利用和实现了最大的有效产出,也使计划工作量大为减轻。

编制瓶颈资源计划的核心问题是确定什么是瓶颈资源。与计划期的生产任务和生产能力相比,能力上最薄弱的环节就是瓶颈环节,所涉及的资源就是瓶颈资源。

(二) 寻找瓶颈方法

瓶颈的搜索可以分两步进行:第一步是先分别按设备组核算一下计划期的总负荷,与设备组的能力进行对照,检查在总量上是否存在能力上的薄弱环节。如果负荷已超过或接近能力,则必须采取措施提高该设备组的能力以保证计划任务能够完成。第二步是搜索各设备组在计划期内的各时段上是否会成为瓶颈。

(三) 瓶颈资源计划编制步骤

企业的生产系统如果采用生产单元的组织形式,瓶颈资源计划编制的步骤如下:

(1) 把计划期要生产的产品展开为零部件。按生产单元的分工把全部零件分配给各单元。

(2) 各单元根据计划期的生产任务,确定何种资源是瓶颈。编制瓶颈资源计划首先要知道什么是瓶颈,瓶颈在何处。

(3) 根据瓶颈资源定义关键件及关键工序,选出所有的关键件(所有需要使用瓶颈资源的工件称为关键件)。

(4) 在瓶颈资源上对关键件的关键工序进行排序,排出关键工序进度表。采用有限能力计划法按关键工序的优先级进行排序。

(5) 对每一个关键件的非关键工序在相关设备上排定其位置。关键工序之前的工序以关键工序为基准采用拉动方式进行安排,确定工序的最晚完工时间;在关键工序之后的工序,以关键工序为基准采用推动的方式进行安排,确定工序的最早开工时间。此时,由于只对少数关键件进行安排,各种非瓶颈设备的能力承担这一部分负荷是完全没有问题的。至此,每一个关键件所有工序的生产进度都已排出。

(6) 安排主要件的生产进度。以主要件的交货期(计划要求的完工时期)为基准,采用拉动方式由后向前一道工序排定其生产进度,由此可排出主要件全部工序的生产进度。关键件和主要件的生产进度表是零部件进度计划的核心,并构成整个计划的框架。这两项计划是计划管理和控制的重点,要保证这两项计划100%实现。只有这两项计划的完全实现,才能使系统达到最大的产出和获得较短的合理的生产周期。

(7) "一般件"按零件交货期的先后进行排序,并制订每周的零件投产计划。一般件的特点是:多数零件的工序数少,加工劳动量较少,生产周期短,计划安排上比较灵活。有了关键件计划作为整个零件进度计划的骨架,对于非瓶颈资源的生产能力,除了被关键件的一般工序占用掉少量以外,其剩余能力可以用一般件来填充。安排一般件的生产进度有以下两点要求:

①满足成套性。

②发挥平衡生产负荷与生产能力的作用。一般件的进度计划只需确定两项内容,即投产的先后顺序和各周投产的零件清单,而每种零件每道工序的具体投产时间,要到编制生产日程计划时最后确定。

(8) 以关键件、主要件的生产进度表为骨架,着手编制各单元的生产日程计划。日程计划的计划期可设为"周"。生产日程计划的编制方法是,从关键件计划中截取本周计划,从本周的零件投产清单中选取合适的一般件填入各非瓶颈设备能力的空白处。

海尔的管理模式——OEC

海尔学习西方和日本的管理方法,并独创性地创造出 OEC 管理法和 SST 市场链,从提高人的素质入手,扬弃了泰勒的"科学管理",将"自主管理"引入生产管理中,成为中国特色的管理模式。

OEC 管理法中的"O"表示"overall",意思是"全面的";"E"表示"everyone、everything、every day",意思为"每个人、每件事、每一天";"C"代表"control & clear",意思为"控制和清理"。其含义为全方位对每个人每一天所做的每一件事进行控制和清理,做到"日事日毕,日清日高",每天的工作质量都有一点提高(1%),从车间工人到集团总部的每位干部都知道自己每天干了些什么,甚至可以自己考核自己的工作,领取自己该得到的那份报酬。OEC 管理法的思想可以概括为以下几句话:"总账不漏项""事事有人管,人人都管事""管事凭效果,管人凭考核""即时纠偏、即时激励""解决问题在现场""抓反复、反复抓""事前计划,事中控制,事后检查,事完评价"。

思考与练习题

一、单项选择题

TOC 的核心是(　　)。

A. OPT　　　　B. JIT　　　　C. MRP　　　　D. AM

二、名词解释

1. 敏捷制造
2. 约束理论
3. 精益生产
4. 大规模定制

三、简答题

1. 简述准时生产方式的目标体系。
2. 简述精益生产的基本含义及实现精益生产的条件。
3. 敏捷制造企业具备哪些基本特征?
4. 试述大规模定制的基本原理及其类型。
5. 什么是瓶颈资源?如何寻找瓶颈资源?
6. 简述 OPT 的九条原则。

参考文献

[1] Jay Heizer, Barry Render. 运作管理:第10版[M]. 陈荣秋,等,译. 北京:中国人民大学出版社,2012.

[2] Richard B Chase,等. 生产与运作管理——制造与服务[M]. 宋国防,等,译. 北京:机械工业出版社,1999.

[3] 阿米塔布·S.拉图里,詹姆斯·R.埃文斯,马士华. 运作管理原理[M]. 北京:电子工业出版社,2008.

[4] 陈荣秋,马士华. 生产与运作管理[M]. 北京:高等教育出版社,2011.

[5] 邓华,李向波. 运营管理[M]. 北京:中国铁道出版社,2011.

[6] 迪尔沃斯. 运作管理:在产品和服务中提供价值[M]. 肖勇波,刘晓玲,译. 北京:中信出版社,2006.

[7] 龚国华,龚益明. 生产与运营管理——制造业与服务业[M]. 上海:复旦大学出版社,2010.

[8] 加藤治彦. 生产管理[M]. 党蓓蓓,译. 北京:东方出版社,2011.

[9] 杰伊·海泽,巴里·伦德尔. 运作管理[M]. 陈荣秋,等,译. 北京:中国人民大学出版社,2012.

[10] 理查德·B.蔡斯. 运营管理[M]. 任建标,译. 北京:机械工业出版社,2015.

[11] 厉以宁,等. 中国企业管理教学案例[M]. 北京:北京大学出版社,1999.

[12] 刘丽文. 生产与运作管理[M]. 北京:清华大学出版社,2011.

[13] 刘树华,等. 精益生产[M]. 北京:机械工业出版社,2010.

[14] 马士华. 供应链管理[M]. 北京:机械工业出版社,2014.

[15] 诺曼·盖泽,格雷格·富兰泽尔. 运营管理[M]. 刘庆林,等,译. 北京:人民邮电出版社,2005.

[16] 王晶. 生产与运作管理核心理论及习题集[M]. 北京:机械工业出版社,2013.

[17] 王丽莉. 生产计划与控制[M]. 北京:机械工业出版社,2011.

[18] 威廉·J.史蒂文森.生产与运作管理[M].张群,等,译.北京:机械工业出版社,2008.

[19] 张毕西.生产运营管理[M].北京:机械工业出版社,2011.

[20] 张建林.现代生产运作管理:理念、理论与模型[M].北京:机械工业出版社,2010.

[21] 张群.生产与运作管理[M].北京:机械工业出版社,2014.

[22] 赵红梅,岳建集.生产与运作管理[M].北京:人民邮电出版社,2007.

[23] 周根然,等.生产与运作管理[M].北京:科学出版社,2015.

[24] 周三多.生产管理[M].南京:南京大学出版社,1998.

后 记

中国经济发展正经历从旧常态到新常态的转变:增长速度进入换挡期、结构调整面临阵痛期、前期刺激政策进入消化期,这种转变也对应用型人才提出了更高的要求。近年来,我国高校生产与运作管理课程大多采用美国的生产与运作管理教材,包括直译和参考原版教材改编的教材,这些教材具有较强的理论性和系统性。但在教学实践中,如何将教材中的理论和方法与我国经济转型期间企业面临的实际问题结合起来,如何让基础薄弱的应用型本科院校学生更好地理解教材中的理论与方法,形成更适合我国高素质应用型经济管理类人才培养目标和要求的、具有本土化特色和优势的生产与运作管理课程体系,还有待我们做进一步的努力。基于此,我们在参考国内外教材内容的基础上,结合多年从事生产与运作管理课程的教学经验和科学研究积累的成果,编写了本书。本书具有以下特色:

1. 系统化的知识体系结构:从生产运作管理战略的视角出发,以生产运作系统设计和生产运作系统运行为主线,基础理论知识紧密围绕主线展开,同时鉴于有专门的物流管理、质量管理等专业教材而将与生产运作管理联系不紧密的相关章节删除,以使教材系统结构紧凑和精炼。

2. 理论化的知识前沿介绍:本教材融入现代生产运作管理的新发展及多年的教学成果,以发展的眼光看待生产与运作管理的理论和实践。

3. 实用化的内容安排:本教材每章节都安排相应的配套习题,作为读者巩固所学习的理论知识,并可作为自学之用。

4. 多样化的教材体例构成:本教材章节体例结构拟从教学目标、重点和难点、正文、例题、案例介绍、本章小结以及习题等几部分构成。其中某些章节中例题的加入为读者理解知识提供一个具体化的示例,帮助读者以实体形式理解相应知识点,同时案例的引入为读者展开一个现实的事例,体现理论应用于实践的鲜活的事实。

后记

　　本书既注重介绍生产运作管理的传统理论和方法,也注重对生产运作管理前沿理论的探讨;既包括定性概念和原理的阐述,也包括定量化模型和方法的介绍。全书共 10 章,从生产运作管理战略的角度出发,紧密围绕生产运作系统的设计和生产运作系统的运行进行编写,并介绍了现代生产运作管理的新发展。具体安排为:第一部分围绕生产运作系统的设计展开,包括设施选址与布置、流水生产线规划和单件生产与成批生产规划;第二部分围绕生产运作系统的运行展开,包括综合生产计划、生产作业计划、生产控制和物料需求计划;第三部分介绍新型生产方式。

　　本书编写过程中参阅了大量文献资料,主要参考文献已列书后,在此对国内外有关作者表示衷心的感谢。本书的出版受到东南大学出版社编辑孙松茜女士的大力支持和热心帮助,在此表示诚挚的谢意!由于编者水平有限,书中难免有不妥之处,敬请读者批评指正,我们将不断完善。

编　者